沈志远学术思想研究

Research on Shen Zhiyuan's Academic Thought

王延华 著

人民出版社

国家社科基金后期资助项目
出版说明

后期资助项目是国家社科基金设立的一类重要项目，旨在鼓励广大社科研究者潜心治学，支持基础研究多出优秀成果。它是经过严格评审，从接近完成的科研成果中遴选立项的。为扩大后期资助项目的影响，更好地推动学术发展，促进成果转化，全国哲学社会科学工作办公室按照"统一设计、统一标识、统一版式、形成系列"的总体要求，组织出版国家社科基金后期资助项目成果。

全国哲学社会科学工作办公室

目　　录

序言　20世纪上半叶马克思主义传播与研究潮流中的沈志远

　　马克思主义在中国的引入与传播是20世纪中国思想史上最伟大的历史事件和现实存在。马克思主义在中国的发展与演进是循着两条路径实现的,一是理论的研究,二是政治的践行。以往思想界更多地关注政治实践与马克思主义发展史间的内在联系,而理论工作者们的学理性贡献往往被遮蔽在宏大的历史叙事和意识形态话语之下。沈志远,这位我国马克思主义哲学早期的引入者、传播家、经济学家、社会活动家,在20世纪上半叶孜孜以求且卓有成效地宣传和阐释着马克思主义,他的工作极大地影响了马克思主义学说在中国的体系建构和本土化进程。

　　作为我国思想界的一位理论大家,沈志远的政治实践和学术活动,几乎贯穿了近半个世纪。20世纪30年代,他留苏归来,毅然投身于党的文化事业,他在上海从事左翼文化运动,积极宣传各种爱国进步言论,是当时哲学社会科学战线上反文化围剿的重要人物之一。此后,在艾思奇等人的影响下,沈志远参加了哲学的大众化运动,并展开了针对叶青假马克思主义哲学思潮的理论论战,在思想文化战线上的奋战,使沈志远逐步由一个爱国青年蜕变为一位真正的马克思主义者,并使其学术思想日臻成熟。

　　纵观其一生的理论活动,沈志远筚路蓝缕,奋力探索,对马克思主义在中国的普及与发展作出了多方面的理论贡献,其所耕耘的领域也较为广阔,涵盖了马克思主义哲学、政治经济学、社会学等诸多领域,且多有着开创性的建树。其中,尤以在马克思主义哲学和政治经济学领域的贡献最大。他在20世纪30年代编著的《新哲学辞典》一书,是我国首部由国人自主撰写的马列主义专科辞书①,它为我国早期马克思主义哲学概念和范畴的规范化和系统化做了最初的工作。他的译著《辩证唯物论与历史唯物论》一书是当时我国能够看到的最完整、最系统地介绍马列主义哲学体系的教科书,该书译自1936年,截至1950年,其上册被再版了18次,下册被再版了13

---

①　沈志远编的这部《新哲学辞典》是我国哲学史上的第二部工具书,早在1926年我国学者樊炳清曾出版过一部《哲学辞典》,但樊氏辞书更侧重对西方哲学文献的整合,相对比而言,沈志远编的这部《新哲学辞典》则参阅了20世纪30年代苏联伊先科所著的《简明哲学辞典》,体现出更为鲜明的马列主义立场。

次,如此频频的再版记录,在中国的出版史上是较为罕见的,而其中的部分理论观点则被毛泽东吸纳进《实践论》和《矛盾论》的写作中。① 在多年的经济学研究中,沈志远又深刻地将马克思主义的基本原理应用于对经济学特别是计划经济学领域的研究中,取得了丰硕成果,成为我国经济学界的一座丰碑。

需要指出的是,沈志远并非书斋中的学者,他卷帙浩繁的学术著作,不仅深入而系统地传播了马克思主义,而且充溢着爱国热情、政治敏感和革命的批判精神。他的主要理论著作不仅教育了一代代理论工作者和革命者,影响了包括毛泽东、沈钧儒、尚丁、徐铸成、罗竹风、陶大镛等大批爱国人士及民族精英,且大多经得住实践的检验,如沈志远关于计划经济体制下"市场法则"的理论论述,其把马列主义与中国实际相融合的经济学观点,至今仍产生着深远影响。

沈志远一生,是坚贞的马克思主义者,是为真理而斗争的一生。他虽然在 1933 年因病脱党②,但却从未脱离革命,更不离经叛道,而是一生坚持在党的引导下工作,一生未脱离马克思主义。在 20 世纪 30 年代初期反文化围剿运动中,他已是思想理论战线上的一员战将。在中国革命的思想和理论斗争中,他更是凭借一张嘴、一支笔,为争取抗战胜利、为反对蒋介石的独裁统治、为建立新中国而摇旗呐喊。新中国成立后,尽管受到反右斗争扩大化的波及,但他仍然坚持马克思主义的原则立场,自觉地抵制错误的理论批判和政治斗争,他针对 1958 年大跃进和人民公社化运动中出现的共产风、浮夸风等,勇于进言进谏,发表了一系列文章和讲话。他在"左"的思潮面前,在理论上、政治上坚持了党性原则和马克思主义立场,为了坚持真理无私无畏,展现了一个马克思主义者的高尚气节。中国社会科学院院长胡绳在 1985 年举办的纪念沈志远逝世二十周年座谈会上,指出:"沈志远无论在什么环境中,对马克思主义的信念是都坚定不移的,他坚信马克思主义是科

---

① 沈译《辩证唯物论与历史唯物论》(上册)是毛泽东批读过的一部重要的哲学参考书,毛泽东从该书中撷取了丰硕的观点和材料,后融入《实践论》《矛盾论》的写作中。毛泽东在研读该书时,共做批注二千六百余字,批注的重点主要集中在"社会实践为认识底标度""对立体一致底法则"和"量变质和质变量的法则"三个部分。这就使我们理解,为什么新中国成立之初在怀仁堂的一次晚会上,毛泽东曾当面称呼沈志远为"人民的哲学家"。

② 关于沈志远 1933 年脱党的具体原因,目前学界有两种说法:其一,依据沈志远之子沈骥如在《沈志远传略》中所述,是因为沈志远感染了伤寒病,后与党组织失去了联系;另据我国语言学家史存直回忆,则是由于沈志远的亲戚孙际明(当时是青年团中央的负责人)被捕叛变,他怕受牵连,所以暂避到了香港(参见上海市哲学社会科学学会联合会编:《中国社会科学家联盟成立 55 周年纪念专辑》,上海社会科学院出版社 1986 年版,第 115 页)

学的真理,并且以传播这个真理为己任"①。民盟中央副主席楚图南在总结沈志远一生的学术历程时,评价道,"沈志远的一生,是不断追求进步,追求真理的一生。他对马列主义哲学在中国的传播所作的努力,在我国学术界占有重要的地位"②。而毛泽东鉴于其在哲学领域的卓越成就,在怀仁堂一次晚宴上,也曾当面称赞其为"人民的哲学家"。

应当说,沈志远是我国现代史上一位颇具影响的代表性人物,研究他的学术轨迹是个较有意义的论题。然而,就目前而言,学界对沈志远及其学术思想的研究远未达到相应的程度。从现有的研究成果来看,大多限于沈志远的亲友、同事和学生等对其生平事迹及代表性著作所做的纪念性研究,而从沈志远1965年逝世(1980年平反)至今,学界尚未有沈志远相关传记或文集整理发行,更无一部解读沈志远学术思想的专著问世,其个人档案也未开放。从总体来看,学界对沈志远学术思想的研究仍是一个崭新的课题。为更好地说明近年来学界对沈志远学术思想的研究状况,笔者特就2021年前关于沈志远研究论文的年发表量进行了统计:

年度	1980	1983	1985	1986	1987	1997	2002	2004	2012	2013	2014	2019	2021	合计
发文数	1	2	7	4	1	2	1	1	2	1	1	1	2	26
%	3.85	7.69	26.92	15.38	3.85	7.69	3.85	3.85	7.69	3.85	3.85	3.85	7.69	100%

表1　1980—2021年学界研究沈志远论文年发表数量统计③

由图表可知,目前学界已发表的研究沈志远的论文仅二十余篇,其中,在1985年对沈志远的研究经历了一个小巅峰阶段。1980年沈志远冤案平反后,沈志远的亲友、同事率先开始撰写文章,缅怀沈志远的生平事迹,拉开了沈志远研究的序幕,其中,沈志远的儿子沈骥如④对于推动学界对沈志远的研究做了许多工作。1985年,即沈志远逝世二十周年时,学界举行了系列纪念沈志远的活动,出现了沈志远研究的小高潮。此后,沈志远研究开始

---

① 胡绳:《纪念沈志远逝世二十周年》,《经济学动态》1986年第2期。
② 楚图南:《宣传马列主义四十年如一日　纪念沈志远同志》,《中国盟讯》1986年第1期。
③ 以上统计数据来源于CNKI《中国期刊全文数据库》,以"沈志远"为检索词,检索项为"篇名",匹配为"精确",共检测出23篇文章。其中,具有明显与主题不符、会议综述、学术观点商榷等3篇不计入统计范围内,合计共20篇文章;另外,笔者又通过《读秀中文学术搜索》将收录在论文集中的研究沈志远的论文共6篇计入统计数据,共检索出26篇文章。
④ 沈骥如,沈志远之子,1942年出生于广西桂林,著名政治经济学专家。现任中国社会科学院世界经济与政治研究所国际战略研究室主任、博士生导师,主要从事国际战略、大国关系和地区经济一体化合作研究。

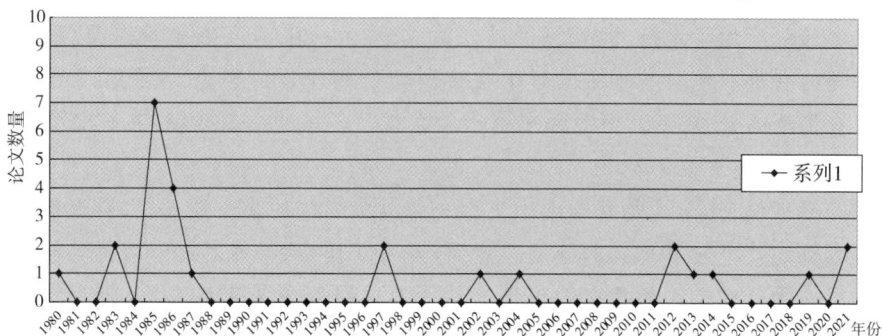

图1　1980—2021年沈志远研究论文年发表数量统计

进入平缓阶段,偶尔有几篇零散的关于沈志远的文章问世。

　　基于当下沈志远思想研究的现状,本研究力图从横向和纵向两个维度来阐述沈志远一生的学术思想历程及其在多领域的文本思想内容,希望能初步廓清沈志远的人生轨迹,把握他的本真思想,还原一个中国知识分子毕生从事马克思主义传播事业的人生历程。当然,本研究仅作一个开端,还是远远不够的,还期后来人做更为深入而系统的研究。

　　研究马克思主义发展史,不能割裂作为创造主体之现实的人。沈志远作为20世纪曾为马克思主义在中国的引入、传播及普及作出过卓越贡献的一员,他的学术轨迹一定程度上折射了马克思主义在中国传播和演进的历程,他的学术思想则是中国化的马克思主义内容,是当代中国马克思主义思想体系中的重要一环。研究和探讨沈志远学术思想,可以使我们从一个微观的视角,窥斑见豹式地洞察与其同一时代的中国"学者兼战士"在马克思主义思想战线上的发展轨迹,同时,沈志远作为一个独立个体,又有着自身的独特性。因此,站在新世纪的桥头,回望马克思主义在中国的本土化进程,沈志远是注定无法绕过的,他的地位特殊而重要。

引　言

恩格斯曾经说过:"每一时代的理论思维,从而我们时代的理论思维,都是一种历史的产物。"①理论与实践之间的张力即内含于主张变革世界的历史语境之中。马克思主义发展史的线性轨迹表明,任何一种理论的生成都是一定历史条件下自然、社会和思维矛盾运动交织的产物。马克思主义作为"时代精神的精华",不仅它的产生是一种历史的产物,而且它的发展和传播亦是一种历史的产物,它在中国的广泛引入与传播并非偶然之事,而是有其特定的历史背景与现实语境的。

20 世纪上半叶的近代中国,经历了一场数千年所未有之大变动。戊戌变法的惨烈失败让国人认清了旧封建王朝的腐朽本质。为挽救民族危亡,无数仁人志士进行了不懈的探索。严复、梁启超等资产阶级改良家们对西方启蒙思想的大量输入,孙中山、章太炎等民主革命家们对资产阶级民主革命纲领的躬体力行,及辛亥革命、五四新文化运动的相继兴起,形成了一股股思想启蒙和精神解放的浪潮。正是在这场浩浩荡荡的思想启蒙热潮中,随着俄国十月革命的胜利,马克思主义被中国的一批有识之士如李大钊、陈独秀、瞿秋白、李达等人引入中国思想界,并对 20 世纪上半叶中国的革命实践产生了重要影响。

一种理论能否打破时空限域与另一种民族文化视域下的话语体系相融合,能否为另一个民族的广大民众所接受,取决于此种理论对于这个民族社会变革过程中面临的社会矛盾和社会问题所具有的理论诠释力,与此同时,一批既精通母体文化又能慧眼向外寻求真理的知识分子的接受、会通和创造②,也成为推动这种历史趋势发展的客观必然。

纵观马克思主义在中国传播的历史轨迹,不难看出,推动马克思主义在中国的本土化,主要是由职业革命家和职业理论家两种不同类型的传播主体来实现的。这两类传播主体在马克思主义被引入中国及其传播之初(约1927 年前),界限并不明晰。李大钊、陈独秀等一批早期马克思主义者,他们在著书立说、演讲授课,积极投身于马克思主义理论研究与宣传工作的同

---

① 《马克思恩格斯选集》第 4 卷,人民出版社 1995 年版,第 284 页。

② 参见张允熠:《中国文化与马克思主义》,山西教育出版社 1999 年版,第 97 页。

时,也在辛勤奔走于党的组建等各项革命事业,他们不仅是中国社会革命的实践主体,而且也是马克思主义传入与传播的研究主体,身担着理论引入与传播和革命运动的组织与践行的双重角色。

直至 1927 年以后,随着大革命的失败及中国革命形势的变化,20 世纪 30 年代的学术思潮转向由最初引入外来学说、思想,开始逐步转向关注如何从内容和形式等方面使之更加本土化的问题。马克思主义在中国的引入与传播也开始有所分工,形成了两类各有侧重的传播主体:一类是以实践性探索为主旨,以革命运动领袖为主体的职业革命家;一类是以学理性探索为主旨,以知识分子为主体的职业理论家。两类传播主体在传播媒介、传播区域、传播对象、传播侧重等方面都存在着较大差异,他们都以其独具特色的传播模式,在推动马克思主义在中国的体系建构和本土化进程中,发挥了各自独特的历史作用。

职业革命家的传播活动多集中在地缘辽阔的农村革命根据地和解放区,主要以活跃在该区域的军队战士、各级干部和参加革命的青年知识分子为传播主体。他们主张把马克思主义具体化、方法化地应用于中国革命实践,即通过具体应用马克思主义学说的基本观点、立场和方法来解析中国革命遭遇的现实问题,制定适合革命形势需要的发展战略和革命路线,选择符合中国实际的革命模式,并在具体运用马克思主义于中国革命实践过程中及时从理论层面上总结经验教训,进一步丰富和发展马克思主义理论,创造与推动马克思主义的中国化形态、中国化模式。在 20 世纪 30 年代,融马克思主义理论于中国革命实践的创新型典范即是伟大的革命实践家毛泽东。通过以毛泽东为代表的一批职业革命家们的努力,马克思主义在中国的社会影响空前加大,并广泛地渗透到了革命实践和社会生活的各个领域。

以知识分子为主体的职业理论家们主要活跃在以上海、北平为中心的国统区,他们传播马克思主义的主要路径是著书立说,即在对马克思主义学说做深入理论研究的基础上,通过著译、写文章、举办哲学会、授课等方式,把马克思主义理论散播到广大民众中去。职业理论家们的马克思主义理论传播之路具有鲜明的学术性特质,彰显和弘扬的是马克思主义的理性精神,其目的是为了帮助那些生活在国统区的城市民众了解马克思主义,学会运用马克思主义哲学的基本方法来解决实际生活中碰到的具体问题,引导这些阶层的人树立起革命的人生观,积极投身革命运动。李达、艾思奇、沈志远、陈唯实、胡绳等都是 20 世纪 30 年代研究、宣传和普及马克思主义的杰出代表。正是通过他们的努力,马克思主义在并未取得政治话语权的时代背景下,依然能成为中国文化界、思想界最有影响力的学说。①

　　回顾历史,不可否认的是,马克思主义的传入与传播,离不开这一批批职业革命家与职业理论家的杰出贡献。他们的学术道路一定程度上映现了马克思主义在中国的演进历程,他们的学术著作是一笔笔值得我们深入挖掘的伟大精神瑰宝。没有他们,马克思主义在中国的传播与发展是难以想象的。然而,正如黑格尔所说"熟知常常非真知",当前思想界、学术界关注的焦点更多地指向了职业革命家们的实践性探索,更多关注的是政治实践与马克思主义发展史间的内在联系,而职业理论家们的学理性贡献则往往被遮蔽在宏大的历史叙事和意识形态话语之下。因此,适时地抢救史料,公允地评介那些曾为马克思主义的理论传播做过艰辛探索而又被历史所埋没的理论工作者们的历史贡献,适度区分政治行为与学术活动的内在差别,是完整书写马克思主义发展史的应有之义,也是客观还原历史的指向所需。而这其中,研究沈志远的学术著译,梳理其走过的学术道路,也是研究这一环节的重要组成部分。

---

　　①　参见徐素华:《马克思主义哲学在中国传播、应用、形态、前景》,北京出版社 2002 年版,第6 页。

第一章　沈志远学术思想历程

沈志远(1902—1965)浙江省萧山人,原名沈会春,曾用名沈观澜、沈任重、王剑秋,我国著名的马克思主义理论家、经济学家、社会活动家。从20世纪30年代从苏联留学回国直至逝世,沈志远一直活跃在党的文化舞台上,他以其独特的学术生涯、执着的学术热情、丰硕的学术成果为马克思主义理论在中国的引入与传播添置了浓墨重彩的一笔,是我国现代思想史上的重要人物。

第一节　从爱国青年到马克思主义者

沈志远,1902年1月6日生于浙江省萧山昭东长巷村一个旧学家庭。沈志远的家乡萧山县,是一个地灵人杰的地方,这里产生了贺知章、毛奇龄、蔡东藩、葛云飞等一大批历史名人。沈志远的父亲原本是读书人,因功名不就,后于老家长巷迁至钱清镇,改学经商。先在一当铺做伙计,逐步当上了二掌柜,购置了三亩土地。当铺歇业后,又与人合作经营鱼塘和南货店,还办过小学。

沈志远四岁(1906年)时,举家随其父迁至钱清镇,在当地读了七年的私塾。十一岁(1913年)那年,他来到杭州,插班入读其叔父沈肃文主持的浙江第一师范附属模范小学四年级。沈肃文思想进步,后为浙江教育厅视学,新中国成立后曾任轻工业部财务司长,沈志远早期爱国思想的萌发,受其叔父的影响较大。

1916年,沈志远因成绩优异,顺利升入浙江省立一中[①]初中。当时浙江教育界新旧思想的冲突很激烈,以浙江省立第一师范中学为核心,以沈志远就读的省立第一中学和浙江公立甲种工业学校为两翼的进步派,在东南一带竖起了倡导新文化运动的旗帜,早年五四运动的浪潮冲击至浙江时,斗争也主要以这三所学校的进步师生为骨干。沈志远在入读第一中学后,在查猛济、阮毅成等进步青年的影响下,思想进步很快。在即将毕业之时,爆发了五四运动,年仅十七岁的沈志远以满腔爱国热忱投入抵制日货的示威游

---

① 今浙江省杭州高级中学。

行,后来北洋政府下令取缔《浙江新潮》,并把俞秀松、施存统、宣中华等驱逐出校,沈志远和不少五四运动中的积极分子也被"劝告退学"。

1919年底,沈志远来到上海,报考了收费较低的交通大学附中。是年交大附中仅收十名插班生,报名者却多达二百人,沈志远以第六名的优异成绩被录取。在交大附中就读期间,沈志远曾在该校校刊《南洋周刊》第二卷第四号发表过《青年与事业》一文,该文译自美国《成功》杂志(*The Success*)上马尔腾博士(Mr.Marden)的《Are you Building Status of Snow?》,号召青少年勿求安稳,应尽力发挥自己最大能力,挑战自我。选择这篇文章译介,也从另一个侧面反映出沈志远少年时的壮志雄心。1922年,沈志远在交大附中毕业,因无钱继续攻读大学,无奈选择暂停学业。后受其叔父沈肃文之召赶赴绍兴一中任初中英语教师。绍兴一中是进步新学的产物,由一批爱国人士和先进的知识分子创办,沈肃文时任绍兴一中校长。但由于绍兴封建势力的极力干扰,学校不久即宣告解散。

1924年8月,沈志远应交大附中同学侯绍裘之邀,赴松江景贤女中教书,当时侯绍裘任该校校长。不久,江浙军阀混战,景贤女中为避战祸迁至上海。抵达上海后,侯绍裘又将沈志远力荐到上海大学附中任副主任,在任期间,结识了时任该校教务长的陈望道。陈望道后成为沈志远的世交兼民盟协会的事友,也是沈志远早年投身革命的启蒙者之一,二人在世时情谊颇为深厚。

20世纪20年代的上海大学时为共青团员和中共党员的集结地,沈志远在这一期间,除了结识侯绍裘、陈望道外,还结交了不少的进步青年,并成为《新青年》《觉悟》《民国日报》《向导》的忠实读者。尽管此时沈志远对马克思主义的理解还是相对粗浅的,但其却已树立起了对马克思主义的初步信仰。1925年,他参加了震惊中外的五卅运动,并任国民通讯社记者。同年,经侯绍裘介绍,沈志远在上海加入了中国共产党。至此,沈志远开始接受马克思主义,并逐步走上了革命道路。

1926年底,沈志远受上海党组织派遣,前往莫斯科中山大学学习。20世纪20年代的苏联,正处于向社会主义过渡的转型时期,全国境内饥荒严重,但苏联政府依然为在苏留学的中国学生提供了较好的学习环境。当时,在中山大学担任授课教师的都是从苏联各大高校选调而来的较有声望的老党员教授。如教经济学的马丁诺夫、利浦曼,教西方革命史的瓦克斯,教中国革命运动史的拉狄克等。同时,学校还会安排一些共产国际知名的苏共领导人像斯大林、罗佐夫斯基、克鲁普斯卡娅等来给学生作时势报告,而这也一定程度上扩宽了沈志远的眼界,让其有机会能直接领会来自苏共党中央的思想理念。据晚年沈志远回忆，1927 年 5 月 13 日，斯大林亲临中山大学发表了关于中国革命的演说，这让身处异乡的沈志远身临其境，激动不已，久久难以忘怀。

从 1927 年 2 月到 1929 年 6 月，沈志远在中山大学接受了系统的马列主义理论学习，当时开设的科目有：政治经济学、西方革命史、辩证唯物主义、社会发展史、中国革命问题、列宁主义、经济地理、军事学及俄文等。他在那里还取了一个俄文名字：鲍罗丁。

1929 年 6 月，沈志远以优异成绩在中山大学毕业。后中山大学从优秀的毕业生中选拔一批学生去红色教授学院、中国问题研究所、列宁格勒政治军事学院及莫斯科军事学院继续深造，沈志远被选送到莫斯科中国问题研究所①攻读研究生。沈志远在这里学习至 1931 年 6 月。4 年多的刻苦学习，不仅使他打下了坚实的马列主义理论基础，同时，也让他精通了英文、俄文，还学会了用德文阅读。从 1930 年 8 月到 1931 年 11 月，沈志远还在共产国际东方部中文书刊编译处担任编译工作，编译过《共产国际》杂志中文版，并参加翻译出版《列宁选集》（六卷集）中文版的工作。

在苏联期间，沈志远个人生活遭遇了两次不幸。先是和他志同道合的妻子李汉辅，在回国后去往江西苏区途中，与另外几位同志一同失踪。随后，和他同在苏联学习的小妹妹沈联春又于 1930 年感染伤寒不幸离世。沈联春生前也颇具才气，1929 年 9 月宋庆龄访问莫斯科时，随同翻译就是沈联春。

1931 年底，沈志远吻别了寄养在莫斯科国际儿童院的 4 岁儿子，回到了他日夜思念的祖国。

第二节　离党不离道　潜心著书立说

1931 年 12 月，沈志远来到了进步作家云集的上海。20 世纪 30 年代的上海是当时中国思想文化的中心。各种理论思潮纷纭一时，异常活跃。国民党当局为维护其统治，一方面大肆宣扬形形色色的反动政治学说，另一方面又拼命诋毁、压制一切进步思想和革命理论。沈志远在 30 年代初白色恐怖笼罩着的上海，致力于从事党的文化工作，积极宣传马列主义和爱国民主思想，同反动当局发动的文化"围剿"进行了不屈不挠的斗争，是当时哲学社会科学战线上反文化围剿的重要人物之一。

---

① 　该所是莫斯科的共产主义科学院的一部分。

　　从 1932 年初到 1933 年 6 月,沈志远先后担任中共江苏省文化工作委员会委员和中共中央文委委员,和他一起共事的有阳翰笙、冯雪峰等。此间,他还积极地从事着上海党组织的地下工作,担任过左翼社会科学家联盟(社联)的委员、常委、党团书记,编辑过《新文化》《研究》杂志,积极宣传各种进步言论。

　　1933 年 6 月至 8 月,在一场伤寒病之后,沈志远与党组织失去了联系。是年 9 月,沈志远来到上海暨南大学任教,当时李达、周谷城也在那里。但因言论左倾,仅执教一年,便于翌年六月遭到解聘,于是唯有闭门著书译文,直至 1936 年 7 月。

　　从 1932 年到 1936 年 7 月,是沈志远学术历程的一个巅峰时期,这一时期,沈志远在国统区的白色恐怖下,著译兼攻,奋力笔耕,先后出版、发表了近 200 万字的马克思主义哲学和政治经济学著译,可谓硕果累累,著作等身。徐铸成在评述沈志远早期的众多哲学著译时写道:"当时知识界特别是青年人喜爱的精神食粮……在一代人中,至少是起过启蒙作用的"[1]。这一时期的卓越成就,也奠定了其在中国现代思想史上的马克思主义理论者、宣传家的学术地位。

　　沈志远自 30 年代归国后,最初重点介入的是经济学领域。大革命失败后,世界范围内经济危机笼罩着整个资本主义国家,广大的中国知识青年,为了探寻中国的出路,为了清晰地把握中国社会的性质和中国革命的方向问题,迫切需要新的经济学理论为指导。鉴于此,沈志远开始着手政治经济学领域的研究。

　　《计划经济学大纲》是沈志远在经济学领域的第一部开拓性著作,于 1933 年由上海申报馆出版发行。该书针对当时资产阶级改良主义的部分偏执论调,重点分析了社会主义计划经济体制制定和实施的具体条件,探索了苏联经济中的商品流通、货币本质、信贷与银行、货币与市场的作用及社会主义积累等问题,肯定了社会主义制度下计划经济的优越性。

　　在该文中,沈志远还提出了许多原创性的观点,像在论述社会主义计划经济发展矛盾与动力时指出,"主观上的处置失策或指导与组织未尽完善所致","苏维埃经济中某种形式的经济困难或紊乱是有可能的,但不是必然的"[2]。这些观点,发表在资产阶级经济学独霸大学讲坛,实用主义、改良

---

　　①　徐铸成:《报人六十年》,学林出版社 1999 年版,第 352 页。
　　②　方一冬:《沈志远》,转引自施正一主编:《当代中国著名经济学家百人小传》,中央民族大学出版社 2004 年版,第 15 页。

主义泛滥的 20 世纪 30 年代,使人耳目一新。《计划经济学大纲》的主要内容,经过少量修改,大部分编入了《新经济学大纲》。

《新经济学大纲》被誉为"中国人自己写的首部马列主义政治经济学著作",它是沈志远的代表作,也是中国现代思想史上的名著。该书初版由北平经济学社于 1934 年 5 月①发行。20 世纪 30 年代初,正逢世界资本主义危机最为严重时期,西方资产阶级经济学以及各种改良主义经济学理论,在现实生活面前四处碰壁,进步的青年在寻求中国的出路,要求给以新的经济学理论。而当时已经翻译出版的马克思主义经济学著作"不是内容太专门化便是译文太国外化或歪曲原意,……都没有能够把经济学底原理达到大众化,现实化的地步"②。

为了克服这一时期从外国译介到中国来的马列主义政治经济学著作的种种弊端,沈志远决定撰写《新经济学大纲》,并规定了撰写该书需满足的五个条件:"第一是观点要新,第二是方法要新,第三是取材要新,第四是内容要尽量地包括一切问题和尽量地现实化,第五是说明要尽量通俗化。关于观点,当然是以劳动价值论为基础的经济学为最新而最正确。关于方法,应采取所谓'动的逻辑','矛盾逻辑'底方法。至于内容取材方面,应该尽量把理论与现实、把理论与实践打成一片"③。作者为自己规定写《新经济学大纲》要以"动的逻辑"和"矛盾逻辑"为指导,即是要通过对资本主义生产方式内部矛盾的阐释,来揭示资本主义必然灭亡和必然为社会主义所取代的规律。这也正是沈志远在为该书取名时加一个"新"字的考虑。

关于该书的写作目的,作者指出,即"是在给尽量广大的读者以尽量完备的、正确的、扼要的经济学知识,使一般没有受大学教育机会的广大知识饥饿群,阅读此书之后能够正确地理解现实问题——经济、社会、政治、国际等问题,换句话说,这本书所给予读者的,实际上是研究现实问题的有系统的方法论的指示"④。

在此要特别强调的是,作为我国首部由国人自主撰写的政治经济学专著,该书的最大特色即是注意到了解读马列主义政治经济学理论的完整性。在该书中,作者依据当时世界已划分为资本主义和社会主义两大经济阵营

①　沈志远在 1949 年长春"解放版""序言"中说此书初版于 1935 年是一个笔误,这个笔误最初出现于 1947 年 10 月抗战胜利后第 2 版(即第 7 版)。经核查,该书的初版、三版(均由北平经济学社出版)的版权页及著者自序签署日期,都表明该书初版于 1934 年 5 月。

②　沈志远:《新经济学大纲》,上海书店出版社 1935 年版,第 6 页。

③　沈志远:《新经济学大纲》,上海书店出版社 1935 年版,第 6 页。

④　沈志远:《新经济学大纲》,上海书店出版社 1935 年版,第 7 页。

这一现实,不仅介绍了一般经济学所阐述的商品资本主义经济内容,而且还详述了当时其他政治经济学教材所很少论及的社会主义经济学内容。在上篇资本主义经济原理部分,作者阐述了单纯商品经济、资本主义经济和帝国主义经济等经济学理论,并介绍了马克思《资本论》前三卷和列宁《帝国主义论》的主要内容;在该书的下篇社会主义计划经济原理部分,作者除了探讨过渡时期和社会主义经济的各种范畴与法则外,还介绍了当时世界上唯一实行计划经济的国家——苏联的经济实况,这在当时的其他政治经济学教科书中是较为罕见的。

《新经济学大纲》出版后,立刻受到了进步舆论界的广泛好评。时任上海社联副主席的罗竹风曾评价该书说,"《新经济学大纲》……我买过这本书,而且也认真读过,以为在经济学方面对读者的启蒙作用,相当于艾思奇在哲学方面的《大众哲学》,不过更有系统、更有深度罢了"[①]。邵翰齐则在《漫话经济学新书——并评沈志远著〈新经济学大纲〉》一文中称赞该书"叙述的层次清楚,好像抽丝剥茧,把资本主义经济和社会主义经济解说得很有脉络,没有紊乱错落的毛病",认为它满足了"我们需要一部内容通俗、切合现实兼论新旧经济组织的新经济学书籍"的时代要求,是"荒野里的一株冷艳的山花"[②]。

但沈志远犹嫌不足,在后来的 20 年间,不断地根据新的情况,对该书进行着修改和增补。在 1936 年的第 3 版中,作者将其在 1935 年出版的《世界经济危机》一书的内容扩充了进去,新增了一节"社会经济形态论与研究前资本主义经济之必要"和一章"资本主义周期律与经济危机",并对"特种萧条"问题进行了专门论述。在下篇"社会主义计划经济"部分,增加了对斯达汉诺夫运动的论述。在 1940 年的第 7 版修订本中,作者又充实了帝国主义论部分,并完成改写了"社会主义计划经济篇",修改和增订了 6 万字。1945 年第 9 版也做了较大的增订。1949 年 4 月,沈志远又根据毛泽东关于新民主主义经济的论述,在该版中(作者称该版为"解放版")新增了一编,即第十一编"新民主主义经济"共 4 章,并补充和修改了前资本主义部分、帝国主义论和社会主义经济形态部分。经不断地修改,该书的内容日臻丰富,篇幅也从初版时的 32 万字扩展到 1949 年的 62 万字。截至 1954 年,该书被再版了 18 次之多。这在中国的出版史上是较为罕见的。

《新经济学大纲》问世以后,无论在国民党统治区,还是在中共领导的

---

① 罗竹风:《回忆往事 悼念沈志远同志》,《社会科学杂志》1980 年第 5 期。
② 齐卫平等:《抗战时期的上海文化》,上海人民出版社 2001 年版,第 304 页。

革命根据地,都广为流传,并为不少进步教授搬上了大学讲台。它对 20 世纪 30 至 40 年代国内青年学者的思想进步产生了积极的影响,并传播海外。

　　这一时期,除了涉足政治经济学领域外,沈志远在马克思主义哲学领域的研究上也有着颇深造诣。他在这方面的著译有《黑格尔与辩证法》(1932年)、《新哲学辞典》(1933 年)、《近代哲学批判》(1936 年)、《现代哲学的基本问题》(1936 年)、《妇女社会科学常识读本》(1936 年)另外,他还翻译了苏联米丁著的《辩证唯物论与历史唯物论》上册(1936 年)等。这些著译对 30 年代马克思主义哲学在中国的通俗化传播作出了重要贡献。

　　《黑格尔与辩证法》《近代哲学批判》是沈志远在上海时撰写的两部有关唯物辩证法的著作。进入 20 世纪 30 年代后,随着大革命的失败,革命思潮徘徊动荡,革命士气逐步低落,怎样用马克思主义的方法论来指导中国革命的具体实践,也成为理论上亟待解决的问题。

　　加之这一时期,国内学界对马克思主义唯物辩证法的研究与宣传还是相对薄弱的,而早期马克思主义者经由日本引介的马列理论则主要集中在了唯物史观上,沈志远意识到,"在这样一个历史底大转变关头,唯物辩证法之活的应用——应用于实际斗争的问题上去,已成为每一个革命思想家和实践家之急不容缓的任务"[1]。为此,沈志远于 1932 年、1936 年先后撰写了《黑格尔与辩证法》《近代哲学批判》两部著作,从横向和纵向对唯物辩证法展开了较为细致的学理解析。

　　《黑格尔与辩证法》是沈志远回国后的首部著作,由上海笔耕堂书店出版发行。这部十二万字的著作,详尽地论述了辩证法体系由黑格尔、马克思到列宁的"史"的发展历程,并从横向重点解析了黑格尔及马列主义辩证法的主要内容。

　　在该书的"序言"部分,沈志远开宗明义地道出了该书的写作目的,他写道:

　　　　现代哲学不是别的,恰恰就是辩证的唯物论和唯物的辩证法,马克思把唯物的辩证法应用于资本主义底研究,发现了资本主义底内在法则。伊利契利用这个思想的武器,来分析……帝国主义时代底实际的革命斗争问题……即发展到帝国主义底时代、社会主义革命底前夜和劳动进攻资本的巨大的革命战斗底时代了。[2]

----

① 沈骥如:《沈志远传略》(下),《晋阳学刊》1983 年第 3 期。
② 沈志远:《黑格尔与辩证法》,笔耕堂书店 1943 年版,第 3 页。

关于掌握唯物辩证法之革命的、现实的意义,沈志远写道:

> 自从伊利契逝世以后,……国际资本主义已经到了总崩溃底前夜,
> 两个绝对相反的世界或社会经济体系底对立,已经达到了空前的尖锐
> 化。黑格尔、马克思和伊利契是代表革命的方法论发展之三大阶段。
> 无论是研究新兴思潮和新兴科学的研究家,或是在革命的实践中干生
> 活的行动家,非正确地把握住这三位大思想家底思维术,那就不能行动
> 一步。①

可见,《黑格尔与辩证法》的写作动机和目的很明显,即作者不仅仅是把辩
证法当作一种纯粹的学术思想来加以解读,而是要凸显以革命的辩证法思
想为指导来变革不合理的社会秩序,其落脚点是把马克思主义的唯物辩证
法当作革命的方法论来加以普及和宣传。

　　1936年,沈志远的哲学论文集《近代哲学批判》由读书生活社出版发
行。这部近十二万字的哲学论文集,收录了沈志远从1932年至1936年间
所发表的十篇文章,具体包括,《近代哲学中的辩证法之史的发展》《从康德
到黑格尔》《黑格尔哲学导言》《黑格尔哲学之精髓》《黑格尔哲学之历史背
景》《论黑格尔以来之辩证学说》《论费尔巴赫(同哈)之思想体系》《哲学底
社会性和苏联底哲学》《苏联哲学底检讨》《评几派现时流行底哲学思潮》;
由于作者认为这十篇文章是为不同的杂志而写的,故内容繁简、深浅不一,
不够系统化。所以,时隔十年后,他对该书进行了修订,于1946年改名为
《近代辩证法史》②。修改版《近代辩证法史》详述了辩证法经由笛卡儿、斯
宾诺莎、康德、费希特到黑格尔的发展,以及马克思对黑格尔唯心主义辩证
法的批判性扬弃,并论述了列宁及斯大林阶段的唯物辩证法发展。该书由
耕耘出版社出版发行,据不完全统计,一直被再版到1954年。

　　1933年沈志远出版的《新哲学辞典》是我国马克思主义传播史上一部
有着独特历史贡献的学术著作,该书初版于1933年9月由北京笔耕堂书店
发行,这部300余页的小型辞书,收录了马克思主义哲学的相关术语、概念、
原理及外国哲学人物、学派等词目329条,具有释义详尽、文字凝练等鲜明
特色。《新哲学辞典》是我国马克思主义传播史上首部由国人自主撰写的

---

① 沈志远:《黑格尔与辩证法》,笔耕堂书店1943年版,第21页。
② 《近代辩证法史》收录文章包括:笛卡尔哲学中的辩证法原素;斯宾诺莎底辩证
法;康德底辩证法;从菲(同费)希特到谢林;集辩证法之大成的黑格尔;黑格尔辩证法之革命的意义;费尔巴
赫之思想体系;从黑格尔到伊利契;马伊主义的唯物辩证法;唯物辩证法家斯大林。

马列主义专科辞典,它结束了现代中国马克思主义传播与发展过程中没有辞典的历史,为我国马克思主义哲学概念和范畴的系统化和规范化做了最初的工作。

在沈志远所有哲学著译中影响最深远的,是他翻译的苏联米丁(M. Митин)著的《辩证唯物论与历史唯物论》(上下两册)。该书是当时在我国能够看到的最完整、最系统地介绍马列主义哲学体系的教科书。全书约72万字,上册《辩证法唯物论》于1936年由商务印书馆出版,后由生活书店出版,到1950年为止,至少被印行了18版。下册《历史唯物论》于1938年由商务印书馆出版,后由生活书店出版,到1950年为止,至少印行了13版。《辩证唯物论与历史唯物论》是毛泽东生前最爱读的马列著作之一,在延安阅读此书时,毛泽东曾留存了2600余字的哲学批注,并将该书中的部分理论观点吸纳进《实践论》和《矛盾论》的写作中。艾思奇在延安时又把沈译此书第二章唯物论和唯心论,第三章辩证法唯物论选作《哲学选辑》一书的第一、二章。

在此,值得特别强调的是,这部70多万字的哲学教科书还包含了部分马克思、恩格斯、列宁经典文献节选的中译文,这在当时马列主义经典著作还未被大量译成中文的学术环境下,对广大中国读者初期了解马列主义的一些基本理论观点,发挥了重要作用。该书问世以后,《读书与出版》杂志曾向读者推荐此书,写道,"作为一本大学生水准的哲学教科书看,这是最适合的一本。它的优越特色,就在这本书表现为一个马列主义哲学底完整体系"①。《读书月报》时事书评也曾评价该书说,"由于研究范围的广博,系统的严整,解释的详尽,这本书实在是一本最好的辩证唯物论教科书"②。

除了上面提到的学术著作外,从1932年到1936年的4年间,沈志远还发表了大量介绍马列主义,介绍苏联,抨击法西斯主义的文章、时事评论等,如《黑格尔哲学之精髓》(载《新中华》第1卷第4期,1933年)、《十月革命十七年》(载《世界知识》第一卷第5期,1934年)、《现阶段的苏联和平外交》(署名王剑秋,载《新中华》第4卷第一期,1936年)、《叶青哲学往何处去》(载《读书生活》第4卷第5期,1936年)、《战争与资本主义世界之经济》(载《新中华》第4卷第9期,1936年)等40余篇,这些文章大多注重理论联系实际地解析中国现实问题,都是紧密切合时代境遇所作出的哲学反思与现实思考。这些论文、时评发表在白色恐怖笼罩下的近代中国,对于进

---

① 沈骥如:《沈志远传略》(下),《晋阳学刊》1983年第3期。
② 沈骥如:《沈志远传略》(下),《晋阳学刊》1983年第3期。

一步加强马克思主义的理论宣传工作,发挥了积极作用。其中最值得一提的是,沈志远于1936年撰文对假马克思主义者叶青①及其托洛茨基派哲学的批判,使沈志远的社会影响进一步加大,并初露了其学者兼战士的特色。

20世纪30年代中期,马克思主义哲学在中国的传播渐呈蓬勃之势,这也引起了大地主、大资产阶级和国民党反动当局的极度恐慌。以叶青为代表的一批反动御用文人借此向马克思主义哲学发起了疯狂反扑。1934年叶青先后抛出了《哲学到何处去?》《关于哲学消灭论》等论著,对马克思主义哲学进行大肆地歪曲与篡改,极力鼓吹哲学消灭论、哲学科学统一论、物心综合论等哲学怪论,在理论界产生了极为消极的影响。

对此,沈志远尖锐地批判了以叶青为代表的中国托洛茨基派哲学的唯心论和机械论思想,他在《叶青哲学往何处去?》一文中针对叶青的“哲学消灭论”观点,指出,辩证法固然认为天下事物无不处于发生、发展和变化或否定的过程,“可是,否定或变化却不一定是死灭”。所谓哲学消灭论把哲学的否定解作死灭,正是对辩证法的一种曲解。另一方面,他又揭露了叶青“哲学消灭论”与苏联机械论者哲学“取消论”之间的渊源,指出叶青的思想在许多基本点上是跟苏联的机械论完全一致的。苏联机械论者说“科学本身就是哲学”,叶青则说黑格尔之后,只有科学而无哲学,苏联机械论者说哲学是模糊人的观念的“麻醉剂”和人类思想的“奢侈品”,叶青则说“哲学是一种落后的知识形态”,“是含混模糊,不明确的知识”,他认为,这些如出一辙的说法证明,所谓哲学消灭论并非叶青的“独创”,而是对苏联机械论哲学“盲目地附和”。他最终得出结论,叶青等人的哲学,在口头上标榜自己是站在辩证法和新唯物论的立场上,实则却处处暴露出其哲学上的唯心论、机械论、反科学观和神秘主义倾向。叶青对哲学的释义是形而上学的,对哲学的诠释是违科学的,其认识论是主观唯心论,其把哲学与科学的合二为一,对辩证法的解释和对唯物史观诸基本问题的理解皆是机械论的。②

针对叶青哲学的批判,使沈志远的社会影响加大,在捍卫、宣传和普及了马克思主义哲学的同时,也为其赢得了良好的社会声誉。

几乎与此同时,沈志远还撰文参与了对托派分子关于中国社会性质的论战。当时的托派分子认为,帝国主义的入侵,绝对地打破了中国的封建经济,推动了资本主义的发展,主张发展商品经济,实行华洋资本合作,从而认

---

① 叶青,原名任卓宣,1896年4月生于四川南充。1921年在法国加入共产党,后两次被捕叛变革命,从此走上了彻底的反革命道路。在20世纪30年代,叶青大肆宣扬哲学消灭论、哲学科学统一论、物心综合、颠倒论、外烁论等哲学怪论,对当时青年学者的思想毒害颇大。

② 参见沈志远:《叶青哲学往何处去?》,《读书生活》1936年第4卷第5期。

定当时的中国已是资本主义社会,这种理论,实则是赞美帝国主义侵略,效忠国民党的。

针对托派分子改良资本主义的荒谬论调,沈志远在《新中华》发表《现阶段中国经济之基本性质》一文反驳道:"现阶段中国经济发展到何种程度,就是由现阶段中国社会内的生产关系……来决定的","帝国主义在中国发展的商品经济只是帝国主义变中国为其供滋养分的附庸的一种表现"。从而得出结论:"中国的经济是帝国主义统治下的半封建经济,它带有半殖民地和半封建底两重性,不过这两重性不是各自分立而是相互联系着、统一着的。"①这些观点,和当时以潘东周、王学文为代表的新思潮派对托派的批判是完全一致的,对于广大民众认清帝国主义及其在中国的代理人的本真面目,认清中国社会的性质及明确革命的对象,无疑是起了积极作用的。

总体来看,在上海的这段时期,是沈志远学术历程的一个黄金时期。这一时期,沈志远从一个爱国青年蜕变为一个真正的马克思主义者,并出版了诸多颇具社会影响的马列主义理论著作。可谓著作等身,贡献卓越。但此时,沈志远的研究重点还主要集中在辩证唯物论范围,对唯物史观的研究则很少涉及。这一方面与20世纪30年代学术界的研究倾向已由唯物史观逐步转向辩证唯物论有关,另一方面也映射出沈志远学术历程是一个由辩证唯物论逐步向整个马克思哲学体系扩展的逻辑过程。

第三节　在颠沛流离中践行马列主义

1936年8月,在上海蛰居了4年的沈志远,应时任北平大学法商学院系主任李达的邀请,来到该院任经济系教授。也就是在同一年,"一二·九"学生运动爆发,沈志远和李达、陈豹隐、许德玛、程希孟等五位教授因积极支持学生运动,而被国民党教育部部长王世杰视为眼中钉,起意解聘,后终因北平大学校长徐诵明及进步师生的坚决抵制而作罢。"七七事变"后,沈志远转赴西北大学法商学院任教。但因他从苏联回国后一直拒绝去国民党政府登记留俄记录,且由于他授课内容的左倾倾向,所以在1938年底终遭到解聘,同时被解聘的还有章友江、曹靖华等8位教授。其间,沈志远翻译了苏联米丁著的《辩证唯物论与历史唯物论》下册——《历史唯物论》,整理出版了其在北平大学法商学院执教时的经济学讲义《近代经济学说史》。

---

①　沈志远:《现阶段中国经济之基本性质》,《新中华》1935年第3卷第13期。

《近代经济学说史》是我国首部以马克思主义为指导的比较系统、全面地介绍近代欧美经济学流派的史略。该书初版于 1937 年底由上海生活书店发行,后由国讯书店再版,到 1950 年,先后出版了 7 次。《近代经济学说史纲》这部大型的经济学史专著,以马克思主义的经济学观点为指导,批判性地介绍了欧美各流派的经济学思想,包括重商主义学说、重农主义学说、古典学说、庸俗经济学派、西斯蒙第的经济浪漫主义、空想社会主义经济学说以及普鲁东主义经济学。在 1944 年的修订版中,该书还专设一节"科学社会主义流派",收录了对马克思《资本论》的评价、马克思经济学方法论的介绍和列宁以来的社会主义经济学说;还增加了对 19 世纪下半叶的历史学派、奥地利学派和英美学派经济学思想的批判性介绍。

《近代经济学说史纲》是我国系统介绍近代经济学史的首部论著。正因如此,新中国成立前后一直被生活书店列入"新中国大学丛书"而出版发行。

沈志远被西北大学解聘后,于 1938 年底到重庆,在邹韬奋主持的生活书店任总编辑,并主编在国统区内很有影响的生活书店大型理论刊物《理论与现实》。在做编辑之余,沈志远还经常作为专家给编辑部的教职员工做政治经济学、哲学方面的相关讲座,并积极参加当时由爱国民主人士发动的民主运动,为当时进步文化界的先声。据尚丁先生回忆,当年重庆座谈会上,沈志远、章乃器和李公朴是三位最受欢迎的发言人。这一时期,沈志远出版了一系列在学术界较有影响的著译,但主要集中在经济学领域。

1938 年,王亚南、郭大力翻译的《资本论》全文三卷集出版,这是我国马克思主义传播史上的一件盛事,该书在当时的出版,大大激发了广大青年读者研习《资本论》的兴趣和热忱。但问题也接踵而至,沈志远指出:"一般知识青年往往恨不得一口气把全部《资本论》吞下肚去,他们不作丝毫准备地买了一部《资本论》,翻开来不假思索地一口气读下去。有的因为读不懂而半途灰心,有的难在用极大的毅力一直读下去,但一知半解,越读越糊涂。这类青年的学习热忱固然可嘉,但是这样的研习方法是要不得的。"①为了便于广大读者学习这一经典巨著,沈志远于 1939 年撰写了《研习〈资本论〉入门》一书,后改名为《研习〈资本论〉的准备》。这部小册子,向读者介绍了马克思《资本论》的创作经过及其所涉及的主要内容及重要意义,并重点向读者推荐了研习《资本论》的基本方法和一些必读的参考书。该书自问世以来,曾多次再版,成为许多青年学者学习《资本论》的启蒙书籍。

---

① 沈志远编:《研习〈资本论〉的准备》,生活·读书·新知三联书店 1949 年版,第 1 页。

　　马克思的《雇佣劳动与资本》是学习《资本论》的先导读物,此书最早已有中文译稿,曾以《劳动与资本》为题,在1919年5月的《晨报》副刊上连载过,随后,食力的译本也以《劳动与资本》为题,在同年7月的《学灯》上连载过。1921年,还有袁让的译本《工钱劳动与资本》在广州出版。但几版译本因译文不准,文字晦涩,后来就停止了流传。沈志远于1939年重译了此书,并译名为《雇佣劳动与资本》,这个译本的译名精准,译文也较为通俗流畅,出版以后,曾频频添印。此外,沈志远在1938年翻译的拉苏莫夫斯基的《社会经济形态》,1939年翻译的勃鲁塞林斯基的《形式逻辑》、列昂节夫的《资本主义》,都是广为流传的大学参考书,直到20世纪50年代初还在全国各地不断翻印。

　　沈志远不是那种书斋里的学者,在著书、译文、办刊物和教学的同时,他也一直站在爱国进步知识分子队伍的前列,积极参加中国共产党领导的民族民主革命运动。

　　早在1936年,在赴北平前,沈志远就在上海参加了党的秘密外围组织"苏联之友社"的组建工作,并成为"救国会"的重要成员之一。"七君子"事件发生后,沈志远在北平和李达、许德珩、邢西萍等109人于1936年11月24日联名致电南京国民党政府,积极声援七君子的爱国行动。汪精卫公开叛国投敌后,沈志远又在重庆和邹韬奋、沈钧儒、史良、胡愈之、张仲实等20人于1939年1月2日联名上书,要求蒋介石严惩汉奸。当时,沈志远还兼职郭沫若主持的政治部文化工作委员会委员。

　　1941年初,国民党制造了震惊中外的皖南事变,掀起了第二次反共高潮,生活书店也受到严重迫害。按照周恩来同志的部署,沈志远和大批国统区内文化界进步人士一起,被疏散至香港。在香港,沈志远寄住在香港天后庙道金龙台三号,与千家驹为邻,他继续从事写作,并担任了复刊后的《大众生活》周刊的编辑工作。其间,沈志远与金仲华、邹韬奋、茅盾、恽逸群、长江、于毅夫、韩幽桐、沈兹九等九人联名在《大众生活》新四号上发表了《我们对于国事的态度和主张》,痛斥国民党反动派对日本侵略者的妥协退让,揭露其掀起反共反人民逆流的罪行和对进步文化事业的摧残,提出了"彻底坚持抗战""团结更具诚意""民主政治须即实施"等九项主张,表达了"对于阴谋出卖国家,破坏抗战之恶势力,则一息尚存,誓当与之奋斗到底"之决心。

　　6月下旬苏德大战爆发,中共香港党组织开展了以建立国际反法西斯同盟为目标的宣传,提出保卫香港的口号。沈志远再次以笔为器,发表《论德苏战争》一文,从经济、国际关系、政治等方面分析了苏德战争爆发的始因、苏德双方力量对比及其对国际关系的影响,指出苏德战争标志着世界大战性质的根本变化,已转变为一场反法西斯的正义战争,断言德国法西斯必将失败,最后胜利必然属于苏联人民和世界人民,鼓励广大民众积极投身到反法西斯主义的革命斗争中去。这一年的 8 月到 10 月,张铁生主编的《青年知识》周刊还分 11 次连载了沈志远撰写的《新人生观讲话》。

1941 年底珍珠港事变以后,日本进驻香港,根据中共中央和南方局的指示,沈志远同流亡在香港的大批进步文化人士在地方党组织和抗日游击队的帮助下,经过广东东江根据地回到桂林,当时一同回内陆的还有何香凝、茅盾、梁漱溟、柳亚子、邹韬奋、夏衍等人。同年底沈志远又迁往重庆,继续从事写作,直至 1944 年 6 月。这一时期,由于中国共产党革命统一战线的变化,沈志远写作内容也随之发生了改变,主要以写政论文为主,并开始逐步涉及唯物史观的研究,其间的代表性著作有《大众社会科学讲话》(1942 年)、《民主与经济建设》(1944 年)、《中国经济的现状和对策》(1944 年),译著有《今日之美国》(1944 年)、《古代哲学史大纲》(未出版)。

《大众社会科学讲话》是沈志远继《妇女社会科学常识读本》(1936 年)之后,出版的又一部有关唯物史观的著作。此前在《妇女社会科学常识读本》中,沈志远曾专设一章来讲述唯物史观中社会结构与社会发展动力等内容,《大众社会科学讲话》则进一步延伸了对上层建筑内诸政治范畴如国家、阶级、意识形态等概念的理论解析。值得一提的是,在该书中,沈志远还特以唯物史观为指导具体地剖析了社会发展中的诸多现实问题,如民族问题、劳动问题、妇女问题等,这为当时指导我国民族民主革命实践提供了有效的理论依据;同时,也反映出此时沈志远的学术思想研究已由初期的辩证唯物论研究逐步向唯物史观扩展。1944 年 7 月到 1945 年 11 月,沈志远又由重庆转至成都接任《大学月刊》的主编工作。

作为一个马列主义理论家,沈志远还为党的文化出版事业作出了重要贡献。早在苏联留学期间,沈志远就参加了《共产国际》杂志中文版的编译工作,并参与翻译出版了《列宁选集》中文版的六卷集。在上海"社联"工作期间,他参加了《新文化》《研究》两本杂志的编辑工作,后又任《时事类编》的特约编辑,与张仲实共事。1939 年转至重庆后,沈志远又在生活书店任总编辑,其间主办了国内两部大型理论季刊《理论与现实》和《大学月刊》。此外,自 20 世纪 30 年代到 50 年代间,沈志远还以特约撰稿人的身份,在胡愈之主持的《世界知识》《新文化》《中华公论》等多部杂志上,发表了大量稿件,堪称中国出版界的先驱者之一。

《理论与现实》和《大学月刊》是沈志远 40 年代主办的两部大型理论刊

物,这两部刊物在民族民主革命时期,为推动党的革命思想和马克思主义理论的普及与传播作出了重要贡献,是党在国统区宣传马列主义和抗日救国思想的重要理论阵地。

《理论与现实》1939 年 4 月创刊于重庆,该刊以"学术中国化"和"理论现实化"为宗旨。沈志远任主编,编委成员有千家驹、艾思奇、李达、沈志远、侯外庐、马哲民、曹靖华、潘梓年、钱俊瑞。为了响应中共六届六中全会提出的"马克思主义中国化"任务,该刊在创刊初期即发起并组织了"学术中国化"的讨论。沈志远在该刊的创刊致辞中说,"理论现实化",就是要把理论溶化于现实中,要理论地检讨和研究各种现实问题。"学术中国化",是将世界学术理论的最新成果,应用于中国各种现实问题的解决;要使理论的研究与发展,适应于现实和将来的中国民族和社会的需要;使理论学术工作,服务于抗战建国的神圣事业。① 1939 年,该刊在第一期创刊号上刊登了侯外庐的《中国学术的传统与现阶段学术运动》和潘梓年的《新阶段学术运动的任务》两篇重要文章。1940 年 2 月,该刊第 1 卷 4 期又发表了嵇文甫的《漫谈学术中国化问题》,对"学术中国化"问题发表了看法。在《理论与实践》杂志的带动下,"学术中国化"问题的讨论在国统区深入开展起来,一时成为思想文化界的主题,吸引了众多理论工作者纷纷加入到讨论中来。

《理论与现实》在重庆出版至二卷三期,后因皖南事变,而被迫停刊,这期间共出版了 7 期。抗战胜利后,1946 年在上海复刊,仍由沈志远主编,改为双月刊。新的编委成员有沈志远、郭沫若、马寅初、张东荪、郑振铎、翦伯赞、马叙伦、胡绳、周建人,后因经费不足,出版至次年三卷四期后再次停刊。到 1948 年秋为止,又出版了三辑不定期的《理论与现实丛刊》。沈志远主编的这个断断续续出版的杂志,是 20 世纪 40 年代重要的马克思主义理论刊物,被当时《读书月报》评价为"国内唯一的高级学术杂志"。

沈志远主编的另一个大型理论刊物《大学月刊》,于 1942 年 1 月创刊于成都,原由黄宪章、陈中凡、李相符等主办。1944 年秋,为了加强革新的领导,该刊调整了编委会,从 3 卷 9、10 期合刊"革新特大号"后,由沈志远任主编,新的编委成员有邓初民、马哲民、李相符、陈中凡、薛愚、黄宪章、陈家芷、杨伯恺。沈志远担任《大学月刊》主编至 1945 年 9 月(4 卷第 5、6 期合刊),后因其 11 月去上海而终止该刊。1947 年 8 月该刊由成都迁往上海继续出版发行。

抗日战争时期,《大学月刊》积极地开展了中国学术科学化的工作,鲜

---

① 参见熊复主编:《中国抗日战争时期大后方出版史》,重庆出版社 1999 年版,第 171 页。

明地阐述了中国抗日战争的性质和应坚持的正确立场,并提出了诸多抗战、建国的合理主张,教育了一批民众,在当时对于不断壮大民主势力和党的革命力量作出了重要贡献。

此外,在成都接任《大学月刊》主编期间,为了响应由重庆杂志界发动的"拒检运动",沈志远还和黎澍等人号召成都二十七家报社、通讯社、杂志社发表通电,一致拒检,同国民党政府扼制进步舆论多年的法西斯审查制度展开了殊死搏斗。最终迫使国民党政府于 9 月 22 日举行第十次中常会,通过议会,宣布从 10 月 1 日起撤销对报刊图书的检查。可以说"拒检运动"所取得的完胜,与成都文化界在关键时刻的挺身响应,与沈志远和黎澍等一批革命同志的英勇抗争是密不可分的。

1944 年 9 月,中国民主政团同盟改组为中国民主同盟。经马哲民、张澜介绍,沈志远以救国会成员身份加入了民盟,并于 1945 年 10 月在民盟第一次全国代表会议上当选为中央委员。是年冬,救国会在重庆召开全国代表大会,改名为中国人民救国会,通过《政治纲领》,沈钧儒、李公朴、沈志远、陶行知、罗叔章、宋云彬、秦柳方、史良、胡子婴、曹孟君、萨空了等 19 人当选为中委执行委员。

1945 年 11 月,沈志远由四川转赴上海主编复刊后的《理论与现实》,并在上海从事民盟工作。其间,他还时常到思南路的"周公馆",向华岗等同志请示工作。不久,国民党反动派发动内战,破坏国共政协决议,制造了"较场口血案",沈志远同志又与王绍鏊、黄炎培、沙千里等四十余人紧急集会,集体声讨国民党反动当局的法西斯暴行。

1945 年底,民盟南方总支部在香港成立,沈志远被选为总支委员。次年 7 月经组织安排,沈志远抵达香港,在陈其瑗任院长的达德学院①任经济系主任兼教授,当时在该院任教的还有翦伯赞、邓初民、千家驹和胡绳等。从 1947 年 10 月起,他还和胡绳、狄超白、张铁生、邵荃麟、宋云彬等在香港持恒函授学校兼职讲课,并创办了一个《新中(国)出版社》,出版华侨青年丛书和国际知识丛书。在港期间,沈志远整理出版了《新人生观讲话》《经济学研习提纲》《近代辩证法史》《社会科学基础讲座》等书,翻译了美国詹姆斯·艾伦著的《战后世界经济与政治》一书。

《新人生观讲话》是沈志远写给青年读者的一部宣讲马克思主义人生

---

① 达德学院是中共和一些爱国民主人士共同创办的,以李济深为董事长、陈其瑗为院长,著名学者侯外庐、邓初民、沈志远、黄药抡、曾昭抡、狄超白等为教授。该院办得生动活泼、远近闻名,培养了大批华侨、港澳学生和国内革命知识分子,输送到各地参加工作,对援助华南解放战争作出了积极的贡献,其中许多人后来成为革命事业的骨干。

哲学的励志文集,该书最初分 11 期连载于张铁生主编的《青年知识》周刊,后经作者汇编成册,于 1946 年 6 月作为《青年自学丛书》由生活书店出版发行。该书批判了各种形而上的人生观思潮,如宿命论和英雄主义人生观、"唯生"人生观和复古人生观等等,鼓励青少年应树立"合乎历史规律的""为全人类谋取最大幸福和自由的"人生观,应为"消灭世界上一切压迫制、榨取制、侵略制、奴隶制而奋斗……最终是要建立一个人与人间、民族与民族间、人种与人种间的彻底平等、自由、互爱的大同世界秩序"①。

《新人生观讲话》初次在《青年知识》上连载后,即受到了广大进步青年的好评。在 1941 年张铁生主编的《青年知识》第 9 期上刊登的一份民意调查显示,在 49 封回答(其中有 30 封是学生写的)"对本刊哪一篇文章最喜欢看"的读者来信中,有 19 人选择了沈志远的《新人生观讲话》,而选择其他人文章的,都仅在 5 人或 5 人以下,可见该文在当时的受欢迎程度。

在港期间,沈志远还将其在持恒函授学校执教时的经济学原理讲义整理成册,以《经济学研习提纲》为名出版发行。《经济学研习提纲》是一部广义经济学的研习提纲,内容囊括了从原始共产社会、奴隶制社会到新民主主义社会、社会主义社会和共产主义社会的整个人类社会形态的经济社会结构。由于该书的受众对象多是一般大学生或是社会自学青年,所以全书行文用的多是通俗明快的语言和浅显易懂的说理,在当时,是一部学习经济学基础理论知识较好的入门书。

1948 年,沈志远还翻译了由美国著名的黑人进步经济学家詹姆斯·艾伦著的《世界垄断资本与和平》一书,中文译名为《战后世界经济与政治》。这本书对于了解战后初期美国垄断资本在世界各地的扩张以及了解第二次世界大战以来及战后初期的日本、德国、英国、美国、苏联和东欧国家的经济、政治,提供了丰富的资料,这本书在当时也是颇具影响的。

1947 年底,国民党反动派倒行逆施加紧迫害共产党员和进步爱国人士,并宣布民盟为"非法团体",民盟被迫"解散",香港随即成为民盟活动的中心。沈钧儒、周新民、章伯钧等先后秘密离开上海,与原本在港的沈志远、邓初民、柳亚子等汇合,积极筹备举办民盟一届三中全会。1948 年 1 月民盟三中全会在港召开,会议经过激烈的讨论,通过了《三中全会紧急声明》《三中全会政治报告》《三中全会宣言》等决议案。

民盟三中全会的召开标志着民盟摒弃了所谓的"中间路线",制定了联共反蒋的政治路线,并基本接受中国共产党的新民主主义革命纲领。沈志

---

① 沈骥如:《马克思主义哲学的宣传家——沈志远》,《哲学研究》1985 年第 12 期。

远执笔起草了民盟《三中全会宣言》，并在会后出任民盟中央宣传委员会代主任。

在从事民盟工作的同时，沈志远也没有间断理论工作的研究与创作。在港的最后两年，沈志远整理出版了《社会科学底哲学基础》《新社会学底基本问题》《资本主义经济之剖视》（即《妇女社会科学常识读本》第1—3分讲，生活书店出版）和《新政治学底基本问题》《社会问题》（即《大众社会科学讲话》的第1—3分讲、6—9分讲，妇女生活社出版）等著作，颇受读者欢迎。

1948年10月，为了响应中共关于召开新政协会议的号召，在党组织的安排下，沈志远化名沈庆祥，与宦乡、郭沫若等离港前往东北解放区。

第四节　新中国成立后的理论活动

1949年6月至9月间，新政协的筹备工作在北平举行。作为救国会的代表，沈志远参加了由25人组成的共同纲领起草小组的工作。9月21日，全国政协一届一次全体会议在北京召开，沈志远是救国会的11人代表团成员之一，他还参加了由51人组成的共同纲领草案整理委员会的工作。

1949年初到1950年10月，沈志远任燕京大学教授。1949年10月，任中央人民政府文化教育委员会委员、中央人民政府出版总署编译局局长。在担任编译局局长期间，沈志远领导该局制定了全国范围内的翻译工作计划，召开了国内首届翻译工作会议，创办了《翻译通报》，并出版了解放前的《全国翻译图书目录》。他动员和团结广大编译工作者们，为国内编译出版行业的发展，作出了卓越的贡献。

新中国成立初期，沈志远还和章乃器、千家驹一起，被聘为中国人民银行顾问。1952年初，沈志远调往上海，任华东军政委员会委员兼参事室主任、华东文教委员会副主任。之后，当选为民盟上海市主任委员、上海市政协副主席。1954年，当选为第一届全国人大代表、上海市人大代表。1955年，中国科学院成立四个学部，沈志远当选为哲学社会科学学部第一届委员会委员。1956年，上海成立哲学社会科学学术委员会，沈志远任主任委员。同年，他又被任命为中国科学院上海经济研究所筹备主任，负责该所的筹建工作。

全国解放以后，尽管沈志远身兼多职，但他依然坚持理论的研究与创作工作，他通过写文章、授课讲座等多种形式，为宣传和普及马列主义，为发展我国的哲学社会科学事业，为团结广大爱国知识分子参加社会主义建设而不知疲倦地工作着。同时，也迎来了其学术生涯的又一个盛期。

从 1949 年到 1957 年间，沈志远通过授课，在京、津、沪作报告，在上海人民广播电台举办政治经济学讲座等多种途径，做了许多讲解党的方针政策和宣传马克思列宁主义毛泽东思想的工作。在学习苏联社会主义建设模式的热潮中，沈志远为中苏文化交流，也做了许多有益的工作。如，1950 年初，苏联《哲学问题》杂志主编戚斯诺科夫来华讲学，沈志远曾多次给数以千计的中国听众充当俄文翻译。

沈志远在主持民盟工作期间，在以陈毅为首的上海市委领导下，在动员、团结和改造盟内外知识分子方面也做了大量的工作，调动了他们参加社会主义建设的积极性。例如，1956 年，中国共产党提出"长期共存、互相监督"的方针，为了响应党的号召，沈志远于同年 11 月，在《人民日报》发表《论"长期共存、互相监督"》一文指出，这个方针"是调动各方面力量、充分发挥其积极性和创造性来不断推进社会主义建设的最好办法"①。1957 年春，为了配合中共的整风运动，他在上海民盟全体干部大会上作了为时两小时的动员报告，他号召民盟上海市组织应紧密配合党的中心工作，并发动广大盟员积极投身社会主义建设事业，他指出，"我们党外人士，特别是党外的知识分子，在党的号召下要鼓起勇气，为了社会主义，为了党的事业而奋斗"②。

谈家桢晚年在评价沈志远在民盟期间所做的工作时，指出：我曾聆听过沈志远多次的演讲和谈话，我常常为他渊博的学识、惊人的记忆力和对中国共产党由衷的热爱所感动，也正是通过他的现身说法，我亲身感受到中国民主党派人士与中国共产党之间水乳交融、肝胆相照的亲密无间的友情。③

从 1949 年到 1957 年间，沈志远还出版、发表了大量研究、宣传马克思主义政治经济学、哲学、世界经济的专著和译著，以及国内政治、经济时评等。其中，《新民主主义经济概论》（1950 年）、《新民主主义经济的特点、构成和政策》（1950 年）、《社会发展史的一些问题》（与侯外庐合著，1950 年）、《论政治经济学的性质对象和任务》（1950 年）、《政治经济学基本问题讲话》（1951 年）、《〈实践论〉解释》（1951 年）、《〈实践论〉与经济学及经济工作》（1951 年）、《〈矛盾论〉解说》（1952 年）、《论知识分子思想改造》（1952 年）、《资本主义总危机论》（1953 年）、《马克思主义唯物论和资产阶

---

① 王海波：《沈志远的人生沉浮》，《世纪》2012 年第 4 期。
② 王海波：《沈志远的人生沉浮》，《世纪》2012 年第 4 期。
③ 参见谈家桢：《怀念沈志远先生》，《群言》2002 年第 12 期。

级唯心论》(1955年)等都是当时很有独到见解和社会影响的论著。

《新民主主义经济概论》是沈志远1949年出版的《新经济学大纲》修订解放版里第十一编《新民主主义的经济政策》的单行本,该书最初由三联书店于1950年出版发行,后其单行本由山下龙三翻译成日文,于1952年由日本的青木书店出版。在《新民主主义经济论》一书中,沈志远针对即将到来的新中国经济,运用生产关系一定要适应生产力要求的唯物史观原理和比较研究的分析方法,指出新中国经济和东欧各国的差异点主要在于生产力发展水平的高低上面。他据此预言,中国经济发展水平相对于东欧国家来说是低的,因此在新中国成立之初在经济政策上就会有所不同。东欧国家在其建设初期采取了"限制和孤立资本"政策,新中国却要在一个相当长的时期"让私人和资本主义经济获得发展的便利"①。

该书中的这些观点在当时是极具新意的,山下龙三在其日译本出版前言中曾评价该书"涉及前人所未及的领域,……是迄今中国出版的少数这类书籍中最有权威的,而且是全文翻译向日本介绍的最早著作"②。江副敏生则在说明中指出,自毛泽东的《新民主主义论》和《论联合政府》等著作发表以后,"中国进步的经济学家一直试图从理论上阐述新民主主义经济体系;……其中最早成书的,是1948年许涤新的《新民主主义经济》以及这里译出的沈志远的《新经济学大纲》中的《新民主主义经济》一篇"。而沈志远其人,也"早已为关心中国经济的日本人所熟知"③。

沈志远晚年学术活动的一个重要内容,是对毛泽东思想的阐释。由于沈氏译著《辩证唯物论与历史唯物论》(上册)曾在毛泽东思想的形成过程中起到过较大作用,所以,他对毛泽东思想也有着较为深刻的理解,他是毛泽东思想的较权威阐释者,并且以科学、严谨的态度对待毛泽东思想,为毛泽东思想的普及与传播作出了突出贡献。

沈志远系统地阐述了毛泽东思想,相关著作有《〈矛盾论〉解说》《〈实践论〉解释》《〈矛盾论〉与经济科学》《〈实践论〉与经济学及经济工作》和《学习毛泽东选集》。他解说《矛盾论》,把《矛盾论》看成是毛泽东思想的一个基础,他反复强调,《矛盾论》主要地说明这矛盾的普遍性和矛盾的特殊性之辩证的关系。他解说《实践论》,指出"《实践论》的精神是理论需为

①　沈志远:《新民主主义经济概论》,生活·读书·新知三联书店1950年版,第9页。
②　沈骥如:《卓越的马列主义传播者——沈志远传略》,转引自《经济日报》主编:《中国当代经济学家传略1》,辽宁人民出版社1986年版,第188页。
③　沈骥如:《卓越的马列主义传播者——沈志远传略》,转引自《经济日报》主编:《中国当代经济学家传略1》,辽宁人民出版社1986年版,第188页。

实践服务,认识依赖于实践"。它本身是"为了克服主观主义,澄清革命的思想战线,让中国人民得到正确的创造的马列主义的思想领导,而能担当起历史赋予它的重大任务——争取民族的独立,争取人民的解放"①,所以,是革命行动和科学研究的指南。突出毛泽东思想的哲学基础,强调毛泽东思想的认识论和方法论,这是沈志远阐释毛泽东思想的重点。

新中国成立后不久,在中国共产党的号召下,全国掀起了学习马克思主义理论,尤其是历史唯物论和社会发展史理论的高潮,这也是在新中国刚刚历经伟大历史变革的时代语境下,广大干部和人民群众以及当下学术界的迫切需要。当时,为适应广泛学习社会发展史的需要,沈志远出版了《社会形态发展史》《社会发展史的一些问题》两部著作,着重阐述了人类社会历史发展的基本规律和基本线索,并解答了在学习社会发展史中的一些必须搞清楚的基本问题。

在我国基本完成了社会主义改造,即将全面开展社会主义建设之际,为了确保广大知识分子及干部群众在思想上巩固和树立无产阶级的价值观,及在思想理论战线上清除种种唯心主义思想的残余,沈志远还在 20 世纪50 年代专门撰写了《论知识分子思想改造》《马克思主义唯物论和资产阶级唯心论》两部著作。这两部著作的出版发行,为在新中国成立之初,发展和巩固马克思主义理论的学习和宣传成果,发挥了一定的积极作用。

作为一名著名的马克思主义经济学家、哲学家,沈志远一生忠诚于党,且是受到党的重视的。尽管沈志远早年因病脱党,但他从未脱离革命,更不离经叛道,而是一生坚持在党的领导下工作,一生未脱离马克思主义。

同样,党对沈志远也十分关心,政治上,周恩来、博古、张闻天、吴玉章等领导同志都曾对沈志远耳提面命;在安全、生活上,对他十分关怀,曾两次安排他去香港避难。1940 年周恩来、邓颖超同志去莫斯科时,还曾去国际儿童院看望许多寄养在那的中国同志的孩子。回国后,周恩来亲口告诉沈志远,他的儿子在莫斯科学习、生活得很好。1956 年秋,毛泽东同志在沪视察时,还专程在锦江饭店召见沈志远、周谷城等同志,垂询他们对国家大事的意见。正是由于党对沈志远的种种无微不至的关怀、鼓励和教育,使他能在复杂多变的环境中不迷失方向,并为中国革命做了许多有益的工作。

1957 年反右斗争扩大化也波及到了沈志远,他于翌年初被错划为右派,下放到上海县颛桥参加了三个半月的劳动改造,然后又被送到嘉定县外岗"社会主义学院"学习。1959 年秋,沈志远被摘去右派帽子,但仍是"摘帽

① 沈志远:《〈实践论〉解释》,展望周刊社 1951 年版,第 2 页。

右派"。此后,他一直在上海经济研究所任研究员,此前的行政职务均被免除,只保留了"全国政协委员"一职。

被摘取右派帽子以后,沈志远的工作和研究仍受到了种种限制,他的书籍,被盖上了"此书作者系摘帽右派"的字样,他的作品,也几乎没有可能再发表。

但是,即使在沈志远身处厄境之际,党内仍不乏关心他、鼓励他、支持他的领导同志。1958 年,沈钧儒来上海,特意约见了沈志远和徐铸成,当时的沈、徐二人,已是"破帽遮颜过闹市"了,沈钧儒诚恳地对沈志远说,"我最初学马列主义,都是从你的书里学的,你是我的老师。不要灰心丧志,应该在考验中振作起来,你将来仍然是我的老师"①,听到这恺然的慈爱之言,沈志远落泪了,徐铸成也落泪了,多么诚挚的友谊,多么厚重的期望啊!

上海的有关领导也关心着沈志远,记挂着沈志远。沈志远在日记中记录道,1963 年 1 月 19 日,一次会议的午饭后,中共上海市委统战部部长刘述周与他同坐一起,"态度非常自然地谈起沈在苏联时斯大林领导的反对托洛茨基和布哈林的斗争情况,完全没有一点奚落或敷衍的态度,而是作为一个熟识的同志来同我闲谈的"②。

他的一位老邻居,当时任上海出版局局长的罗竹风同志也一直挂念着这位"在经济学领域"对自己起过"启蒙作用"的前辈的境况。罗竹风的夫人张秀珩,与沈志远的夫人崔平在同一系统工作,二人每每相遇,也总是嘘寒问暖,相互给予鼓励。

中共元老吴玉章则给沈志远去信予以问候,并索借当年由沈志远主编的《理论与现实》杂志。党内外交家、经济学家宦乡通过和沈志远书信往来,鼓励、支持他继续研究国家垄断资本主义问题。好友千家驹更是多方奔走,为发表沈志远的书稿而费尽心力。可以说,正是这许许多多领导、同志的鼓励与支持,使沈志远能在黑暗中重见光明,得到了继续前行的勇气和力量。

从 1957 年到 1965 年,是沈志远学术生涯的最后七年,但即便是在蒙受了重大政治冤屈的最后七年,沈志远仍然坚持为了国家和人民的利益,向党建言献策。1958 年"大跃进"运动开始后不久,沈志远就发现了该运动中存在的诸多"左"的问题。当时康生抛出了一篇文章,以"如何对待群众运动是

---

①　尚丁:《芳草斜阳忆行踪　伟人、师长、朋友的故事》,上海文艺出版社 1997 年版,第 247 页。

②　沈骥如:《卓越的马列主义传播者——沈志远传略》,转引自《经济日报》主编:《中国当代经济学家传略 1》,辽宁人民出版社 1986 年版,第 200 页。

真假马列主义的试金石"为借口,压制人们对大跃进等运动的不满与质疑。

1962年4月,沈志远进京参加了全国政协,亲耳聆听了周恩来代表中央检讨过去工作中存在的"过高过急"等问题,及鼓励知识分子畅所欲言,号召发扬民主等言论,深受鼓舞。与会期间,周扬同志还亲口勉励沈志远要继续写文章。

回上海后,沈志远向徐铸成表述了自己想继续撰文,指正现行计划经济体制下存在的诸多经济问题这一想法。徐铸成听后,向沈志远表达了自己的顾虑。沈志远笑着回应说:"现在,的确不抓辫子、不打棍子,可以畅所欲言了。而且,我是学政治经济学的,有意见应该贡献出来"①。

果然,1962年8月,沈志远针对当时遍及全国的"共产风",在文汇报上发表了《关于按劳分配的几个问题》一文,该文根据列宁在《国家与革命》和马克思在《哥达纲领批判》等文中关于"分配制度"的阐述,结合当时中国的特定国情,指出,"按劳分配是谁也无法躲避、改变或违抗的社会主义客观经济规律",按劳分配"在社会主义阶段是具有巨大优越性的唯一合理的分配制度。它是唯一合理的,就因为它体现着社会主义的客观经济规律;它符合生产关系一定要适合生产力性质的规律"②。他反对那种"过分强调按劳分配的过渡性,而把事情说成仿佛从社会主义存在的第一天开始,按劳分配规律作用的范围逐步缩小,按需分配法律作用的范围逐步扩大"③的观点。

沈志远的这番话,是对当时主张在社会主义阶段必须坚持按需分配原则的一种驳斥。从当时的社会条件和历史背景看④,他的这番话真是说得够真实、也够大胆了。

此前,同年7月,沈志远还执笔撰写了在上海市政协会议上的8人书面发言(另外七位代表分别是:江旭庄、李仁长、吴兆洪、邹依仁、周柏棣、雍文远、褚葆一),题目是《为更好地展开社会科学研究工作而努力》,他在发言会中指出:

　　　　我们往往强调了主观能动性的作用,却忽略了客观可能性和尊重

---

① 徐铸成:《报人六十年》,学林出版社1999年版,第354页。

② 沈志远:《关于按劳分配的几个问题》,《文汇报》1962年8月30日。

③ 沈志远:《关于按劳分配的几个问题》,《文汇报》1962年8月30日。

④ 当时的时代背景是,1958年10月13日,张春桥在《人民日报》上,抛出了他的《破除资产阶级法权》一文,把按劳分配说得一无是处,他公然提出"彻底破除资产阶级法权"和恢复供给制的主张。他给不同意他的观点的同志,戴上了"保护不平等的资产阶级法权"、"打击无产阶级革命传统"的帽子。在20世纪50年代末60年代初,学术界以及经济部门,占上风的观点是要逐步限制和取消按劳分配;在工厂,取消了奖金和计件工资制;在农村,广泛推行平均主义的工分制。

客观规律的必要性;强调了社会主义社会的过渡性,却忽略了它的相对稳定性;强调了政治思想教育,却不大重视物质利益原则;我们往往非历史主义地夸大了按劳分配原则中的资产阶级法权,却忽略了按劳分配首先并且主要是体现无产阶级法权,是作为"按资分配","不劳而获"的资产阶级法权的对立物而存在的道理;我们谈生产关系的改革比较多,而谈生产力的决定作用则比较少;……①

在时隔多年后的今天,我们回头来看沈志远在起草这篇发言稿中所提到的11个"多了一点"和"少了一点"的建议,可谓是个个切中当时我国经济、政治中所存在的重大失误问题的要害。然而,当时毕竟是在20世纪60年代,沈志远的真话所招致的后果不言而喻,上海市委的主要负责人把陈虞孙痛斥了一顿,说:"我们难道没有人写文章了? 要把那个右派分子沈志远请出来对我们说三道四!"②而沈志远为此所付出的代价,是遭受长达两年多来又一轮大会、小会的严厉批判。

沈志远在1962年6月,还写了一篇文章,题为《论社会主义的相对稳定性》。文章认为,"社会主义是一个相当长的历史阶段,是一个独立的经济形态,有自己质的规定性,因而有一套自己的经济规律,相应地,我们反映这一套经济规律的经济政策,也应该是相对稳定的"③。这篇论文,在千家驹和聂真同志的推荐下,被送至《光明日报》,但是,该刊以"这是一篇政论性较强的文章,不适合在本刊发表"为名退了稿,最终未刊登。

沈志远针对当时盛行的共产风、浮夸风、平调风以及唯意志论,还计划写一系列针砭时弊的文章,向党直言他的看法,包括《主观能动性与客观可能性》《意识与存在》《生产力与生产关系》《基础与上层建筑》等,由于至1962年底,他又陆续受到批判,所以没有能够写成。

到1964下半年,对沈志远的系列批判达到了顶峰。无休止的检讨,没完没了的批判,使沈志远的健康每况愈下,血压也经常超过200毫米水银柱,但他没有停下手中的笔,只要一息尚存,他绝不推卸自己对党和人民的责任。他在一篇写给崔平夫人的日记中,记录道,"我明知我的文章是不会再发表了,不让我写作,就像不让演员演戏一样感到难受,但是我还

---

①　沈骥如:《沈志远传略》(下),《晋阳学刊》1983年第3期。
②　张光武:《历史将证明他是一个强者——纪念沈志远诞辰九十五周年》,转引自中国人民政治协商会议上海市委员会文史资料委员会选编:《上海文史资料选辑　第80辑　文史集粹》,上海市政协文史资料编辑部1996年版,第36页。
③　沈骥如:《沈志远传略》(下),《晋阳学刊》1983年第3期。

是要写……"①。1962 年底,他还制定了一个《个人研究工作十年规划草纲(1962 年—1972 年)》,主要内容如下:

　　1. 1963—1967 年,国家垄断资本主义研究。
　　1)1963 年底完成《国家垄断资本主义概说》一书,约计 30 万字;
　　2)1964 年底完成《现代垄断资本主义的腐朽性、寄生性和社会结构的变化》,约 10 万字;
　　3)1966 年底完成《现代资本主义发展不平衡性》,约 10 万字;
　　4)1967 年底完成《现代修正主义关于帝国主义"理论"的批判》,约 10 万字;
　　2. 1968—1972 年,马列主义政治经济学方法论研究。
　　1)马恩阶段(主要是《资本论》、《反杜林论》等经典著作中的辩证法的运用);
　　2)列宁的帝国主义学说和过渡时期经济学说的方法论研究;
　　以上两项共约 40 万字,1972 年完成。②

这里要特别介绍一下沈志远已写出 13 万字而未完成的最后遗著,《国家垄断资本主义实质概说》一书。该书是我国经济学界首部系统地介绍国家垄断资本主义的专著,主要包含以下几个部分:序言;第一章,国家垄断资本主义形成的条件和它的必然性;第二章,国家垄断资本主义的实质;第三章,国家垄断资本主义的两重性、矛盾性和它的历史地位。从已经成稿的部分内容来看(约 13 万字),该书提出了诸多较具社会价值的独特论断。比如,文中较为系统地比较了国家垄断资本主义与一般垄断资本主义之间的区别与联系,指出"国家垄断资本主义……,乃是垄断资本主义的一种新型式,是它本身发展中的一个更高阶段"③,等等。但遗憾的是,由于受政局的影响,该书仍未出版,存留的仅有少量的油印本。

　　1964 年底,沈志远抱病到北京参加全国政协会议,1965 年初在回到上海后,长期的抑郁苦闷,加之途中感染伤寒,延至 1 月 26 日,终因心肌梗塞,于午睡时溘然逝世,终年 63 岁。

---

　　① 尚丁:《芳草斜阳忆行踪　伟人、师长、朋友的故事》,上海文艺出版社 1997 年版,第 249 页。
　　② 沈骥如:《壮志未酬的马列主义理论家沈志远》,转引自孙连成等主编:《中国当代著名经济学家》第 2 集,四川人民出版社 1987 年版,第 210 页。
　　③ 沈骥如:《壮志未酬的马列主义理论家沈志远》,转引自孙连成等主编:《中国当代著名经济学家》第 2 集,四川人民出版社 1987 年版,第 212 页。

不趋时,不媚世,不见风使舵,不巧于逢迎,这是对沈志远生命最后七年的最好诠释。

粉碎"四人帮"以后,1980 年夏,党中央发文为沈志远等人的错划右派问题宣布改正,恢复政治名誉。

这一年的 8 月 20 日,上海市委为沈志远举行了追悼会,他的骨灰被安放在上海龙华革命公墓。

第二章　对辩证唯物论的传播

在 20 世纪 30 年代以前，马克思主义哲学作为一种产生于西方社会的理论学说，在中国的传播主以译介为主。马恩经典著作和外国学者撰写的解读马克思主义学说的论著，在国内大量翻译问世，为国人学习和掌握马克思主义理论学说提供了极大便利。但其缺陷也异常明显，最为突出的问题是这些译著大多远离中国的社会实际及中国民众的现实生活，再加上不同民族在语言文字转换上所造成的语汇壁垒，使得部分译文译著晦涩难懂，这都不利于马克思主义哲学在中国的传播与发展。由此，如何把马克思主义哲学通俗化地散播到大众中去，而创立一种与中国社会实际、中国民众生活密切结合，更易为中国大众所理解的马克思主义哲学新形态，就成为马克思主义哲学在中国传播发展到一定历史阶段的必然逻辑走向。

20 世纪 30 年代中期，随着国内民族矛盾的不断升级，在双重矛盾压迫下的劳苦大众迫切需要一种更易为他们所理解的新的思想理论武器，以帮助他们了解社会的现状和国家发展的出路。在这一新形势下，以艾思奇为代表的一批年轻的马克思主义理论者创立了大众化形态的马克思主义哲学，他们通过各自的著作表达，为马克思主义哲学在中国的通俗化、大众化传播，作出了重要的贡献，同时也形成了各自独具特色的马克思主义哲学阐释思想。

沈志远亦是这一时期在哲学的大众化运动中成长起来的马克思主义者，他的马克思主义哲学阐释思想，有着鲜明的时代特征，集中体现了 30 年代的知识分子在探寻马克思主义哲学大众化道路中的积极尝试。他通过自身的著作表达，展示了其对马克思主义哲学通俗化、大众化的独特理解，又因为其通俗易懂为广大知识青年能够最大限度理解马克思主义提供了便利。这一时期，集中反映沈志远这一学术思想的著作有：《现代哲学的基本问题》《通俗哲学讲话》《近代哲学批判》，通过这些著作，沈志远诠释了辩证唯物论的大众化形态。

这一时期，除了涉足哲学的大众化运动外，沈志远在学术研究领域还有两方面贡献，一是为了适应中国社会革命的形势需要，积极地向国内引入及传播了苏俄马克思主义哲学，并译介了 30 年代苏联哲学界"第一部最完备的新哲学和新社会学底教科书"——《辩证唯物论与历史唯物论》（上册），在国内推动了辩证唯物论思想的通俗宣传;其二是批判了假马克思主义者叶青,针对叶青哲学的批判,使沈志远的社会影响加大,在捍卫和宣传了马克思主义哲学的同时,也进一步澄清了被混淆的理论问题。

但需要指出的是,这一时期沈志远的研究重点主要集中在了辩证唯物论领域,对唯物史观的研究则很少涉及。这一方面与20世纪30年代学术界的研究倾向已由唯物史观逐步转向辩证唯物论有关,另一方面则是基于沈志远早年的留苏背景,使他在苏俄辩证唯物论领域有着很精深的造诣。从时序和思想的演进来看,后期沈志远对马克思主义哲学的研究与传播逐步转向了唯物史观,经历了由通俗化、大众化向中国化、现实化的逻辑转向。

总体来看,作为20世纪30年代投身于马克思主义哲学传播事业的先进知识分子之一,沈志远把握了时代的脉搏,洞悉了时代的需求,他以哲学的大众化语境为契机,以对苏俄哲学的阐释为积淀,为推动马克思主义哲学在中国的普及与发展作出了积极贡献,并为我们留下了许多宝贵史料。我国学者嵇文甫在评价沈志远等人发起的哲学大众化运动时写道:"学术中国化运动,是伴随着学术通俗化运动,或大众化运动而生长出来的。当'一二·九'学生救国运动爆发于北平的时候,上海方面早已有救国会诸先生在那里活跃。沈志远、钱俊瑞、艾思奇……各位先生们,乘着这个机运,努力展开学术通俗化运动,把世界上最前进的学术思想,和中国人民大众的现实生活,紧密地联系起来。这个运动极为广泛深入,在中国青年中发生了极大的影响。"①

第一节　对苏俄马克思主义哲学的引入与阐释

1932年12月,沈志远从苏联留学归来,在上海从事党的文化工作,进行社会科学研究,在哲学和经济学领域辛勤耕耘,这一时期,沈志远重点研究及阐释了苏俄马克思主义哲学的基础理论,在国内传播了当时苏联哲学界研究马克思主义哲学的一些最新理论成果。

苏联的马克思主义哲学被引入中国,始于20世纪20年代中期,到20世纪30年代达到高潮,成为马克思主义哲学在中国传播的主要内容。革命理论的引入与革命的实践是密不可分的,苏联马克思主义哲学在中国的引入,亦与共产国际对中国的影响及中苏两党政治关系的日趋紧密是联系在一起的,中国既要效仿苏联,走十月革命的救国道路,必然要在理论上奉

---

① 嵇文甫:《漫谈学术中国化问题》,《理论与现实》1940年第1卷。

苏联的马克思主义哲学为正宗。①

当时，沈志远传播苏俄哲学较具代表性的成果有《苏俄哲学思潮之检讨》和《哲学底社会性和苏联底哲学》两篇文章（载于《中山文化教育馆季刊》创刊号，1934年）。在这两文中，沈志远从哲学发展与经济社会背景的关系出发，具体概述了俄国革命前后苏俄哲学思潮之演进，及在与各种哲学思潮的斗争中苏俄辩证唯物论哲学发展壮大的社会原因和历史背景，介绍了20世纪30年代苏联哲学界开展的批判机械论及布哈林派的形而上学思想的具体情况，并细节概述了德波林学派的基本理论特点。

这两文后于1936年被沈志远收录在其哲学论文集《近代哲学批判》中，在该文集的绪论部分，沈志远曾对里面所收录的十余篇文章有过精彩的评述，他写道："固然这十篇文章（含上述两篇文章）并没有形成一个系统，可是它们所探讨的一些哲学思潮，却都具有世界的时代的重要性。"②

沈志远认为，每一种哲学体系，都是应着客观的要求而形成的；它的产生，都有它特殊的社会经济条件做它的背景。同时每一种哲学思潮，也很明显地代表着某一社会集团的人们的意识或理想。"某一种哲学思潮，总是适应着某一社会集团人们底集团利益，这一集团人们，往往利用那适应着集团利益的哲学思潮，来做斗争底武器——或是做推翻旧统治的武器，或是做压迫新兴势力的武器，或是被推倒了的旧势力企图复辟的武器。历来哲学思潮上的斗争，都充分地反映着社会集团间的斗争"③。也就是说，一切哲学都具有着很深的社会性，一切哲学都带有着极浓厚的阶级色彩。

沈志远肯定了哲学发展的经济根源，分析了苏联哲学思潮斗争的社会背景，指出，"哲学思潮是随着社会经济条件底变迁而变迁的"④。沈志远认为，从古希腊的原始唯物论哲学前期至今，"每一种哲学思潮都适应着客观的社会经济条件底要求而产生的，同时每一种哲学思潮都很明显地代表着某一社会集团底意识或理想"⑤。因此，只要明白了哲学的社会性和哲学思潮变迁的条件，就可以了解苏俄哲学的本质、由来及其发展动向了。19世纪末叶以来，俄国无产阶级在辩证唯物论哲学思潮的引导下，取得了十月革命的胜利。革命胜利后虽然辩证唯物论在俄国取得了统治地位，但由于经

---

① 参见徐素华：《马克思主义哲学在中国　传播　应用　形态　前景》，北京出版社2002年版，第61页。

② 沈志远：《近代哲学批判》，读书生活出版社1936年版，第1页。

③ 沈志远：《近代哲学批判》，读书生活出版社1936年版，第164页。

④ 沈志远：《近代哲学批判》，读书生活出版社1936年版，第175页。

⑤ 沈志远：《近代哲学批判》，读书生活出版社1936年版，第177页。

济形势的发展和社会的变革,社会主义势力与旧的资本主义残余的激烈斗争,反映到哲学领域里来,就成为各派哲学思潮的争论。然而无论这种思潮间的斗争如何复杂,"概括起来作一个总观察","终不外乎辩证法唯物论与一切形形色色反辩证法唯物论思潮的斗争",苏联的辩证唯物论,正是"从战斗中生长和发展起来的,同时可以与实际的斗争打成一片的"①。

可见,沈志远通过对苏联社会主义革命时期,苏俄哲学思潮之演进的具体阐述,充分肯定了哲学的社会性原则,突出强调了哲学发展的经济条件,从而在思想文化领域,挖掘到了哲学发展背后隐藏的社会、经济动因。这种对哲学思潮发展动力的深入解析,从根本上划清了与唯心史观和形而上学认识论的界限,较为细致地解答了哲学思潮演进的动因问题。

苏联的辩证唯物论是无产阶级革命的理论,同时亦是苏联社会主义建设的有效工具之一。沈志远认为:"社会主义建设是一种实践,而这种实践是根据辩证唯物论哲学底指示而诞生的。"②这种指示在社会主义建设时期就表现在,辩证唯物论认为在苏维埃劳农国家里,革命胜利后必然要经过一个转变到社会主义的过渡时期。这个过渡时期在政治上即是劳工专政,在经济上是社会主义的经济建设时期。这种劳工专政为的是创造一个人人劳动人人平等的无阶级社会即社会主义社会。由此,沈志远指出,苏联的辩证唯物论"哲学理论处处表现为对实践底指导;同时它又从实践底经验中去充实发展和改进理论自身"③。

从哲学发展和社会经济条件之内在联系出发,沈志远分析了20世纪初期苏联哲学斗争的社会背景,并在特定的历史境遇下,具体概述了俄国革命前后苏俄哲学思潮之演进,分析了马克思主义哲学在俄国传播的历史经验。

沈志远认为,1905年,马克思的唯物哲学(即辩证唯物论)理论作为资本集团知识分子和广大无产阶级对抗俄国封建思想残余的思想武器而登上了历史舞台。但资本集团知识分子对辩证唯物论的维护"又是极有限度的",他们要把这种哲学限制在资本主义的牢笼内,一旦发现它"越出了他们的利益范围",便想法修改这种哲学或另创所谓新哲学。所谓合法马克思主义、正统修正主义和新康德主义等哲学思潮,正是适应这种情况的产物。与此同时,马克思主义哲学在俄国的传播又是一个充满争论的过程。先是唯物论与民粹派唯心论和新康德主义的论争,继而是唯物论阵营内部

---

① 沈志远:《近代哲学批判》,读书生活出版社1936年版,第179页。
② 沈志远:《近代哲学批判》,读书生活出版社1936年版,第179页。
③ 沈志远:《近代哲学批判》,读书生活出版社1936年版,第180页。

正统派与修正派的论争,再就是辩证唯物论与马赫主义、波格唐诺夫主义经验批判论、经验一元论、经验象征论和所谓"造神论"的哲学论争等等,而对于这种种哲学论争作过巨大贡献的有普列汉诺夫和列宁。

此外,沈志远还着重分析了苏联机械论和布哈林的某些哲学观点。沈志远认为,1926 年以后,苏联哲学界形成了声势浩大的新机械唯物论思潮,这种新机械唯物论思潮就是波格唐诺夫哲学思想复活的表现,它与 18 世纪法兰西的机械唯物论"无甚区别",其基本立场就是"把一切复杂的宇宙现象都归结到机械学法则上去,到处都用机械学法则去解释现象底本质与变动"①。苏联新机械唯物论的观点主要体现在以下几个方面:

第一,提出"取消哲学"的口号;认为哲学是使人观念模糊的"麻醉剂",在自然科学高度发展的今天,哲学的职能已逐步被现代自然科学所取代,主张一般地消灭哲学。第二,歪曲物质与运动范畴;用绝对的物理学、机械学法则来解释物质与运动,认为物质即"物质一般""物质自身",是由一种无质的绝对同一的微分组成,世间不同的物质构成仅仅是同一微分之各种不同数量的结合而已。而运动则是物质的基源,认为物质运动是由物质机械的微分之转移位置造成的。第三,以量代质,主张"简化论";认为量变到质变是纯黑格尔术语,一切质的区别一概可归结于量的关系,故可以"简化"。所谓"简化"论,即是把一切运动形式简化为一种机械形式,把各种质的区别简化为数量关系。第四,歪曲"对立底一致"范畴;认为事物的运动只是外在的机械运动,统一的对立只是两种相反力量的斗争,否认事物的"自动"和"内动"。第五,否定偶然性的客观存在;认为一切都是必然的、绝对的。

由此,在沈志远看来,布哈林可谓是"半波格唐诺夫主义的机械唯物论者",因为,尽管布哈林哲学与波格唐诺夫的经验批判论、经验一元论思想不尽相同,但其整个理论体系却是完全建立在波格唐诺夫的"组织学"和"均衡论"基础之上的。"布氏底一切理论——社会学的、经济学的以及实际革命问题的理论——都以这一均衡论做出发点的"②。

在这里,沈志远对苏联机械论学派和布哈林思想的批判,一方面在学理上澄清了在马克思主义基础理论上的长久混乱,驳斥了苏联新机械论派等对马克思主义的肆意歪曲,同时也为其日后展开对叶青哲学的批判寻找到了理论依据。在 1936 年由叶青等发起的新哲学论战中,沈志远曾明确提

---

①　沈志远:《近代哲学批判》,读书生活出版社 1936 年版,第 194 页。
②　沈志远:《近代哲学批判》,读书生活出版社 1936 年版,第 213 页。

出，叶青的中国托洛茨基派思想与苏联机械论有着直接联系。他写道，苏联机械论者说哲学"取消论"，叶青称"哲学消灭论"，苏联机械论者说"科学本身就是哲学"，叶青则说黑格尔之后，只有科学而无哲学，苏联机械论者说哲学是模糊人的观念的"麻醉剂"和人类思想的"奢侈品"，叶青则说"哲学是一种落后的知识形态"，"是含混模糊，不明确的知识"，他认为，这些如出一辙的说法证明，所谓哲学消灭论并非叶青的首创，而是对苏联机械论哲学"盲目地附和"[1]。

在谈及德波林学派的基本理论观点时，沈志远指出，"以德波林为首的所谓'带有少数派色彩的唯心论'，……建立了与具体实践脱离的抽象哲学，这是表现于它的黑格尔化的事实。在德波林派的哲学思想中，有许多地方是无条件地容纳了黑格尔观点。同时他们又不加批判地继承了普列汉诺夫。结果就暴露了自己的形式主义，唯心倾向和少数派的色彩"[2]。随后，沈志远对德波林学派的基本理论特点加以总结，他认为，所谓带有少数派色彩的唯心论或孟什维克化唯心论之德波林学派，其基本特点是：第一，理论与实践相脱离，哲学与政治相分离；第二，把唯物论与黑格尔辩证法作机械的凑合，使辩证唯物论"黑格尔化"；第三，曲解唯物辩证法的基本法则，特别是对立统一法则；第四，忽视哲学上的列宁阶段，过分推重普列汉诺夫的哲学思想。

也可以说，"由于理论是实践底思想武器，正因为哲学思想具有很深刻的社会性，理论战斗是实际的社会战斗、政治战斗底反映。所以'两条阵线上'的哲学就必然与苏联政治上的对左右翼集团的斗争，有不可分离的联系"[3]。更确切些讲，哲学中的正统派对机械派论和德波林派唯心倾向的论战，是反映着政治上的中央派对托洛茨基（左）派和布哈林（右）派的斗争。

以上沈志远对苏联德波林学派所作出的批判性评述，在20世纪30年代的学界是较具前瞻性的。此后50至60年代，我国相继出版了一些哲学著作，如李达1951年在《〈矛盾论〉解说》中涉及对德波林派反马克思主义本质的总结、艾思奇1961年在《辩证唯物主义和历史唯物主义》中对德波林学派矛盾普遍性的评述等，论调基本上是与沈氏一致的。

总体看来，沈志远通过对20世纪初期苏联哲学领域内"两条阵线上"哲学论战的深刻总结，充分肯定了苏俄哲学论战与苏联政治上的左右翼集

---

[1]　沈志远：《叶青哲学往何处去?》，《读书生活》1936年第4卷第5期。
[2]　沈志远：《近代哲学批判》，读书生活出版社1936年版，第220—226页。
[3]　沈志远：《近代哲学批判》，读书生活出版社1936年版，第229页。

团斗争的必然关系,从而突出强调了哲学的政治、社会性原则,挖掘到了哲学发展背后潜藏着的社会、经济动因。这种对哲学思潮发展动力的深入解析,从根本上划清了与唯心史观和形而上学认识论的界限。

第二节　译著《辩证唯物论与历史唯物论》
（上册）的基本思想及其影响

20 世纪 30 年代初期,沈志远留学归国后在上海积极地从事着苏俄马克思主义哲学的理论研究与宣传工作。除了上文所提及的撰写了一系列有关苏联哲学的文章如《苏俄哲学思潮之检讨》《哲学底社会性和苏联底哲学》等外,他还译介了 30 年代"苏联哲学园地内实行总清除以后第一部最完备的新哲学和新社会学底教科书"[①]——《辩证唯物论与历史唯物论》。该书是当时我国能够看到的最完整、最系统地介绍马列主义哲学体系的教科书,在 30 年代我国的思想界产生了重大影响。

一、译著《辩证唯物论与历史唯物论》
（上册）的出版及其基本思想

《辩证唯物论与历史唯物论》原著于 1935 年出版,为苏联学者米丁(M.Митин)所著,该书是对于苏联 20 世纪 20 年代末到 30 年代初哲学论战的"总清算"之总结。米丁、西洛可夫、罗森塔尔等人当时属于苏联的少壮派哲学家,他们是从批判所谓德波林学派的斗争中走上哲学舞台的。米丁等人编撰的这部教程系统地阐述了辩证唯物论和历史唯物论的基本原理,反映了他们批判所谓德波林学派的唯心论倾向和布哈林机械论的成果。

沈志远认为,"这部书是 1931 年苏联哲学园地内实行总清除以后第一部最完备的新哲学和新社会学(唯物史观)底教科书"[②],该书之学术价值,在于梳理了马克思、恩格斯直至列宁的哲学思想,建立了马列主义哲学理论体系的框架。他写道:在"马克思主义底三大组成部分"里,这部书中"已经包括其二了",它既包含了哲学部分,同时也涵盖了"以社会斗争为核心的社会历史学说部分",后者"是辩证法唯物论之应用于社会历史之解释",其"重要特点之一"是"从头到尾充分贯彻着哲学和社会理论中的邬梁诺夫

---

① ［苏联］米丁:《辩证法唯物论》,沈志远译,商务印书馆 1936 年版,序言。
② ［苏联］米丁:《辩证法唯物论》,沈志远译,商务印书馆 1936 年版,序言。

(按:列宁)阶段"①。

　　基于此,自1935年起,沈志远开始着手该书的译介。1936年至1938年间,《辩证唯物论与历史唯物论》的中译本(上、下)两册相继问世。中译全书共1000余页,约72万字,是当时我国能够看到的最系统地介绍马列主义哲学体系的教科书。该书的上册《辩证法唯物论》于1936年由商务印书馆初版,后由生活书店等再版,到1950年为止,至少印行了18版。下册《历史唯物论》于1938年由商务印书馆初版,后由生活书店等再版,到1950年为止,至少印行了13版。如此频频的再版记录,足见该书在当时的受欢迎程度。

　　《辩证唯物论与历史唯物论》全书15章88节,主要阐述了辩证唯物主义和历史唯物主义的结构和体系问题。其中,上册"辩证唯物论"共6章34节,主要探讨了哲学的基本问题、马克思主义哲学之史的形成、辩证唯物论的本体论、认识论问题、唯物辩证法的法则和范畴,及辩证唯物论发展中的新阶段(列宁阶段)等问题;下册"历史唯物论"共9章54节,则专论唯物史观的社会学诸问题,如社会经济形态论、生产力和生产关系论、社会及阶级论、国家与过渡时期之政权、意识形态论、社会变革论等理论;《辩证唯物论与历史唯物论》(上册)在我国马克思主义传播史上占有重要地位,在此先对该部分内容加以简要梳理,主要有以下几方面思想:

　　第一,阐述了马列主义无产阶级世界观的总概念,说明了其"理论与实践之统一"的本质特点。该书认为,"马克思主义是一种有组织有系统的观念体系,是普罗列塔利亚底意识形态"②,"它包括着全部知识的总汇,从哲学的世界观问题起,到普罗阶级革命斗争底战略和策略问题为止"。它有三个组成部分,马克思主义哲学的学说是"最新最彻底的唯物论";马克思主义经济的学说是揭露资本主义社会形态之产生、发展和崩溃的诸法则的学说;马克思主义的科学社会主义是关于阶级斗争的学说,关于经过无产阶级革命和专政以达到阶级消灭的学说,关于这种斗争的战略和策略的学说③;而马克思主义这三个组成部分又"融合成为一个有机的统一体",其本质特点则是"理论与实践之统一"。

　　该书特别强调了列宁主义这个"马克思主义发展中的更高的新阶段"。该书指出,列宁主义是"帝国主义和无产阶级革命时代的马克思主义",它

---

①　[苏联]米丁:《辩证法唯物论》,沈志远译,商务印书馆1936年版,序言。

②　[苏联]米丁:《辩证法唯物论》,沈志远译,生活·读书·新知三联书店1949年版,第1页。

③　参见[苏联]米丁:《辩证法唯物论》,沈志远译,生活·读书·新知三联书店1949年版,第4—5页。

在一切马克思主义的理论领域中都是马克思主义具体化和进一步的发展：
关于无产阶级专政理论直接相关的诸问题、关于资本主义之新阶段垄断资
本主义问题、关于无产阶级专政和国家形式问题、关于社会主义建设的方法
问题和一国社会主义胜利的问题、关于无产阶级政党及其战略和策略的学
说、关于无产阶级在人民革命中的领导权及其对农民的领导问题，以及民族
殖民地问题。①

　　第二，从哲学的基本问题出发，论述了哲学史上的唯物论与唯心论之分
野。并集中批判了机械唯物论和一切唯心主义流派，包括马赫主义直观主
义流派、康德的二元论及新康德主义，黑格尔客观唯心论及新黑格尔主义，
费尔巴哈的直观唯物主义哲学等。此外，它还批判了普列汉诺夫和德波林
的某些哲学观点。

　　第三，论述了辩证唯物论之基本理论，说明了辩证唯物论"实践第一"
的观点。该书认为，辩证唯物论是一个新的社会阶级的世界观，因而"是劳
动阶级做斗争和谋解放的精神武器，是它的各种见解底哲学基础"②。辩证
唯物论"是一切过去科学和哲学底发展之历史的总结或结论"，"是一种新
的、完整的哲学学说。"同时，辩证唯物论又是"认识周围世界的方法和革命
行动的方法"，它是"世界观和方法论的统一体"。

　　该书十分强调实践与认识的不可分割性，认为社会实践是认识的"标
度"即标准，并初步形成了实践高于理论的认识。"认识理论产生于实践"，
就是说，"只有当在社会实践过程中，首先是物质生产过程中，人们达到了
思维中所预想的结果的时候，人们底认识才会发生力量"③。该书在评述旧
唯物论认识论的"根本缺点"时，说明了辩证唯物论实践第一的观点。它指
出，"丢开人类的实践活动，丢开它的历史发展去观察认识问题，这不仅是
费尔巴哈底唯物论底根本缺点，而且也是马克思以前的一切唯物论底根本
缺点"④。相反辩证唯物论"从认识对于社会实践的依赖关系上去观察认
识"，所以主张"生活、实践"的观点应当看作认识论的第一和基本观点。

　　第四，论述了唯物辩证法之基本法则和范畴，并且说明了它们的功能与
作用。该书认为，辩证法的"三大基本法则"分别为对立体一致的法则、量
变质和质变量的法则、否定之否定的法则，这是客观世界的实在的发展法

---

　　① 参见［苏联］米丁：《辩证法唯物论》，沈志远译，生活·读书·新知三联书店1949年版，第
52—53页。
　　② ［苏联］米丁：《辩证法唯物论》，沈志远译，生活·读书·新知三联书店1949年版，第178页。
　　③ ［苏联］米丁：《辩证法唯物论》，沈志远译，生活·读书·新知三联书店1949年版，第225页。
　　④ ［苏联］米丁：《辩证法唯物论》，沈志远译，生活·读书·新知三联书店1949年版，第229页。

则,同时也是认识世界的法则。其中,"对立底统一,它们的互相贯穿和互相斗争,是自动、发展的泉源,它的内部的动力,促成发展的内部的冲动,这种冲动是由内部的矛盾引起的。量变质、质变量的法则,揭露着发展过程本身,它的质地特殊的阶段,这一发展底突跃式的革命的进程——连续(渐变)底中断和质与量底不可分离的相互关系。'否定之否定'更进一步加深我们对于发展过程的理解",即"事物或现象之内部矛盾底发展在每一个阶段上引起过渡到它们底对立方的转变"①。

该书阐述了唯物辩证法诸范畴,包括本质与现象、内容与形式、必然与偶然、可能与现实的辩证关系,指出,唯物辩证法的范畴既是科学认识的工具,又是社会实践的产物。其主要特征即在于它们的客观性,它们的相互联系,它们的运动和相互转变以及它们在对立统一基础上的发展。②

第五,阐述了哲学中的"两条阵线",强调了哲学分野与政治斗争的相关性。该书指出,"哲学上两条阵线的斗争"就是既要同马克思主义的"根本的敌人"唯心论"作无情的斗争",又要同"各种形式的哲学的修正主义,作这样的斗争"。这种"哲学上两条阵线的斗争"对于"政治上两条阵线的斗争"具有莫大的意义。"哲学领域内的两条阵线上的斗争"是政治上两条战线的斗争即反对左、右倾机会主义的斗争的前提。该书从哲学上"两条阵线"斗争及其政治上"两条战线"的关系上全面批判了所谓机械论和孟什维克化的唯心论。

第六,论述了辩证唯物论发展之列宁阶段。该书认为,哲学上的列宁阶段问题,"是跟孟什维克化的唯心论者和机械论者的全部斗争中的中心问题,也是决定辩证唯物论和历史唯物论底理论工作继续发展底道路之基本问题"③。哲学上的列宁阶段,发展了马克思和恩格斯学说的诸多方面;列宁正确地阐述了马克思主义与黑格尔之间的关系问题;列宁深化和具体化了作为认识论的辩证法、反映论、对立统一法则等重要的唯物辩证法理论问题;列宁对最新的反唯物论的潮流给予了系统的批判;列宁解决了哲学科学的党性问题。此外,该书还批判了德波林、布哈林、托洛茨基等人对于普列汉诺夫和列宁哲学思想的不同评价。在这部分关于哲学发展之列宁阶段的阐释虽具有理论上的需要,同时也有着明显的为苏共政治斗争服务的政治

①　[苏联]米丁:《辩证法唯物论》,沈志远译,商务印书馆1936年版,第226—227页。

②　参见[苏联]米丁:《辩证法唯物论》,沈志远译,生活·读书·新知三联书店1949年版,第378页。

③　[苏联]米丁:《辩证法唯物论》,沈志远译,商务印书馆1936年版,第434页。

化倾向,其政治归着点是显而易见的。整体来看,这部 36 万字①的著作,内容是丰富的。

二、译著《辩证唯物论与历史唯物论》的深远影响

《辩证唯物论和历史唯物论》一书被译介到国内后,对中国的思想界产生了重大影响。它是 20 世纪 30 年代我国苏联三部哲学名著中最大的一部②,对当时辩证唯物主义和历史唯物主义在国内的系统传播作出了重要贡献。1939 年 5 月,艾思奇主编的《哲学选辑》出版,其中就收录了该书第二章"唯物论和唯心论"和第三章"辩证法唯物论"。毛泽东在延安革命实践时期,也曾仔细阅读了此书,并留下了 2600 余字的哲学批注,其中的部分理论观点则被吸纳进《实践论》《矛盾论》的写作中。具体而言,其深远影响主要体现在以下几个层面:

第一,《辩证唯物论与历史唯物论》建构了马克思主义哲学"整体性"的教材体系,它的理论体系框架,在国内基本保存至今。

在马克思主义哲学领域,马克思主义哲学经典作家,无论是马克思、恩格斯,还是列宁,都未能为自己的哲学思想建立一个逻辑体系。苏联哲学界在批判德波林学派后,逐渐形成了相对稳定的体系。而米丁著、沈志远译的这部《辩证唯物论与历史唯物论》则为马克思主义哲学建构了最初的逻辑框架。虽然这一框架只是初步的,但其对以后各种版本的马克思主义哲学教科书体系的形成,仍产生了深远的影响。

《辩证唯物论与历史唯物论》把辩证法唯物论和历史唯物论作为一个整体来进行阐释。这种处理,明显不同于同时代西洛可夫、爱森堡等著的《辩证唯物论教程》等著作把马克思主义哲学分成辩证唯物论和历史唯物论两大块来处理。该书指出:

> 马克思主义哲学底特点,在于它彻底而完整底实行革命理论和革命实践底统一,……照马克思恩格斯和列宁底意见,哲学的抽象理论,就其本身讲是没有什么价值的。……哲学的唯物论之目的,是借哲学的唯物论之应用于人类社会及其历史底认识,以达到唯物论之彻底的发展。而所谓唯物史观或历史唯物论即是辩证法唯物论之应用于社会

---

① 主要介绍了《辩证唯物论和历史唯物论》上册的内容。
② 其他两部一部为 1932 年 9 月出版的西洛可夫等著李达、雷仲坚译的《辩证唯物论教程》;一部为 1936 年 6 月出版的米丁等著艾思奇等译的《新哲学大纲》。

历史之解释,辩证唯物论和历史唯物论之间所存在的内部的、不可分割的联系和统一性。①

这段话表明,若不在社会历史观中贯彻彻底的唯物论,而将哲学的理论与实践相分离,"辩证唯物论"即失去了其存在的价值,历史唯物论的创立对于形成"统一的世界观"辩证唯物论,具有决定性的意义;同样,若缺失了辩证唯物论这一科学的方法论为指导,也难以生成科学的社会历史观。

在上册辩证唯物论部分,该书论证了理论与实践的统一,世界观和方法论的统一。继而在下册历史唯物论部分,该书还专章论述了"辩证唯物论"和"历史唯物论"的统一、哲学与政治的统一、社会发展理论与社会认识方法的统一。通读全书不难发现,理论与实践的统一、世界观与方法论的统一、辩证唯物论与历史唯物论的统一贯穿于全书的始终。此外,该书还非常重视从各个基本原理的逻辑关系上来论述马克思主义哲学的整体性。如,对于辩证法、实践论和认识论,该书从三者的研究对象和形成的角度,分析了他们之间的内在统一性等。

总之,《辩证唯物论与历史唯物论》一书给读者展现了一个内容丰富、结构完整的马克思主义哲学体系,这一体系在当时苏联马克思主义哲学著作中是仅见的。该书经沈志远译介到中国来以后,成为了我国各级党校、大学各种版本的马克思主义哲学教科书的模版,其理论体系框架,基本保持至今。

第二,《辩证唯物论与历史唯物论》(上册)构成了毛泽东写作《实践论》和《矛盾论》的直接思想来源,它对毛泽东"两论"思想的形成产生了较大影响。

1937 年后,毛泽东转赴陕北,为了提高党组织的理论水平,毛泽东带头发愤读书,在延安开始深入钻研马列主义哲学。当时他主要参阅了苏联西洛可夫所著的《辩证法唯物论教程》和米丁著的《辩证唯物论和历史唯物论》(上册),并联系中国革命实际,作了意蕴深刻的批注,在此基础上,形成了《辩证法唯物论讲授提纲》和《实践论》《矛盾论》两部名著。

沈译《辩证唯物论与历史唯物论》(上册)是当时毛泽东批读过的一部重要的哲学参考书,毛泽东从该书中撷取了丰硕的思想养分,它是毛泽东写作《实践论》、《矛盾论》的直接理论来源。毛泽东在研读该书时,共作了2600 余字的批注,批注的重点主要集中在"对立体一致底法则""量变质和

---

① ［苏联］米丁:《历史唯物论》,沈志远译,生活·读书·新知三联书店 1949 年版,第 1 页。

质变量的法则"和"社会实践为认识底标度"三个部分。

从批注的内容来看,批注最多的是对立统一规律问题,占批注文字的一半。这些批注初步明确了事物的内部矛盾性是事物发展的根本原因,内因决定外因。矛盾主要方面和次要方面、主要矛盾和次要矛盾是相互依存、相互排斥,并在一定条件下相互转化等思想。批注写道,"将一体分裂为二的见解,是辩证法的基本特质",统一是相对的,斗争是绝对的。"任何现象自身的矛盾性引起了事物发展,这是唯物辩证法的发展观的基本要素",新事物发生即原有矛盾的解决,原有对立及其统一同时消除,新矛盾开始发展。"运动就是矛盾,即是连续和中断的一致。托洛斯基只肯定不间断而否定间断,斯特鲁威等肯定间断而否定不间断,都是错的。动与静的一致,续与断的一致,今与明的一致,上与下、生与死、民主与独裁的一致,矛盾就是运动。"①批注同时强调,"外因通过内因并被曲折才能发展",不废除外因,但内因是主导的。不明内因,即无从了解发展。关于量变质变规律,毛泽东也作了较多批注,他写道,"质是现象的定性,规定现象之特殊个性,因此使各现象能互相区别"。"量也是客观的,量的概念是现象本身所具有的那些数量关系在人的意识上的反映"。量的变化是以质的定性为基础而受其限制的,但同时量的变化又反过来影响质。这即是说,"受一定的质规定的事物,只在某一瞬间(以前)是这样,等到量的变化达到一定质的限度和一定的界限时,量就要求质的变化。同时这一变化,也是由质到量的变化,旧质一消灭,新量就向前发展了","只有经过量的变化才能发生质的变化",等等。毛泽东批注的另一个重点是认识论问题,他指出:"实践是真理的标准",实践高于认识,认识来源于实践,同时又服务于实践,"认识世界的规律性,找到正确的理论,为着有效的指导实践,改造世界",强调了"实践之观点是认识论第一的观点"②。

在此要特别强调的是,毛泽东批注中的一些话,有些还被原原本本地吸纳进《实践论》《矛盾论》的写作中,如"统一是相对的,斗争是绝对的""实践是真理的标准""马克思以前一切唯物论离开人的社会性,离开社会人的历史发展,去观察认识问题,因此不能了解认识对社会实践的依赖关系"等。由此可见,无论是从批注中的部分文字被《实践论》《矛盾论》所直接采纳来看,还是批注中的部分论点后来在《实践论》《矛盾论》中得到了深化发展来看,所有这些都表明,对沈译《辩证唯物论与历史唯物论》哲学教科书

---

① 刘益涛编:《毛泽东在延安纪事》,陕西人民教育出版社1994年版,第16页。
② 刘益涛编:《毛泽东在延安纪事》,陕西人民教育出版社1994年版,第15页。

的批注研读,是当时毛泽东写作《实践论》《矛盾论》的直接思想来源。

第三,《辩证唯物论与历史唯物论》(上册)全书自始至终贯彻着哲学和社会理论中的列宁阶段,阐述了列宁思想对马克思主义理论体系之发展。

在《辩证唯物论与历史唯物论》1936年版的序言部分,沈志远还提及到该书的论著特点,他总结道:和资产阶级学者相反,"马克思主义底创导者则认定宇宙间一切都是变的、发展的,它本身也不是例外"。随着历史的发展,马克思主义也发展到了新阶段,即"邹梁诺夫①阶段","这部书从头到尾充分贯彻着哲学和社会理论中的邹梁诺夫阶段",这便是本书的"重要特点之一"。

首先,沈译特别强调列宁主义这个"马克思主义发展中的更高的阶段"。它认为,列宁主义就是"帝国主义和无产阶级革命时代的马克思主义"②,它在马克思主义一切理论领域中都是马克思主义之具体化和深化的发展。这些理论包括,无产阶级专政和国家形式问题、资本主义新阶段垄断资本主义问题、无产阶级专政理论直接相关的诸问题、关于民族殖民地问题、无产阶级政党及其战略和策略学说、社会主义建没的方法问题等。

其次,沈译集中论述了唯物辩证法发展的列宁阶段,沈译认为,哲学上的列宁阶段问题,也"是马克思主义哲学发展中的新的更高阶段",它"是跟孟什维克化的唯心论者和机械论者的全部斗争中的中心问题",其讨论和发挥的"中心点"是唯物辩证法。列宁深刻地阐明了马克思主义哲学的各个问题,发展了马克思和恩格斯的辩证法学说;列宁正确地阐述了马克思主义与黑格尔之间的关系问题,对最新的反唯物论的潮流给予了完满而周密的批判;列宁继续深化了作为认识论的辩证法、作为辩证法之核心的对立统一法等极重要的唯物辩证法的理论问题;列宁还解决了哲学科学的党性问题。

再次,沈译专章阐述了辩证唯物论发展之列宁阶段。这种对于列宁哲学阶段的高度重视除具有理论上的需要外,更重要的在于当时苏共政治斗争的需要。该书以列宁与哲学修正主义和第二国际的斗争为参照系,通过批判德波林、普列汉诺夫等所谓孟什维克化唯心论对于列宁哲学的评论等线索来阐述列宁哲学阶段的意义及其哲学思想的新贡献,突出了哲学路线的政治化倾向。

1938年,《辩证唯物论与历史唯物论》全书被译介到国内后,受到了进

---

① 即列宁。

② 黄见德等:《西方哲学东渐史 1840—1949》,武汉出版社 1991 年版,第 501 页。

步舆论界的广泛好评。上海《读书月报》曾评价该书"是一本最好的辩证唯物论教科书"，《读书与出版》杂志也认为这是"一个马列主义哲学底完整体系"①。1939 年，我国学者罗瑞卿同志曾深有感触地评价该书说："读几本哲学书，根据我个人的经验，首推沈志远所译之《辩证唯物论与历史唯物论》比较通俗易读容易懂。"②1980 年，王方名教授则在《东乐论丛》第 2 期的一篇文章中指出，在新中国成立前出版的几部马克思主义哲学译著中，西洛可夫等著，李达、雷仲坚译的《辩证法唯物论教程》没有历史唯物主义部分，内容上不够完整；米丁等著，艾思奇、郑易里译的《新哲学大纲》则采用当时苏联大百科全书的条目，内容过于简单；只有米丁著、沈志远译的《辩证唯物论与历史唯物论》是当时国内能够看到的最完整、最系统地介绍马列主义哲学体系的教科书。

第三节　《新哲学辞典》的出版及其学术地位

沈志远早年的赴苏留学经历，还帮助其在参阅苏俄哲学原著及哲学辞典的基础上，编著了我国马克思主义传播史上首部由国人自主撰写的马列主义专科辞典——《新哲学辞典》。该书结束了现代中国马克思主义发展史上没有辞典的历史，为我国马克思主义哲学基础语汇的系统化和规范化做了最初的工作，具有里程碑意义。

相对来说，某一学科有专科辞典出现，表明这一学科的知识已趋于成熟。辞典为某一具体学科的基础研究提供了便利，反过来又会推动该学科领域研究的深化发展。《新哲学辞典》作为我国马克思主义传播史上的首部专科辞书，是依据苏俄哲学史料编著而成的，故其体现了鲜明的马列主义立场，带有浓郁的苏俄哲学语汇特色。正如我国学者张法所述，"《新哲学辞典》代表了对苏俄哲学在中国传入后，由国人自己对这一哲学语汇的系统总结"③，它对于 20 世纪 30 年代源之于苏联哲学界的马克思主义哲学基础语汇、理论、术语在国内的系统传播并得出简约化、规范化的表达，及在当代中国推动马克思主义哲学的话语体系建构等都作出了首要贡献。

《新哲学辞典》1933 年 9 月 15 日由北京笔耕堂书店出版发行，该书是沈志远 1931 年回国后的第三部论著。在此之前，1932 年，沈志远曾撰写了

---

① 黄见德等：《西方哲学东渐史 1840—1949》，武汉出版社 1991 年版，第 500 页。
② 罗瑞卿：《关于军队中在职干部的教育问题》，《八路军军政杂志》1939 年第 2 期。
③ 张法：《哲学辞典与中国现代哲学语汇的定型——中国现代哲学语汇的缘起与定型研究之五》，《阅江学刊》2010 年第 4 期。

一部《黑格尔与辩证法》,亦由笔耕堂书店出版。1933 年 3 月,他又出版了其另一部经济学著作《计划经济学大纲》,由上海文库出版社出版发行。从不到两年时间出版了三部论著,且其中一部是辞典来看,沈志远应是从苏联回国前就开始了相关著作的写作或至少已准备了相关写作素材。尽管《新哲学辞典》确切的参考资料来源未见到详细记载,但据胡为雄教授考证,该书极有可能参阅了 30 年代苏联伊先科所著的《简明哲学辞典》①,而从中国后来翻译出版的马克思主义哲学辞典类工具书来看,也可以间接证明这一观点。

　　《新哲学辞典》这部中国最早的马克思主义哲学专科辞书,共 323 页,收录了马克思主义哲学的相关术语、概念、原理及外国哲学人物、学派等词目 329 条②,词目按汉字的笔画排序,每个词头均标有英文括注,释义详尽,有一定深度,涉的重要引文,也都注明了出处。书后附有中外名词检索和英汉索引,以便于读者查核。辞典对“否定底否定”的解释是:一切状态、事物,在他们自身的发展过程中,表露着他们的对立体(相反性)、否定;然后,在继续向前发展的进程中,他又移去这一否定,或否定这一否定;这样,对立的原素综合起来、联合成为更高的一致了。沈志远指出,这一更高的一致、新的状态,在它继续发展的过程中,再表露出它自身的否定,这样继续不断地往前发展,以至于无穷。然而,“我们不能把否定地否定理解成仅仅为不间断的进化,由一个转变为别一个。这一个转变是由于不间断过程底中断而实现的,是经过突跃、经过革命而实现的”③。

　　辞典将“对立或对立体”解释为:辩证法的根本原理是说,自然社会和思维的发展,包含着对立的一致(Unity of Oppositions);在自然界和社会之

---

　　①　参见胡为雄:《沈志远与中国首部马克思主义哲学辞典之编著考略》,《哲学动态》2014 年第 1 期。

　　②　在此列举了辞典里较具代表性词目 100 余条,分列如下:辩证唯物论、认识论、矛盾、生产方法、一元论、二律矛盾、人本主义、人类学、人类中心论、二元论、上层建筑、三段论法、不可知论、文化价值、方法、方法论、心理、心理学、中世纪、中世纪哲学、永久真理、可能性、矛盾律、主观唯心论、本能、必然性、本体论、生产力、生产关系、主观或主体、正题、目的论、功利说或功利主义、自觉、先天、同化或类化、存在、自由意志、先天观念或天赋观念、“自在”与“自为”、地球中心说、自然神论或自然神教、自然法则、自然科学、同一律、因果观、自然主义、自然哲学、多元论、有神论、因素论、同一、否定、折衷主义、抽象法、物质、具体的同一、青年黑格尔主义、社会学、社会底经济结构、叔本华、客观唯心论、客观的真理、柏拉图、马克思、马克思主义、真理、乌托邦、现象、哲学、恩格斯、纯经验论、庸俗的唯物论、笛卡尔、唯物的辩证法、教条主义、唯心论、唯物史观或史的唯物论、唯名论、唯理论、偶然性、绝对真理、黑格尔、阶级、道德、费尔巴哈、诡辩论、经验论、质或质量、实在论、变化、苏格拉底、辩证法或辩证律、逻辑、体系等。

　　③　沈志远编:《新哲学辞典》,笔耕堂书店 1933 年版,第 89 页。

中,没有绝对同一的东西,一切的同一,内部都包含着差异;在发展的过程中,"对立可以解作差异,但这是内部的和一定的、必然的而非偶然的差异"①。沈志远例证说,资产阶级与无产阶级是不同的社会阶级。但是无产阶级与农民也是不同的社会阶级。自然,后二者绝对不能说是对立的阶级。"但是当差异遇到事情的实质时,差异就转变为对立"②。

辞典对唯物史观或史的唯物论(Historical Mate-rialism)的解释是:唯物史观是唯物辩证法之应用于社会现象之解释的一门科学,亦就是马克思主义的社会学,是马克思主义研究社会现象的方法论。沈志远认为,在马克思主义的社会学说中,所根据的基本理论,是说社会是客观存在(Objective feing)之特殊的形式,这个特殊的客观存在,是有他自己客观的特殊的发展规律的。唯物史观中之基本骨干,"归结于论生产力(productive force)的学说;后者指出生产力为社会过程、社会发展之出发点或原动力,因此他也就是社会学的分析一切社会现象底研究出发点了"③。生产力常常取一定的形式来发生他的作用,他被诸种一定的生产关系包盖着,这些生产关系的综合,构成了社会的经验结构(Econo-mical Structure)构成了社会生活的"基础"(basis)。一切建筑在这"基础"上面的社会生活的其他各方面,都由他来决定的,名之谓"上层建筑"(Super-structure)。各个历史年代,各以其特殊的经济结构而互分区别;每一种特殊的经济结构都有他自己的产生、行动和衰亡之特殊法则。沈志远具体地分析了人类社会发展的内在规律,并深入解析了社会发展的动因问题,他写道:

> 任何社会底发展状态皆是如此的:他由一种社会形式转变到别一种社会形式,一种社会形式被另一种形式来接替,但是这个过程底发生,不只是取进化方式的;生产关系这一种形态,无时无刻不在改变他的内容和他所包盖的生产力。当生产力发展到了某种程度时,他就与现存的生产关系相矛盾、与现存的生产关系发生冲突了。这时候,照马克思底说法,就是开始社会革命底时期,开始旧的生产关系之根本的革命的破坏和新的生产关系之建立与强固——一种经济结构被另一种所接替了。经济"基础"——生产关系一变化,其余一切的"上层建筑"都迟迟早早地变迁了。④

---

① 沈志远编:《新哲学辞典》,笔耕堂书店1933年版,第261页。
② 沈志远编:《新哲学辞典》,笔耕堂书店1933年版,第261页。
③ 沈志远编:《新哲学辞典》,笔耕堂书店1933年版,第180—181页。
④ 沈志远编:《新哲学辞典》,笔耕堂书店1933年版,第180—181页。

由此,沈志远认为,唯物史观就是以马克思主义之总的方法论——唯物的辩证法为根据,研究社会现象之方法论的一门科学。因此,唯物史观(或史的唯物论)就成为辩证唯物论之不可分离的一部分。

辞典将阶级(Class)解释为,"由同一的生产条件联合着、在生产过程中处于同一的地位、对于生产工具有同一的关系和有同一的收入来源的一群人"。编者还引用伊里奇(V.Ilytch)的经典文献例证阶级的性质,其写道:

> 有数大群人,他们依照历史上一定的社会生产系统中的地位,依照他们对于生产工具的关系,依照他们在社会的劳动组织中的作用,以及依照他们获得某一份社会财富的方法和数额,而相互区别;每一群(或每一集团——编者)这样的人,就称为阶级。阶级是这样的一种人群,这些人群中的一个集团能够占取别个集团的人的劳动,因为他们在一定的社会经济结构中所处的地位不同所致。①

沈志远具体阐述了阶级的产生与消亡,认为,阶级不是向来就存在着的,他们多发生于民族社会崩溃的当儿;当时剩余生产品已经出现,但是还没有这样充分的多量,可以保证社会全体成员来参加生产的管理和组织,社会劳动分工的必要性业已成熟起来,而这种分工,却是阶级分化的基原。阶级也不是永远存在着的;当社会生产力发展到一定的水平线,它已经充分发展到可以保证社会全体成员参加生产之组织与指导时,阶级就开始死灭(或衰亡)了;当人剥削人的现象根本消灭,社会成为一个"各尽所能、各取所需"的生产的劳动组合的时候,阶级也就不存在了。但是阶级的死灭,不能照俄国孟塞维克(Mensheniks)的观点,照一般机会主义修正派(Revisonists)的观点去了解;就是说,"不要以为阶级是自动地、自然而然地、不经过斗争而死灭的"。沈志远指出,马克思主义阶级论的本质就在于强调:阶级的死灭是以阶级斗争之发展与强化的不可避免性作为出发点的,其认为这一斗争是各阶级在生产中所处地位各异之结果;阶级论指示出来,阶级斗争之发展,不可避免地要达到普罗利塔利亚②时之独裁(或专政——dietatorship),后者是无情的镇压资产阶级(被推翻了的)之反抗的唯一武器,同时也是建设新的无阶级的、社会主义社会之唯一工具。③

---

① 沈志远编:《新哲学辞典》,笔耕堂书店1933年版,第216—218页。

② 指无产阶级。

③ 参见沈志远编:《新哲学辞典》,笔耕堂书店1933年版,第216—218页。

　　辞典还专门解释了"唯物的辩证法",唯物的辩证法是马克思主义的哲学,同时也是这一主义的总的方法论。为要避免落入形而上学甚至精灵论(Spiritualism)的怀抱中去,必须要对于人们在科学的认识过程中所应用的那些概念和范畴,加以理论的分析;而研究范畴和一般概念的科学,就正是唯物的辩证法。沈志远详细地说明了马克思主义哲学的"唯物的辩证法"与黑格尔哲学的"唯心的辩证法"的根本区别,细节地论述了客观辩证法与主观辩证法之"反映与被反映"关系。根据黑格尔的见解,辩证法是概念和范畴的辩证法,这种概念和范畴的发展律,决定了现实的发展趋向,不管现实愿意与否,他总得依据此发展律而发展。但是从唯物论的辩证法来看,思维、概念、和范畴的辩证法,只是客观现实的辩证法(此处之"法"不是方法之"法",而是法则之"法",亦可写作"辩证律")之反映而已,在这样的场合之下,唯物的辩证法就变成一种包罗万象的科学,这一科学的任务,是研究自然社会和思想形式和一般的发展规律;他的对象,也就是这些形式和规律。唯物辩证法之为论一般的范畴、论自然、社会和思想之运动形式与联系的科学,这样的科学也就是马克思主义的科学。① 此外,辞典还阐释了包括辩证唯物论、认识论、矛盾、生产方法、一元论、二律矛盾、人本主义等在内的329 条词目。

　　总体来看,在《新哲学辞典》一书中,沈志远对词条的解释是精辟而深刻的,它"体现了数十年来苏联学者研究和宣传马克思主义哲学的带有共性的认识"②,尽管当前来看书中的部分词目依然有释义不够精准和有纰漏的地方,但在当时来看算是深刻而明晰的了。

　　《新哲学辞典》在 20 世纪 30 年代的出版问世,不仅在当时为马克思主义哲学的大众化提供了便捷工具,推动了马克思主义哲学在中国的通俗传播,同时,也为中国的马克思主义哲学概念和范畴的规范化、系统化作出了最初的贡献,在当时是一部学习马列主义基础语汇较好的哲学工具书。

　　不仅如此,《新哲学辞典》作为我国哲学史上的首部马列主义专科辞典,该书的问世,还为日后的马克思主义哲学辞典的编纂开创了体例,它在该书中以汉字笔画从少到多的哲学词汇总目及以英文字母排序的英汉索引附录,都为日后的辞典编纂者所承袭。如,1940 年由胡明翻译,苏联学者罗曾塔尔(Розенталь, М.)、尤金(Юдина, П.)主编的《最新哲学辞典》汉文本,1973 年三联书店重印的罗森塔尔、尤金编纂的《简明哲学辞典》(1955

---

① 参见沈志远编:《新哲学辞典》,笔耕堂书店 1933 年版,第 172—173 页。
② 胡为雄:《沈志远与中国首部马克思主义哲学辞典之编著考略》,《哲学动态》2014 年第 1 期。

年汉译本)等,都是沿用了这种以汉字笔画顺序排列的检索方式。由此亦可以说,《新哲学辞典》在一定程度上开创了一种汉文辞典的编纂模式。①

第四节　在新哲学论战中阐释马克思主义

沈志远早年对苏俄马克思主义哲学的研究与阐释,不仅在当时较早地向国内引入及传播了苏联哲学界研究马克思主义的一些最新理论成果,同时,也为其日后在新哲学论战中批判叶青托洛茨基派哲学思想提供了学理依据。他在新哲学论战中,对叶青哲学与苏联新机械论学派思想内在渊源的精准把握,及对叶青哲学针锋相对的驳斥,在捍卫、宣传和普及了马克思主义哲学的同时,也进一步澄清了被混淆的理论问题。

从 20 年代末到 30 年代初,中国革命进入新的历史发展阶段,反映到理论思想战线上便形成了马克思主义哲学"风靡全国"之势,马克思主义哲学渐成中国思想界的主流学说,这也引起了部分非马克思主义者的质疑与恐慌。张东荪最先发难,他相继发表了《我亦谈谈辩证法的唯物论》《辩证法的各种问题》《动的逻辑是可能的么》《认识论》等文章对马克思主义之方法论基础唯物辩证法进行了驳斥。1934 年又撰写了 3 万余字系统反对辩证唯物论的论著《唯物辩证法之总检讨》,同年 10 月,他将各种反对和非难辩证法的文章汇编成书,以《唯物辩证法论战》为名,由北平民友书局出版发行。与此同时,托派叶青也打着批判张东荪哲学的幌子,在《研究与批判》《二十世纪》等刊物上发表了一系列看似反击张东荪,实则歪曲、篡改马克思主义哲学的文章,宣称哲学即将"消灭",把辩证唯物论篡改成"物心综合论"。1934 年他又发表了《哲学到何处去》《关于哲学消灭论》等著论,翌年又编辑了《哲学论战》一书,与张东荪一同向马克思主义理论发起了进攻,在当时思想界产生了极坏的社会影响。

张东荪和叶青,虽同是向唯物辩证法发难的两大急先锋,但二者在表现形式上又有所不同,张东荪是以新康德主义唯心主义哲学直接上阵,而叶青则以马克思主义者自居,他打着宣传马克思主义的旗号贩运私货,对马克思主义哲学加以肆意篡改、歪曲,在当时的迷惑性更强,当时许多民众尤其是青年人把他视为马克思主义的理论权威,正如艾思奇所言,"叶青所编的《二十世纪杂志》,销数已经相当的广。他写的两种书《胡适批判》和《张东

---

① 参见胡为雄:《沈志远与中国首部马克思主义哲学辞典之编著考略》,《哲学动态》2014 年第 1 期。

苏哲学批判》,已很普遍地散布到各地青年学生的书桌上,他在国内取得了很多的拥戴者","在各地的大学里,特别是广东中山大学,产生了很多叶青的模仿者"①。为响应时弊,沈志远于 1936 年在《读书生活》(第 4 卷第 5 期)发表了《叶青哲学往何处去?》一文,作为一种应时回应,对叶青的托洛茨基派唯心论、机械论哲学进行了有力回击,这不仅有效地驳斥了别有用心的文人对马克思主义哲学的肆意诬蔑,同时也捍卫了马克思主义的科学性,澄清了被混淆的理论问题。沈志远对叶青哲学的批判,主要体现在以下六个层面:

一、对叶青"哲学一般"的批驳

沈志远针对叶青哲学的批驳,首先是从叶青关于"哲学一般"的阐述入手,包括哲学的定义、对象、内容、分派及"史"的发展几个方面。

叶青认为,"哲学是用思维探究事物底本体和根源以作综合的说明的智识系统。简单地说,哲学是原理之学"。哲学的任务仅限于对世界作出说明,而没有其他。由此,哲学的对象就与科学、宗教没有任何分别,"一切智识都是客观世界底证明,所以一切智识——都以客观世界为对象"。叶青将哲学的研究对象归结为"笼笼统统的一个客观世界",也就把哲学研究的内容总结为包罗万象的四个部分:认识论、本体论、宇宙论和人生论,并对它们做绝对对立的理解。叶青是黑格尔虔诚的追随者,而在他的理解中,却弄丢了黑格尔哲学体系中最核心的部分:方法论。叶青把哲学一般地看做自宗教产出的含糊不明的知识,也就把新唯物论归结为"含糊不明的知识",使之消融于科学体系中。由此,在叶青对哲学之史的理解中,费尔巴哈仅为"唯物论的高峰",黑格尔则为哲学发展的最高峰。

针对叶青对"哲学一般"所做的形而上的界定,沈志远予以了驳斥,他指出,叶青虽然高举着拥护新唯物论的旗帜,可是他在替哲学立界说时却完全依据新唯物论以前的形而上学的(即非辩证法的)哲学精神来理解哲学。叶青在给哲学定义时,仅将哲学定位为替世界作出说明,而忘了今日之"哲学底任务却还在改变世界"②。而叶青将哲学与宗教与科学整齐划一,认为"世界底认识是由宗教而哲学而科学"③。这就一方面抹杀了科学作为研究客观世界具体部门的运动法则之学问与哲学这门研究整个客观世界——自

①　艾思奇:《哲学论争的回顾》,转引自刘绍唐主编:《民国人物小传》第 17 册,上海三联书店2016 年版,第 27 页。
②　沈志远:《叶青哲学往何处去?》,《读书生活》1936 年第 4 卷第 5 期。
③　沈志远:《叶青哲学往何处去?》,《读书生活》1936 年第 4 卷第 5 期。

然、社会和思维之总的运动法则之学问的内在区别；另一方面，将哲学等同于宗教，也就间接地指出哲学是关于"神道说教"的知识和真理，而事实上新唯物论却是最彻底的无神论(Atheism)。而叶青给哲学内容所做的界定，将哲学研究归为，认识论、本体论、宇宙论和人生观几个部分，但又对它们作出了绝对对立的形而上学的理解，这就与新唯物论将哲学理解为即是"宇宙观、本体论又是认识论和方法论"是背道而驰的，同时，叶青也弄丢了黑格尔哲学体系中最核心的部分——方法论。在叶青对哲学"史"的理解中，仅承认黑格尔为哲学发展的最高峰，而将新唯物论归入"含糊不明的知识总结"中去，其实质是为了达到消解新唯物论哲学之目的。

总之，在沈志远看来，叶青关于哲学的定义是形而上学的，同时他关于哲学的概念是神学观的，因为他一则说哲学是跟宗教一样的"智识体裁"，再则说哲学"是不明不确含混模糊的"知识总汇。[①]

二、对叶青主观主义认识论的批判

叶青在关于知识观、真理观、哲学分派等认识论问题上也制造了一系列混乱与谬误。叶青的主观唯心主义知识真理观认为，"智识是我们对于客观事物的解说，方法不同，解说也就不同"[②]。也就是说，知识是随我们对客观事物的解说的不同而不同的。客观真理是不存在，我们的知识是没有客观性的。

沈志远批驳了叶青在知识真理观问题上玩弄的主观唯心主义伎俩，认为他错就错在完全不理解新唯物论知识论(即认识论)——反映论(Theary of Reflection)的本质，唯物的反映论告诉我们，"一切知识都是客观事物在我们意识上的反映。换句话说，我们观念中的真理都是现实世界底客观真理底反映"[③]。而叶青却以解说的方法不同、解说不同、知识也就不同，而彻底否定了客观真理的存在。沈志远指出，叶青的这种认识论是从他以宗教为知识体系中直接衍生的，宗教能成为知识体系，是"对客观世界的解说"，也就能提供关于客观世界的任何知识和真理了。

叶青的主观唯心主义认识论还体现在其对"哲学派别分歧"和哲学研究目的两个问题的理解上。在哲学派别上的分歧，叶青认为，完全是由"哲学底研究方法使然的"，由于哲学的方法"从来是综合的，概观的——所以

---

① 参见沈志远：《叶青哲学往何处去？》，《读书生活》1936 年第 4 卷第 5 期。
② 沈志远：《叶青哲学往何处去？》，《读书生活》1936 年第 4 卷第 5 期。
③ 沈志远：《叶青哲学往何处去？》，《读书生活》1936 年第 4 卷第 5 期。

只能大体地和原则地说,颇有游移活动底余地,于是就只好成家成派起来"①。沈志远对此回应,叶青对哲学派别分歧上的理解,完全抹杀了"哲学底社会经济背景""哲学底阶级性""哲学底党派性""哲学为社会斗争之思想武器"的原则,对它作出了绝对主观主义的理解。而叶青将哲学的目的定位在纯粹"研究认识本身……,所以首先要肯定认识能力"②,沈志远则反驳到,这完全是对康德哲学的抄袭,是康德先验唯心主义认识论的表现。

三、对叶青科学与哲学统一论的批判

叶青在哲学与科学的关系上,也进行了疯狂的歪曲。叶青提出,哲学与科学的研究对象没有什么区别,都是客观事物。哲学与科学的区别在于,哲学是在科学外思维得出的意识的浮词空谈,科学是在哲学外用实证的方法阐明的现实的知识;科学的方法偏于观察、感觉、经验的证明,哲学的方法偏于冥思、玄想、抽象的理论;科学实证精确,哲学含混模糊。因此,需要把哲学和科学统一起来,哲学与科学的统一是哲学消解于科学之中,从这个意义上说,哲学消灭了,被科学取代了。③

对此,沈志远予以严词驳斥。他指出,叶青在哲学与科学的关系观上,也是形而上学的。他不是把它们绝对地等同起来便是把它们绝对地对立起来,而完全不明白二者之间的辩证一致关系;二者在研究对象上是有区别的,哲学是研究自然、社会和思维发生发展变化的一般方法论,科学是研究客观世界某一具体部门或领域的特殊学问。叶青把哲学与科学的对象、研究方法及研究"关系"上等一一对立起来,这就抹杀了二者之间的辩证统一性。哲学与科学的辩证关系应是哲学给科学以研究的方法,科学给哲学以发展的材料,因此,哲学不能为科学取代。

四、对叶青歪曲唯物辩证法原理的批判

对于唯物辩证法的基本原理,叶青也有一系列或故弄玄虚或颠倒黑白的说辞,对此,沈志远均给予了迎头痛击。

关于矛盾规律,沈志远指出,叶青肯定了矛盾是发展的原因,但没有指出矛盾是内在的,是事物发展之主要的根本动力。叶青将哲学发展的原因解释为,"哲学的发展,因为是在社会中进行的……自必以实践为原因,尤

---

① 沈志远:《叶青哲学往何处去?》,《读书生活》1936 年第 4 卷第 5 期。
② 沈志远:《叶青哲学往何处去?》,《读书生活》1936 年第 4 卷第 5 期。
③ 参见叶青:《哲学到何处去》,上海辛垦书店 1934 年版,第 13 页。

其是人与自然之物质的交换那种基础的和本质的实践"①,即以人对自然的实践为其根本原因。沈志远认为,这种把人对自然的实践解作哲学发展的根本原因的观点,是十足的机械论观点。它忽略了社会之内在的矛盾(社会的实践),即诸社会集团间的斗争对哲学发展的重要影响,这种社会集团间的斗争反映在哲学上便成为唯心论与唯物论的斗争,这种斗争不断地推动着哲学向前发展。②

关于"正""反""和"即"否定之否定"规律,沈志远针对叶青的"心物综合论"即"物质论+观念论=辩证法的物质论""颠倒论"即"黑格尔的方法+费尔巴哈的唯物论=唯物辩证法"等对唯物辩证法简单化的错误理解,明确提出,"叶青在'辩证法'底运用上和理解上是完全错误的,实际上他是挂着'辩证法'底招牌而出卖百分之百的机械论底'货色'"③。

沈志远认为,叶青把辩证法唯物论解作进化论和相对论,这又是一个公然歪曲辩证法唯物论的证据。"辩证法是动的学说,发展的学说,可是它跟进化论却截然不同"④。因为进化论仅仅强调事物的渐变,而辩证法则不仅指出事物的渐变还特别着重于事物的突变——革命式的而非进化式的变化。没有突变说,辩证法就不能成立。沈志远指出,叶青阉割了辩证法的突变说,而把辩证法看做庸俗的进化论了。同样,辩证法也不是相对论,辩证法固然承认事物的相对性,然而它本身并不是相对论。叶青绝对的相对观,"以为一切都在发展中,所以一切都是相对的。绝对的事物是我们所不能想像的"⑤,这种理解把事物的相对性绝对化了,它根本否认绝对真理的存在,也就机械地割裂了绝对与相对的辩证关系。

五、对叶青"哲学消灭论"的批判

与哲学科学统一论、物心综合论相联系,叶青又炮制了著名的诡辩论——"哲学消灭论"。叶青提出哲学消灭论,其主要依据如下:从方法论上看,一切事物,包括哲学在内,都有发生、发展、消灭这一历史的辩证过程。哲学消灭论是以承认哲学有生长死灭的过程为前提的,因而是辩证法的,反对哲学消灭论,就是违反辩证法的形而上学。⑥ 文献依据则是恩格斯《路德

① 叶青:《哲学到何处去》,上海辛垦书店1934年版,第13页。
② 参见沈志远:《叶青哲学往何处去?》,《读书生活》1936年第4卷第5期。
③ 沈志远:《叶青哲学往何处去?》,《读书生活》1936年第4卷第5期。
④ 沈志远:《叶青哲学往何处去?》,《读书生活》1936年第4卷第5期。
⑤ 叶青:《哲学到何处去》,上海辛垦书店1934年版,第76页。
⑥ 参见叶青:《哲学到何处去》,上海辛垦书店1934年版,第227页。

维希·费尔巴哈和德国古典哲学的终结》一文中关于哲学前途和命运的论述。

沈志远批驳了叶青在辩证法问题上玩弄的偷梁换柱的手法,指出叶青的"哲学消灭论"是歪曲辩证法的结果,辩证法固然告诉我们天下事物无不处于发生、发展和变化或否定过程中的。死灭是变化或否定的形式之一,可是否定或变化却不一定是"死灭"。把否定解作死灭,是曲解辩证法的一种企图。照叶青先生的"辩证法"观点,"宗教——哲学——科学"是三种"历史知识体裁",宗教死灭,哲学代之而兴,哲学死灭,科学独霸人类思想界。①沈志远认为,叶青"哲学消灭论"的实质,不过是苏联机械论者哲学"取消论"的翻版。

六、对叶青篡改唯物史观基本原理的批判

叶青从生产工具论的视角来解读社会发展问题,认为生产力实际上就是生产工具。"……生产工具发生生产关系,生产关系发生政治制度和观念形态,社会就是这样形成的。""有什么生产工具或生产力,就有什么生产关系;有什么样的生产关系就有什么政治制度和观念形态……"②

对此,沈志远批驳道,叶青把生产力等同于生产工具是十足的机械论观点。依据唯物史观,生产工具只有当它被人使用到生产对象(或劳动对象,即自然)上去而消费着一定的劳动力时,它才成为生产力的一个原素。生产工具、劳动力、劳动对象三者,只有当它们共同综合起来的时候,才成为一种生产力。假如各个单独地存在着,它们每一个都不配称为生产力,而且连生产力原素之一的作用都不会发生。③叶青的这种"唯生产工具论""生产工具定命论"观点,忽略了生产关系对生产力的反作用,抹杀了上层建筑对经济基础的影响,其结果必然滑向机械的"唯武器论",而其最终目的则是企图从意识上消弭"社会斗争"。

总体来看,和这一时期一批论战文中使用情绪化的语言风格不同,沈志远在其通篇对叶青哲学的批判中,都是极具学理性的,无论是对叶青"科学与哲学统一论"的反驳,还是对"生产工具定命论"的批判,他对叶青错误根源都把握得恰到好处、切中要害,展现出了其深厚的理论功底及论辩的说服力。不仅如此,沈志远对叶青哲学针锋相对的驳斥,也让他充分地意识到仅

①　参见叶青:《哲学到何处去》,上海辛垦书店 1934 年版,第 333 页。
②　叶青:《哲学到何处去》,上海辛垦书店 1934 年版,第 136—137 页。
③　参见沈志远:《叶青哲学往何处去?》,《读书生活》1936 年第 4 卷第 5 期。

仅就事论事,停留在对假马克思主义者错误观点的批驳上,是远远不够的,只有加强基本理论的研究和宣传,才能从根本上揭露各种背离马克思主义哲学的错误观点。为此,1936 年后,沈志远陆续写了《现代哲学的基本问题》《近代哲学批判》《通俗哲学讲话》等读本,通俗且较为系统地介绍和宣传了马克思主义哲学。

第五节　对辩证唯物论的传播

20 世纪 30 年代中期,除了译介苏俄哲学及投身新哲学论战外,沈志远还对马克思主义哲学进行了通俗宣传。当时,他撰写了诸多哲学论著,对马克思主义哲学基础语汇进行了通俗化、大众化改造。其中,沈志远于 1936 年撰写的《现代哲学的基本问题》是当时一部很有分量的马列主义哲学普及读物,该书以轻快的笔调展现了大众化形态的马克思主义哲学理论体系,为马克思主义哲学在国内的通俗化传播作出了贡献。

《现代哲学的基本问题》初版于 1936 年 6 月发行,这部 4 万余字的小型著作,以哲学的基本问题为中心,集中论述了马克思主义的唯物论和认识论问题,具有重点突出、文字简练、结构紧凑、形式活泼等鲜明特色。在该书的"序言"部分,沈志远开宗明义地道出了该书的写作目的,他写道:

> 哲学在今日,跟一切科学理论一样,已经不是少数大学教授、学术家和特殊知识分子的"专利品"了。一切靠做活吃饭的大众,也有自己的新哲学,也有跟自己日常生活息息相关的哲学理论,这种哲学不是死的、神秘奥妙的教条,它是活的大众生活的精确真实的指导。这种哲学,就是新唯物论的哲学。①

而"作者写这部小册子的目的,就在于把大众生活和社会实践的哲学理论,做一番简略而扼要的介绍,以便提供给终日埋头苦干,时间经济两穷的大众朋友"②。这段话直接指出作者鲜明的写作意图,即试图将深奥的哲学原理以深入浅出的语言形式呈现出来,并将其化为指导大众生活和社会实践的理论武器。

作者还进一步谈到,"这部书是用极通俗的文字来写成的"。自然所谓

---

① 沈志远:《现代哲学的基本问题》,光华书店 1948 年版,第 3 页。
② 沈志远:《现代哲学的基本问题》,光华书店 1948 年版,第 3 页。

"极通俗"也是相对的,"是就哲学文字底范围而言的"。因为"一般地说,哲学的理论是最难通俗的,因为通俗得不小心,就会犯庸俗的毛病"①。

可见,沈志远对于哲学通俗化的理解是极富见地的,一方面,沈志远意识到,哲学作为一种科学的世界观和方法论,只有为广大民众所掌握时,才能发挥其巨大的社会效能,诚如他在《我写〈实践唯物论讲话〉的缘起》一文中所写,"要使理论成为实践之指导,必须使理论能为大众……所把握,只有当理论为大众把握时,它才成为一种不可战胜的物质的力量"②。与此同时,他也深刻地觉察到哲学这一系统的、理论化的世界观,又有着很强的抽象性和思辨性,如若阐释不当,极易滑向简单化、庸俗化的另一极端,因此,在该书行文中,作者既秉承着哲学通俗化的原则,又警惕着哲学庸俗化的倾向。

在该书修订版的"序论"部分,沈志远还提及该书本应包括两个部分,即思想方法论和关于人生哲学部分。但因生活书店的"青年自学丛书"已有关于思想方法论的专著(意指差不多同时出版的艾思奇《思想方法论》),而关于人生哲学的部分,他又写了《新人生观讲话》一书,故再版时只在初版的基础上做了简要的修改,基本保持了初版的原貌。

《现代哲学的基本问题》一书自 1936 年作为生活书店的"青年自学丛书"中的一部出版以来,深受广大进步青年的欢迎。据笔者不完全的统计,到 1951 年为止,16 年间被再版了 15 次之多,在青年中引起了热烈的反响,被誉为"使哲学变成大众认识现实的火光和变革现实的武器"③。

艾寒松主编的《读书与生活》杂志则在 1936 年 14 号署名寒风的文章中力荐该书是"给青年自修新哲学用的一本好书",并称:"第一,完全站在最新锐的观点上来介绍新的哲学知识……我们所推荐的这本书却是要使哲学变成为大众认识现实的火光,和变革现实的武器,它并不是在纯理论上兜圈子,而是强调着实践的目的的";"第二,对于说明工作和批判工作同时兼顾;它是以阐明哲学的基本理论为主要的任务,……但哲学的史的发展也并没有忽略";"第三,全书所提出的问题都极扼要,而且都全书能够把理论跟大众生活和社会实践密切地联系起来是为一切初学者所必须了解的";"第四,使读者并不感到空虚,……是大众生活过程中用以指导实践的认识体系。至于全书中充分引现实的例子帮助讲解,不消说是很可以提高一般人

---

① 沈志远:《现代哲学的基本问题》,光华书店 1948 年版,第 4 页。

② 沈志远:《我写〈实践唯物论讲话〉的缘起》,《理论与现实》1939 年第 1 卷。

③ 方一冬:《沈志远》,转引自施正一选编:《当代中国著名经济学家百人小传》,中央民族大学出版社 2004 年版,第 15 页。

对于哲学研究的兴趣与理悟的"①。总体看来,以上评价是很中肯的。

什么是哲学? 在哲学的世界里究竟何为基源? 这些问题,在中外哲学史上,众说纷纭。但是,在 20 世纪 30 年代以前,中国的哲学界却谈及不多。陈独秀、李大钊等老一辈无产阶级革命家大都是针对现实境遇来具体地阐发、运用马克思主义哲学的基本原理。为了从源头上把握马克思主义哲学,在《现代哲学的基本问题》一书中,沈志远从这一基础工作入手,展开了其对马克思主义辩证唯物论的通俗化解说。

什么是哲学? 沈志远从三个层面作了解答。一方面,沈志远认为,哲学是研究宇宙一切现象域中所抽出来的最一般的总结论、总法则。这里,哲学表现为一种世界观,它是我们认识现实生活、现实世界所得出的一个总结论。其次,哲学也是我们认识或观察现实世界的一种根本的态度或方法。譬如,从目的论视角或"适者生存"的因果论视角来解读动物适应环境这一自然现象,即是坚持了唯物的因果观,这里哲学表现为一种解读世界的认识论。第三,沈志远指出,哲学还不只是认识的方法,同时它又是行动(实践)的指导。强调了哲学作为一种观念意识,对于认识世界及改造世界的重要指导作用,这里哲学表现为一种方法论。由此,沈志远将哲学立论为:"是领导一切知识部门的总方法论,它是宇宙间一切现象领域底研究中所抽出来的最普遍、最一般的总结论和总法则。同时也是指导我们行动的总方针。因而也可以说哲学是研究自然、社会和人类思维(这是宇宙间的三大现象领域)底发展法则和指导人类改变世界的科学。"②这里,沈志远对哲学内涵的界定,观点基本上是正确且是相对全面的。

几乎与此同时,艾思奇在《读书生活》杂志第 1、2 卷连载的《哲学讲话》③中也对哲学内涵给予了界定,艾思奇写道:哲学是人们对于世界的根本认识和根本态度。而"所谓根本认识和根本态度,就是最能够普遍地应用于一般事物的认识和态度"。哲学是"研究最普遍最一般的法则"④,在这里,艾思奇仅是在世界观层面上,从认识论视角来解读"哲学"的基本范畴,强调了哲学在人们认识世界过程中的重要作用,而沈志远则从方法论视角,深化阐述了"哲学"这一概念范畴在人们改造世界过程中的作用,对比

---

①　沈骥如:《沈志远传略》(下),《晋阳学刊》1983 年第 3 期。

②　沈志远:《现代哲学的基本问题》,生活书店 1948 年版,第 7 页。

③　《哲学讲话》,又名《大众哲学》,艾思奇著,最初连载于《读书生活》杂志第 1、2 卷(1934 年 11 月—1935 年 10 月),后在李公朴的支持和帮助下,于 1936 年 1 月汇集成册出版。1936 年 6 月在印行第 4 版时,改名为《大众哲学》。

④　《艾思奇文集》第 1 卷,人民出版社 1981 年版,第 138 页。

而言,沈志远在"哲学"基本范畴的解读上相对更为全面。

哲学作为一种有关世界观的学问,必然要触及世界的基源问题——物质与精神。二者的关系如何,这是哲学要解决的基本问题。沈志远认为,在哲学两大基本派别的划定上,若"断定思维决定物质的,认定世界是精神的产物的,属于唯心论的哲学阵营;反之,断定物质决定思维的,便属于唯物论的哲学阵营"①。物质和精神何为第一性,之所以成为哲学的基本问题,是因为它是解决哲学其他问题的根本前提,古往今来任何哲学学派都无法回避这一基本问题。

值得一提的是,沈志远在阐述哲学基本问题时,并没有仅仅停留在对世界基源问题本身的解读,而是深化追述了哲学这一种特殊意识形态形式的社会经济背景及其阶级属性问题。在沈志远看来,道德、宗教、艺术、科学、哲学等无论哪种意识形态形式都是特定历史时期内一定社会经济基础、经济条件的产物,它们自觉不自觉地折射着特定阶级的阶级利益和阶级意志。唯物论与唯心论的哲学世界观的对立与分野最终是可以在特定历史时期内的社会经济背景、阶级利益中找到答案的。

也就是说,哲学这一特殊的意识形态形式对于社会经济条件是有着天然的依赖作用的,它不可避免地反映着某个特定历史阶层的阶级意志及阶级属性。"一切的哲学思潮都是社会性的,每一个哲学体系都很明显地代表某一社会集团底意识形态或理想;它总是代表着某一社会集团底利益,而这一社会则往往利用这种跟自己利益相适应的哲学,当作跟它底敌对社会作斗争的武器。同时,某一时代底哲学(指占主流或占统治地位的哲学),总是那时代底社会经济结构的产物。"②沈志远强调了哲学这一特殊的意识形态形式所具有的阶级属性问题,同时也凸显了它的方法论意义,即哲学充当不同利益群体的思想武器所兼具的批判功能和政治斗争功能。他借此号召广大无产阶级群众要在思想上,树立实事求是的新唯物观,坚决抵制一切新黑格尔主义、新康德主义、实证主义、孟什维克等唯心主义思潮。

可以说,沈志远对于哲学阶级属性的深入解读,在20世纪30年代实属较早的一派,他用专节对该问题作了较为深入的阐述,而这在与其同时代李达出版的《社会学大纲》和艾思奇的《新哲学大纲》里都鲜有提及。直至1938年,胡绳的《辩证法唯物论入门》问世,里面才有部分篇幅阐述了哲学的党性原则问题,他总结道:"唯物论与观念论的斗争就在哲学史上表现为

① 沈志远:《现代哲学的基本问题》,生活书店1948年版,第9页。
② 沈志远:《现代哲学的基本问题》,生活书店1948年版,第15页。

不可调解的党派斗争"①。然而,在此要补充说明的是,尽管胡绳与沈志远都对该问题有过论述,但在论述的手法及方式上二者却是迥然不同的,胡绳在对哲学党性原则的诠释上相对更为深刻,其思想的深度和学理性更强一些,而沈志远则是采取将深奥的哲学原理以人们所喜闻乐见的话语形式来加以表达,并期对其作出深入浅出的解读。

把哲学与党派、阶级联系起来,肯定哲学的阶级属性,将哲学(意识形态)打造成一个中性范畴,是列宁在马克思、恩格斯关于哲学基本问题的基础上,进一步发挥而提出的哲学党性原则的重要内容,这是列宁对马克思主义哲学的一个创新发展。沈志远对此亦做了深化阐释,他不仅肯定了哲学的阶级性原则,而且还依据阶级的社会经济属性,挖掘到在不同历史背景下,造成不同哲学性质分化背后潜藏着的"社会经济"根源。

宇宙观上的唯物论与唯心论,长期在哲学界进行着激烈的斗争。20世纪20至30年代初期,柏格森主义、马赫主义和直观主义、新机械论中的主观主义和客观崇拜主义、实用主义等西方学说,一齐粉墨登场,加之国内以叶青为代表的中国托洛茨基派哲学的唯心论和机械论思想盛行,为了抨击唯心论,沈志远在《现代哲学的基本问题》一书中还对辩证唯物主义的新宇宙观问题进行了系统阐述。

沈志远认为,与旧唯物论宇宙观相比,科学的辩证唯物主义宇宙观被认定为"最具体、最正确、最科学"的世界观,主要有四方面依据。第一,"新唯物论是根据过去(两千几百年来)一切人类思想和社会实践底经验而形成的一种最一般的总结论、总法则"②。第二,"它是以过去研究自然、社会和思维之总的发展规律的科学,是最进步的科学认识论和社会实践底方法论"③。第三,新唯物论哲学,是在与过去一切统治阶级的神秘哲学思潮、反科学思潮、反时代思潮,如与一切的宗教学说、形而上学论、经验批判论、直观主义、实用主义等做斗争中产生和成长起来的。第四,"新唯物论之谓方法论,同时也就是认识论"④。因此,它是"哲理的科学"。

沈志远对新唯物论宇宙观之内涵进行了马克思主义的界定,突出强调了它是世界观、认识论和方法论的有机统一,这也就把握了新唯物论宇宙观的内在本质。

沈志远在对新宇宙观的阐述过程中,不仅力图使民众理解、认识辩证唯

---

① 胡绳:《辩证法唯物论入门》,新知出版社1938年版,第11页。
② 沈志远:《现代哲学的基本问题》,生活书店1948年版,第59页。
③ 沈志远:《现代哲学的基本问题》,生活书店1948年版,第60页。
④ 沈志远:《现代哲学的基本问题》,生活书店1948年版,第61页。

物论的科学性、合理性,而且亦十分重视对新唯物论基本属性的解读,他强调了辩证唯物论的基本原则,探索了辩证唯物论存在的客观条件及理论依据。

沈志远认为,辩证唯物论的客观基本属性之一是世界的物质基源性;"凡在人的意识以外,不受意识支配而独立存在、作用于人的感官而引起人之某种感觉的客观实体,均称之为物质","哲学的物质观是依据物质跟(思维)意识、客体对主体的关系来确定的"①。

在这里,沈志远不仅肯定了物质是不受意识支配而独立于意识之外的客观存在,同时又强调了物质可以被人的感官所感知,这就为"认识"的实现提供了可能。沈志远的"物质"观点,显然与旧唯物论仅仅把物质视为某种具体物质或某物质之广延性的定义不同,他把本体论和认识论有机地统一起来,这也就与不可知论、机械唯物主义认识论划清了界限,这是一个相对科学的界定。

沈志远认为,辩证唯物论的基本属性之二是运动;世界的基源是物质,那么谈及物质,就必然涉及物质世界的存在与发展问题。沈志远援引恩格斯在《反杜林论》中对物质的运动属性之论述,指出,"没有运动的物质正如没有物质的运动一样地不可思议,运动是物质存在底形式"②,"凡是物质,总是动的",一切物质的现象都是在运动和变化中的。沈志远借此断言,物质运动之源动力源自事物本身,"宇宙间没不运动的物质,一切物质都是动的物质;运动是内在于物质的属性,所以运动是从物质内部发生的"③。当然在这里,沈志远所谓的"运动",并不仅局限于纯粹物理形式的机械运动,而是包含了化合、分解、新陈代谢等用人体感官所无法直接识别的多维"运动"形式。

辩证唯物论的基本属性之三是时间与空间;如同运动是物质的基本属性一样,任何物质也必然是处在一定的时间与空间中,并以一定的具体的形式存在,因此,时间性和空间性亦是物质存在的基本属性。沈志远援引列宁在《唯物论与经验批判论》中对时间和空间的精彩描述,指出"唯物论即承认客观实体的存在,即承认运动的物质离人的意识而独立存在,那么它就不可避免地应当也承认空间和时间底客观实在性"④。在这里,沈志远坚持了辩证唯物主义的时空观,并发扬了马克思主义"时空观"的批判精神。他以

---

① 沈志远:《现代哲学的基本问题》,生活书店 1948 年版,第 64 页。
② 沈志远:《现代哲学的基本问题》,生活书店 1948 年版,第 66 页。
③ 沈志远:《现代哲学的基本问题》,生活书店 1948 年版,第 71 页。
④ 沈志远:《现代哲学的基本问题》,生活书店 1948 年版,第 71 页。

新唯物论时空观为武器驳斥了这一时期盛行的唯心论时空观(康德主义的主观唯心主义时空观、黑格尔的客观唯心主义时空观及马赫主义的实用主义时空观等)、机械论时空观(形而上学时空观、牛顿时空观等)和苏联孟塞维化时空观等,并凸显了新唯物论时空观是关于"发展"的时空观。

值得注意的是,在具体的阐述过程中,沈志远还始终贯彻了理论联系实际、深入浅出的原则,他对著作中的一些重要理论观点会结合老百姓所喜闻乐见的语言形式,作出通俗而透彻的说明。如,在阐述哲学的两大阵营即唯物论与唯心论观点时,沈志远就采用了假设张某与李某对话答辩的形式具体地说明了这一观点。

从纵向的维度,沈志远还阐述了马克思主义辩证唯物论创立的历史线索,并重点论述了其与德国古典哲学的批判性继承关系。在该部分内容中,沈志远不是从纯粹的概念出发,而是从历史逻辑出发,从辩证唯物论形成、发展的历史脉络出发,把辩证唯物论的发展看作是紧密的历史过程,其写道,"世界上任何事物或现象,事实上没有一件不是历史底产物,没有一件不是从它自身历史的发展中演化到目前这个状态的"[1]。他详述了辩证唯物论与以往人类认识史的批判性继承关系,指出辩证唯物论作为科学的世界观是摄取了人类认识史的积极成果而形成的。

沈志远认为,辩证唯物论是历经了辩证式的发展,"现代的新唯物论(dialectic materialism)哲学,在两千五六百年前就开始了它底历史的发展。它底原始形态,是纪元前六世纪到五世纪的希腊原始唯物论"[2],后经17、18世纪的近代形而上学、机械唯物论,到19世纪的费尔巴哈的"直观"唯物论,终形成现代辩证唯物论的新哲学体系。

沈志远从古希腊时期人们对世界本源的认识入手,梳理了辩证唯物论创立的历史线索,并充分肯定了黑格尔哲学的伟大历史意义。但是,沈志远指出,对黑格尔的辩证法又不能简单地继承,必须加以唯物论的改造。沈志远强调了马克思、恩格斯对黑格尔哲学进行的批判性改造。他写道,黑格尔哲学"把世界看成整个的一致体,从现象或事物底一切联系上去观察它们",并认为"在整个世界底一致体中,一切现象均有其内部有机的联系";认为"宇宙间的一切,都是在变动着,发展着的,""它把整个世界和任何一个现象都当作了一个过程看,而不把它看作一个死的体系"[3]。黑格尔之

---

① 沈志远:《现代哲学的基本问题》,生活书店1948年版,第33页。
② 沈志远:《现代哲学的基本问题》,生活书店1948年版,第34页。
③ 沈志远:《现代哲学的基本问题》,生活书店1948年版,第47页。

"辩证"的方法论否定了庸俗的进化观,认为"没有突变,发展就成为不可思议之事",同时也肯定了渐变或渐进的意义。但其缺陷也异常明显,即黑格尔同时也把人的思维、观念当作独立的主体和现实事物的创造者,认为客观世界的辩证运动过程仅仅是"绝对观念"在不同发展阶段的展开。

沈志远进而概述了费尔巴哈唯物论哲学的功绩及其根本缺陷,强调了马克思、恩格斯与费尔巴哈唯物论哲学的批判性继承关系,并指出这种继承关系并非是黑氏的方法和费氏唯物论的"简单综合"。沈志远写道:"费尔巴哈首先推翻了黑格尔底'绝对观念'而代之以自然和人"[1]。其次,"他站在严格的无神论立场给予宗教以彻底的批判"[2],但同时费尔巴哈的唯物论又是自然主义、直观主义的唯物论。新唯物论是在黑氏的方法和费氏的唯物论的基础上,"是两者之综合,但是所谓综合,并不是甲加乙之和,而是甲和乙之'更高的一致',简单而明白地说,新唯物论是唯物地改造了黑格尔底辩证法和辩证地改造了费尔巴哈底唯物论之结果"[3]。

总体来看,沈志远不仅在广泛的理论背景下梳理了马克思主义哲学创立的历史线索,而且准确地把握了黑格尔哲学和费尔巴哈哲学的性质,独到地说明了马克思主义哲学与德国古典哲学的批判性继承关系,同时也凸显出辩证唯物论是关于"批判"的学说。

第六节　对唯物辩证法的阐释

在沈志远看来,辩证法与唯物论是两种紧密联系着的哲学范畴。"现代哲学不是别的,恰恰就是辩证的唯物论和唯物的辩证法。这是整个马克思主义底宇宙观"[4]。"辩证法是唯物的宇宙观底方法论基础"[5],而唯物论则是科学的辩证法的根本前提,二者有着不可分割的联系,如若缺失了辩证法的指导来谈唯物论,则必然导致不彻底的唯物论,而若脱离了唯物论的前提来谈辩证法,则必然陷入唯心主义的辩证法。在沈志远的意识里,唯有唯物的辩证法才是科学的学说和革命的方法论,它不仅是伟大的世界观指导,同时亦是战斗的实践武器。[6] "为着维护真理,为着避免青年思想底被麻

①　沈志远:《现代哲学的基本问题》,生活书店 1948 年版,第 53 页。
②　沈志远:《现代哲学的基本问题》,生活书店 1948 年版,第 53 页。
③　沈志远:《现代哲学的基本问题》,生活书店 1948 年版,第 58 页。
④　沈志远:《黑格尔与辩证法》,笔耕堂书店 1943 年版,第 3 页。
⑤　沈志远:《黑格尔与辩证法》,笔耕堂书店 1943 年版,第 19 页。
⑥　参见沈志远:《近代辩证法史》,耕耘出版社 1946 年版,第 121 页。

醉,更为着被压迫大众底意识解放,我们必须持着新唯物论这件利器,来跟现代流行的代表没落的统治集团之意识的形态的哲学思潮,做坚毅的斗争。"①

应当说,沈志远是十分重视对唯物辩证法的研究的。除了上文所提及的沈志远在其 1936 年译著《辩证唯物论与历史唯物论》(上册)里有过对"唯物辩证法之法则和范畴"的基本阐述外,早在 1932 年,沈志远回国后的首部论著《黑格尔与辩证法》,也是关于辩证法的。后在 1936 年,沈志远针对叶青等一批反动御用文人向马克思主义哲学,特别是唯物辩证法发起的疯狂反扑,撰写了《近代哲学批判》一书,对当时盛行的各种歪曲、抨击唯物辩证法的论调发起了反击。该书后于 1946 年改名为《近代辩证法史》,内容上作了部分调整,更为清晰地梳理了辩证法"史"的发展脉络。1949 年的《社会科学底哲学基础》一书,沈志远集中论述了唯物辩证法的丰富内涵。与此同时,沈志远还发表了多篇有关辩证法的研究论文,如《黑格尔哲学之精髓》《近代哲学中辩证法史之发展》《唯物辩证法家的斯大林》《论唯物辩证法底某些范畴》(译文)等,文中多从纵向维度对西方辩证法史进行梳理与考察,并对各派哲学体系中的辩证法因素,给予必要的介绍与研究。可以说,沈志远对辩证法学说是有过深入考证,且是有着自己的独到理解的。

但在此有必要特别指出的是,沈志远对唯物辩证法的研究,着眼点与同时代的诸学者有所不同,他更加侧重于对黑格尔辩证法及其以前各派辩证法思想的体系考证,在《近代哲学批判》一书的序言部分,沈志远给出了自己的解释。他写道,"我国学术界谈辩证法的文章和书籍,差不多都是关于马克思、恩格斯、普列汉诺夫和伊利契的;换句话说,我国所有关于辩证法的出版品,大多是介绍或讨论完成的辩证法,而从辩证法未完成前去追溯它的史的发展,对马克思、恩格斯、黑格尔以前各派哲学思想体系中的辩证法元素或片段做一番整理功夫的,恐怕简直是凤毛麟角了"②,而这步工作"从学术思想立场上讲,却是极端重要的"③。

由此,沈志远在对辩证法的研究过程中,更加偏重于唯物辩证法未完成前的"史"学考证,而其所做的这部分工作,也得到了当代诸多学者的肯定。如我国学者黄见德在《沈志远介绍黑格尔哲学的角度》一文中,评价道:"从研究选择的角度和成果达到的水平来看,沈志远论述黑格尔哲学的文章,在

①　沈志远:《近代哲学批判》,读书生活出版社 1936 年版,第 3 页。
②　沈志远:《近代哲学批判》,读书生活出版社 1936 年版,第 3 页。
③　沈志远:《近代哲学中的辩证法之史的发展》,《中山文化教育馆季刊》1934 年第 1 卷第 2 期。

这个时期传播黑格尔哲学的著作中占有重要地位"。"黑格尔哲学的精髓及其对哲学思想的贡献和历史功绩,无疑是他的辩证法"①,沈骥如则评价沈志远"是我国用马列主义观点研究黑格尔哲学的一位先行者"②。

沈志远认为,辩证法的完成,是两千多年来人类思想发展的结果。客观的现实不断地发展着,人类的知识就不断地丰富起来,思想方法也不断地精确化科学化了。从古代到现在许多大思想家,不断地从现实的大自然中发现片段的、个别的辩证的发展法则;辩证法的"胚胎",在许多非辩证法、反辩证法的哲学体系的"母胎"中孕育着,逐渐地发育起来,到最后乃"破胞脱胎"而诞生了完整的革命的科学方法论——辩证法。③ 力图从根源上把握西方的辩证法"史",沈志远逐一梳理了笛卡尔、斯宾诺莎、康德、费希特、谢林等早期学者的辩证法思想。

沈志远认为辩证法在近代时期就已有了基础的雏形,纪公元17到19世纪前半叶一些学者们的思想中已蕴含着丰富的辩证法成分。沈志远运用马列主义的基本观点批判性地对笛卡尔哲学体系中的辩证法原素进行了深入挖掘,并将其概括为以下几个方面:(一)笛卡尔所主张的怀疑主义的方法论思想;(二)由一种特殊的、个别的科学(数学)出发引申出一般的观点;(三)科学的认识成果、即知识的系统性观点;(四)笛卡尔唯理主义的直接论中区别质、量的难题;(五)笛卡尔的"宇宙物质一致观"和"物体相互作用论";(六)宇宙学中的发展观和因果观。沈志远概括道,笛卡尔以发展为支点的宇宙学其本质上是有辩证法永恒发展论之倾向的,而我们在探究笛卡尔体系中的辩证法元素时,不要总纠结于其逻辑学体系中的纯逻辑部分,而应从他的认识论和本体论的具体内容中,来挖掘其辩证法的内核。

尤为值得注意的是,尽管在沈志远之前,同时代外国马克思主义哲学家根据列宁的思想也曾追溯过唯物辩证法前史,如李达所译塔尔海玛的《现代世界观》、林超真所译伏尔伏逊的《辩证法唯物论》等,但是,他们的这种追溯大多限于对古希腊以来主要的唯物论哲学和黑格尔哲学中的辩证法思想的介绍。而沈志远对于唯物辩证法前史的阐述则有自己的特色,即他既注意到了古希腊以来的唯物论哲学家思想中的辩证法成分,同时又注意到了唯心论思想家思想中的早期辩证法萌芽。如近代唯心主义者斯宾诺莎、费希特、谢林等学者的辩证法思想,在该书中都有所提及。针对斯宾诺莎伦

---

① 黄见德等:《西方哲学东渐史 1840—1949》,武汉出版社 1991 年版,第 442—443 页。
② 沈骥如:《沈志远三十年代对黑格尔的研究》,《复旦学报》(社会科学版)1985 年第 4 期。
③ 参见沈志远:《近代哲学批判》,读书生活出版社 1936 年版,第 3 页。

理学思想中的辩证法原素,沈志远指出,斯宾诺莎伦理学语境下的"自由与必然关系"已经初具了辩证法体系中"自由与必然"的基本雏形,斯宾诺莎认为,"事物之照其自身本性中所产生的必然性而生存而行动者,我称之为自由的事物",即自由的必然①,"人们认识了必然性而自觉地依照这种必然性去行动的时候,他们就是自由的。因为认识了必然性,他们就能去驾驭这必然性、利用这必然性去满足自己的需求了"②。但是其学说里依然有许多不如辩证法完善的地方,这主要表现在,"第一,他所指的人,还是一种抽象的,抛弃社会发展底历史过程来看的人;第二,他的解说自由,只限于对事物的认识,……而并非改变事物"③。

辩证法经历16—17世纪英国的唯物论、17世纪大陆各国的哲学、18世纪法国唯物论的不断进化后,逐步兴盛,至18世纪的康德时期已完成辩证法复兴的任务,而至黑格尔时期,则达到了辩证法发展的顶峰。康德在其前期批判哲学的自然科学观里,将自然之发展看作是一个纯自然的动的发展过程,并指出自然发展史是唯物的发展史,即世界是由物质元素构成的。④沈志远认为康德的这些观点在方法论上是辩证法运用的结果,其重要的历史功绩即在于他"把形而上学的思维方式劈开了一条裂缝"⑤,这在中世纪末,对于反对"不动说"的形式逻辑教条,有着莫大的意义。在肯定康德对辩证法所作出积极贡献的同时,沈志远指出尽管康德哲学体系中包含着丰富的辩证法原素,但其学说仍未能摆脱当时机械论原则的影响,且其思想中的辩证法萌芽主要集中在康德的批判哲学早期的自然科学观点里,在批判哲学的后期,康德则完全把自己拘禁于纯粹理性批判范围内,而逐步地走向二元论、唯心论和不可知论的道路上来。此后辩证法又为费希特与谢林进一步修订与发展,尽管二者的辩证法思想相对于康德更近了一步,但他们的学说在方法论上仍未能彻底摆脱形式逻辑的影响,且其辩证法元素同样缺乏系统一贯的性质。直至黑格尔时期,辩证法才发展成为系统的学说,它和形式逻辑逐步对立起来,而成为一种新型的方法论。

鉴于黑格尔辩证法学说在整个辩证法发展史上的重要地位,沈志远极为重视对黑格尔辩证法思想的研究,这在沈志远早期著作中可见一斑。1932年,沈志远回国后的首部著作《黑格尔与辩证法》里面用大量篇幅,记

---

① 沈志远:《近代哲学批判》,读书生活出版社1936年版,第22页。
② 沈志远:《近代哲学批判》,读书生活出版社1936年版,第23页。
③ 沈志远:《近代哲学批判》,读书生活出版社1936年版,第24页。
④ 参见沈志远:《近代哲学批判》,读书生活出版社1936年版,第28页。
⑤ 沈志远:《近代哲学批判》,读书生活出版社1936年版,第23页。

录了黑格尔哲学与其他近代欧洲哲学流派,与马克思、列宁哲学学说的关系。中国学者这样系统地用马列主义观点论述黑格尔的著作,在 1932 年前恐怕是没有的。① 1936 年,沈志远所著的《现代哲学的基本问题》一书,专节论述了辩证唯物论经由黑格尔、费尔巴哈到马克思阶段的发展。而其另一部哲学论文集《近代哲学批判》,共收录了十篇论文,其中有 7 篇与黑格尔有关,包括《近代哲学中的辩证法之史的发展》《从康德到黑格尔》《黑格尔哲学导言》《黑格尔哲学之历史背景》《黑格尔哲学之精髓》《论黑格尔以来之辩证学说》《评几派现时流行的哲学思潮》等。这些文章力图从黑格尔与笛卡尔、康德等人哲学思想的比对分析中、在广博的历史境遇下来挖掘黑格尔哲学的精神实质。而该书的修订版《近代辩证法史书》则更为详细地梳理了唯物辩证法经由黑格尔的演进历程。大体来看,这一时期沈志远针对黑格尔学说的研究主要侧重以下几个方面:

第一,阐述了黑格尔辩证方法论的革命意义。沈志远认为,“黑格尔哲学,是近代哲学思潮之最广和最深的综合”②,他的辩证方法论之革命的意义主要表现为三个方面:首先,他以绝对精神为出发点,提出了一个系统而完整的发展观。在黑格尔看来,绝对精神从来不停留在一个位置,而是不断发展着的,现实的发展就是绝对精神发展的反映。黑格尔的发展观实质是将发展理解为绝对精神的实现过程,也即是自然界、人类社会和它的精神活动之历史形成过程。其次,在讲到发展时,黑格尔发现了发展的源泉在于自身,即是存在于自身的内部矛盾。沈志远指出,“黑格尔认为宇宙万物自身中无不包含着对立性,由此对立性发展出来的矛盾,便是万物发展的动力因”③。最后,黑格尔发现了绝对精神发展的辩证法规律,如矛盾学说、否定之否定和量质变等说,并将其应用于一切现象领域,这就完成了他整个辩证法的宇宙观。

第二,阐述了黑格尔唯心辩证法对于马克思唯物辩证法的积极影响。在沈志远看来,“唯物的辩证法,从历史上和逻辑上讲,都是黑格尔辩证法之直接的产物”④,尽管黑格尔之辩证法的出发点是唯心的,但是这种唯心性,却不能抹杀这一个事实,即“正是黑格尔才首先揭示了一般的运动形式之完尽而周密的真相”,而唯物辩证法之现实生成,正是融合了“唯物论”与黑格尔之合理内核“辩证法”,才使唯物辩证法成为关于自然、社会和人类

①　参见沈骥如:《沈志远三十年代对黑格尔的研究》,《复旦学报》(社会科学版)1985 年第 4 期。
②　沈志远:《近代哲学中的辩证法之史的发展》,《中山文化教育馆季刊》1934 年第 1 卷第 2 期。
③　沈志远:《近代哲学中的辩证法之史的发展》,《中山文化教育馆季刊》1934 年第 1 卷第 2 期。
④　沈志远:《黑格尔与辩证法》,笔耕堂书店 1943 年版,第 10 页。

思维发展之普遍规律的科学,而实现了人类哲学发展史上的伟大革命变革。

第三,驳斥了欧洲古典哲学流派对于黑格尔辩证法的抨击。沈志远指出,因为"黑格尔辩证法之批判的革命性"①,当时德国社会中出现了诸多对于黑格尔辩证法的讨伐声。在攻击黑格尔辩证法的队伍中,包括资产阶级学者叔本华、特仑德仑布、爱德华·哈特曼,机会主义者伯恩施坦,还有新的机械论者等。沈志远分析了这些反驳黑格尔辩证法的观点,并运用其所理解和掌握的马克思主义方法论原则,根据黑格尔辩证法的本真思想,对这些攻击进行了逐一驳斥,这对于帮助人们正确理解和把握黑格尔辩证法思想具有一定的意义。

显然,沈志远研究黑格尔哲学的这些侧重点,和当时其他一些就黑格尔哲学本身论及黑格尔思想的研究不同,他并没有单纯拘泥于黑格尔的辩证法内容本身,而是将它放在整个辩证法"史"的历史进程中来加以考察,这在当时中国传播黑格尔哲学的过程中,代表着一种方向。

沈志远认为,唯物的辩证法之现实生成,从历史和逻辑上讲,都是黑格尔辩证法之直接的产物,马克思、恩格斯的唯物辩证法对黑格尔唯心主义辩证法的批判性继承主要体现在以下四个方面。第一,哲学门户不同。"黑格尔之辩证法是唯心的,以概念或精神之发展来解释现实或物质之发展;马克思、恩格斯之辩证法却是唯物的,确定精神历程是物质历程之反映"②。第二,方法论与宇宙观是否一致。在黑格尔哲学中,一方面是论运动、突变、革命的永恒发展学说,另一面却是绝对精神之终极目的。这就使其哲学思想中革命的发展学说与之唯心论体系处于不可调和的悖驳之中。而马克思、恩格斯之辩证法是与其唯物的宇宙观及认识论相一致的,因此不存在这样的内在矛盾。第三,理论与实践是否一致。黑格尔之革命的方法和保守的体系之间的矛盾,产生了他理论与实践之分裂。而马克思、恩格斯之唯物的方法论、认识论与实践三者是合为一体的,马克思、恩格斯的学说中辩证法是实践的指导,反之,实践又不断地充实和发展着辩证法学说。第四,马克思、恩格斯的辩证法学说即是关于客观事物本身运动的发展规律,同时也是关于人类思维之辩证发展的法则,它是整个宇宙运动之总规律;而黑格尔之辩证法则被局限于其唯心主义哲学体系之中,是绝对精神体系内的概念之辩证法。沈志远对马克思、恩格斯唯物辩证法之现实生成的认识是深刻的,他既看到了马克思、恩格斯唯物辩证法对黑格尔唯心主义辩证法的批判

---

① 沈志远:《黑格尔与辩证法》,笔耕堂书店1943年版,第56页。

② 沈志远:《近代哲学批判》,读书生活出版社1936年版,第115页。

性继承,同时又从本质上把握了两者的根本差异,看到了马克思对黑格尔唯心主义辩证法之发展,从而把握了马克思唯物辩证法之精髓。

针对马克思、恩格斯唯物辩证法之内在规律部分,沈志远论及不多,仅在1949年三联书店出版的《社会科学底哲学基础》第二章"唯物辩证法——法则和方法的统一"中有所阐述,且都没有形成体系。在该部分中,沈志远概述了"现象互相联系的法则""动和变的法则""量和质底互变"法则以及"矛盾事物运动底内部泉源"法则,初步形成了以矛盾为核心的辩证法学说。

首先,沈志远阐述了现象互相联系的法则,他认为,世界上的现象并非是孤立的而是互相关联互相依存的,辩证法"把世界看做一个内部联系得紧紧的完整体;在这个完整体中,所有的事物和现象都是有机地(Organically)互相联系着、互相依存着,没有一个是单独地孤立地超然自在的"①。也就是说,辩证法不把世界(自然和社会),"看作种种事物、种种现象之偶然的堆积",它认定现象与现象、事物与事物之间,过去的现象与现在的现象,现在的现象与将来的现象之间,都存在着必然的联系,相互的依存关系。

和形而上学相反,辩证法还把世界——自然和社会"看作经常在运动和变化中,不断的更新和发展中的"。沈志远写道,"世界上、宇宙间、任何事物,没有一件是向来如此,永远如此,万古长存,一成不变的。一切都是变的:有些东西不断地生长、发展,有些东西不断地在衰溃、死弃"。因此,"从运动和变化中,从发生和发展,生长和死弃中去考察事物或现象,便是辩证法底第二个基本要求"②。

沈志远还阐述了"量和质底互变"法则,说明了事物发展之渐进和突变的辩证关系。沈志远指出,辩证法认定一切运动或发展,"都先由细微的、不显著的、逐渐的量变,到后来引起根本的、显赫的、突然的质变"。所谓发展,"照辩证法底看法,是以质底变化为前提的;没有质变的发展是不能想象的。而这种质变的到来,则必然为量变所促成,以量变为其先行阶段"。和形而上学的观点相反,辩证法"不把发展过程看成单纯的生长和狭义的进化,只看见量的变化而看不见质的变化,或简单干脆否认发展"③。

沈志远还认为,矛盾是辩证法的内核,是事物发展的基本动力。他写

---

① 沈志远:《社会科学底哲学基础》,生活·读书·新知三联书店1950年版,第6页。
② 沈志远:《社会科学底哲学基础》,生活·读书·新知三联书店1950年版,第24—25页。
③ 沈志远:《社会科学底哲学基础》,生活·读书·新知三联书店1950年版,第35—36页。

道,辩证法认为内在矛盾是存在于一切事物一切现象中的。一切事物或现象,"各有其正和反,新和旧,生长和衰落的两方面;这两方面底斗争,就形成事物发展底内容"。并且,"事物自身中的矛盾性,任何自然现象和社会现象中内在的矛盾力量,对立倾向或方面,就是事物发展底基本动力"①。

可见,沈志远在其对马克思、恩格斯唯物辩证法规律的阐释中,较为细致地阐明了世界包括自然和社会发展的"现象互相联系法则""动和变的法则",论述了唯物辩证法发展的"量和质底互变"法则和"矛盾事物运动底内部泉源"法则,并初步形成了以矛盾为核心的辩证法学说,体现了世界观与方法论、理论与实践的统一。但是由于沈志远未能对"对立统一原理"即矛盾分析方法做深入而细致的展开,且其没有认识到对立统一原理在唯物辩证法诸法则中的基础性地位,使其对马克思、恩格斯辩证法的阐释并不成体系。而这部分内容如"矛盾的同一性与对立性"关系原理、"否定之否定"关系原理等,在其同时代艾思奇著作《哲学讲话》、李达《社会学大纲》中都已有了很细致的论述。

在此,还要特别指出的是,沈志远还对马克思、恩格斯辩证法学说中的"法"字进行了细节阐释。沈志远指出,辩证法这个名词中的"法",普遍都把它当作"方法"来解释,其实这不是很对的。查辩证法(Didalectic)一词,本意不仅是指吾人研究事物时所用的方法,同时也是指客观现实的发展法则。当我们把它当作思维方法看时,那么它是主观辩证法,这时便是指的方法。要是我们把它当作现实发展法则来看,那么它便是客观辩证法,这时的"法"字,便是指"法则"了。② "因此辩证法的'法'即是客观现实底运动法则或发展法则,同时又是我们研究和认识客观现实的方法"③。

这里,沈志远为马克思、恩格斯辩证法学说中的主观辩证法与客观辩证法的二重化源起,找到了语汇上的学理依据,这也从一个侧面反映了沈志远扎实的理论功底。

此外,沈志远还高度评价了列宁对唯物辩证法的贡献,认为他比马克思、恩格斯在唯物辩证法上更进一步。第一,沈志远认为列宁是辩证法学说的发展者,首先列宁将对立统一观点视为整个宇宙(自然界、社会界和人类思维)之最普遍的特质,认为对立体之斗争是发展之内部的动力,特别重视矛盾、内在斗争的重要作用;其次,列宁强调认识与实践的一致,特别重视认

---

① 沈志远:《社会科学底哲学基础》,生活·读书·新知三联书店1950年版,第44页。
② 参见沈志远:《近代哲学批判》,读书生活出版社1936年版,第1页。
③ 沈志远:《社会科学底哲学基础》,生活·读书·新知三联书店1950年版,第5页。

识与实践的联结,他认为,实践是认识发生的基础、是认识发展的动力、是认识的最终目的,同时理论对于实践也有着重要的指导作用;再次,列宁要求具体性,认为具体性是"辩证法之精灵和本质","宇宙之基础是物质,物质之发展是根据具体的规律性的"①。第二,沈志远评价列宁是辩证法学说的践行者,沈志远之所以认为列宁比马克思、恩格斯之辩证法学说更近一步,主要是因为列宁发展了唯物辩证法的实践性与革命性,"邬梁诺夫之哲学是与政治打成一片的"②,他的哲学总是主张斗争,是实践的哲学。他以具体的革命问题、具体的阶级关系等为研究对象,而力求把辩证法应用到革命的实践中去。

第七节　对新唯物论认识论的阐发

在《现代哲学的基本问题》第四章"新哲学底认识论"及《黑格尔与辩证法》第二编"辩证法为唯物的认识论"中,沈志远还对新唯物论认识论问题进行了阐述。在 20 世纪 30 年代前,关于认识论问题学界研究不多,这主要是历史的原因。时代向当时的理论家们提出的迫切要求是如何运用马克思主义(主要是唯物史观和唯物辩证法)去认识和分析中国的现实国情,从而制定出适合中国革命形势和发展需要的战略路线。所以,当时的理论家们将主要精力都集中在唯物史观和唯物辩证法的研究上,而对马克思主义认识论问题则研究相对较少。

直至 20 世纪 30 年代初期,随着艾思奇的《哲学讲话》、李达的《社会学大纲》、沈志远的《现代哲学的基本问题》等一批著作问世,学界开始对认识论基本问题,如认识的辩证发展过程、实践在认识过程中的基础作用等进行细节说明。此后,在前人研究素材的基础上,毛泽东进一步结合中国人民革命的实践经验,探索了"知"与"行"间的内在联系,重点阐述了实践在认识过程中的重要作用,提出了革命的能动的反映论,从而在思想领域内形成了一套相对完备的辩证唯物主义认识论体系。

在《现代哲学的基本问题》和《黑格尔与辩证法》两部著作中,沈志远也对新唯物论认识论问题做过相关论述。虽然该论述在当时并不十分系统,但其却为发展中国化的马克思主义认识论学说做了许多基础性工作。沈志远对认识论问题的理解,既坚持了实践的唯物论原则,又坚持了辩证法,并

---

① 沈志远:《近代哲学批判》,读书生活出版社 1936 年版,第 122 页。
② 沈志远:《近代哲学批判》,读书生活出版社 1936 年版,第 120 页。

从理论上驳斥了在认识论问题上的唯心主义和形而上学倾向,坚持了辩证唯物主义的认识论路线。不仅如此,在现实的斗争中,沈志远也是中国反对唯心主义和形而上学认识论的中流砥柱,比如针对1958年"大跃进"和"人民公社化"运动中出现的共产风、浮夸风等现象,沈志远都进行了纠"左"的斗争等等。

20世纪30年代初,两种宇宙观的斗争也反映在了认识路线上。新机械论者和现代心理学中的部分布尔乔学派,如反映心理学派和行为主义学派等在认识论上根本否定了意识的存在,他们把意识理解为纯粹物理的、化学的和生理的过程,认为"只要把人底生理研究明白,就可以解释他底一切活动(意识活动、社会实践都在内)了"①,新机械论者完全不了解思想意识之质的特殊性,不懂得意识是人类社会实践的产物,而对意识作出了"机械式"的解读。

对于这种机械主义的认识论观点,以德波林为代表的孟什维克化学派则认为"一种客观主义的方法论应单研究生理过程,另一种主观主义的方法论则把意识当作某种独立的实体来研究"②,他们试图调和唯物论和唯心论,主张把主观主义和客观主义结合起来,以此来取代即非机械的客观主义,亦非唯心的主观主义的新唯物论意识观。

针对上述机械唯物主义认识论观点和折衷论的妥协性,沈志远运用大量的现代自然科学常识和唯物辩证法原理,从物质和意识的关系逻辑出发,论述了认识之能动的反映论,并具体阐释了认识的发展过程,勾勒了一条物—感觉—理性—思想的认识路线。沈志远在阐述新唯物论的认识论时十分强调实践的重要作用,并已初步形成了实践高于理论的认识。

沈志远认为,唯物主义认识论的根本前提是物质与意识关系问题的唯物论之解决。唯物的反映论,也就是认识的可能性问题。"我们不承认有物质以外的特殊的思想实体——精神,我们只知道有思想的'物质'","我们不否认意识底存在和思想物质底特殊性。但是我们把它们看作物质发展底形式和历史的产物。意识是随着社会物质生产之发展而发展的"③。而"要做一个彻底的唯物论者,只承认物质为世界之本体、物质为自然之基源,这是不够的;同时必须承认物质世界之可认识性"④。新唯物论明确地肯定了客观世界是可以认识的,这正是根据"彻底唯物的反映论","反映论

---

①　沈志远:《现代哲学的基本问题》,生活书店1948年版,第78页。

②　沈志远:《现代哲学的基本问题》,生活书店1948年版,第79页。

③　沈志远:《现代哲学的基本问题》,生活书店1948年版,第77页。

④　沈志远:《现代哲学的基本问题》,生活书店1948年版,第80页。

是新唯物论认识论底核心、精灵"。而"认识是一个复杂的过程",是一个由
"自在之物"向"为我之物"不断转变的过程,"反映客观世界的人类认识则
不仅反映现象,并且反映本质,不仅反映世界之外表,并且反映其内容"①。
可见,在阐述新唯物论的认识论时,沈志远十分强调能动的"反映论"原则,
认为辩证法的认识论即要求在认识论上作辩证法的考察。

　　沈志远把认识运动的过程,看成是辩证发展的过程,认为认识的实现即
是感性认识与理性认识共同作用的结果,并以此批判了经验论与唯理论的
错误。他指出,"新唯物论者认为我们对外界的认识必须经过感觉,而感觉
本身却还不能算是认识(至多只能说它是认识底初级阶段),感觉仅仅是外
界加入吾人五官的一些作用底直接产物","要从感觉达到真理的认识,必
须经过一番理性的改造或制作。如思考,辨别,比较,分析,归纳,综合等
等"②。我们感觉器官的作用所引起的只是感觉,各种各样的感觉,经过理
性的"制作"之后,我们才得到反映客观事物的概念或观念(即达到了认识
之域)。因此,"感觉只是认识过程中的一个初级阶段,由感觉经过理性作
用(领会)而达到概念,这才完成了认识底过程"③。

　　在这里,沈志远即勾勒了一条由物到感觉、理性到思想的认识路线,这
也是列宁充分论证过的唯物主义认识论路线。在这条认识链里,沈志远既
充分肯定了感性认识在人类认识过程中的基础性作用,同时也强调了理性
认识的重要性,强调了感性认识上升到理性认识的客观必要性。这就在认
识领域内,实现了感性认识与理性认识的辩证统一,并展现出人类的认识过
程是一个由低级向高级不断跃迁的演进过程。

　　与论述唯物论类似,沈志远还把实践的观点引入认识论的研究中,强调
实践在认识过程中的基础性作用,从而在认识论上坚持了唯物主义的原则。
沈志远指出,意识与认识间的最大区别在于,意识只是反映着客体的外在形
式,仅是"被动"的接受外界客体之作用。而认识则不仅是被动地、消极地
接受外界对人们的感官作用,同时也是人们理性地、自觉地、积极地反作用
于外界的过程。而造成主体能够能动地反作用于外部世界的中间环节,即
是实践,实践是"人类用自己所创造的生产工具以从事生产、克服自然和利
用自然来满足自身要求的活动"④,实践是人类与动物之根本的区别所在,
它也是人类社会生存和发展之基础。包括人类认识的高级形式——理性认

①　沈志远:《现代哲学的基本问题》,生活书店 1948 年版,第 85 页。
②　沈志远:《现代哲学的基本问题》,生活书店 1948 年版,第 82 页。
③　沈志远:《现代哲学的基本问题》,生活书店 1948 年版,第 84 页。
④　沈志远:《现代哲学的基本问题》,生活书店 1948 年版,第 95 页。

识,其形成也是以社会实践为其现实基础的。由此,沈志远强调了实践在认识全过程中的作用。沈志远认为,认识的基础、认识过程的诸契机以及认识结果的检验,都离不开实践。他写道,"人类在生产实践底过程中,不断地跟外界事物接触,改变外界事物……,这样人类就日益深入和扩大地认识了外界,而这种认识反过来去指导实践,推动实践,使实践又进一步地去推动认识底发展"①。因而,"实践是认识的基础,认识是实践的指导",同时,认识"只有在实践底过程中,才可以检测认识的真理性"②,即是说:实践是检验认识真理性的唯一标度。

沈志远强调了实践在认识中的作用,实践在"理论制作"中的作用,并初步形成了实践高于理论的认识。沈志远认为,认识之系统化表现是以科学和哲学的理论化形式为载体的,由此,认识之载体形式理论"产生于实践,实践又常常考验理论的真实性;而理论则反过来指导实践,推进实践,实践又不断地修正理论、补充理论和推动理论底发展"③。"在人类认识的历史过程中,主体的积极作用不只限于所谓'理性的制作',表现人类自觉性的最根本的积极作用,却是人的实践,尤其是人群集体的实践,亦即社会的实践"。理论与实践之间就表现为这样一个既相互制约又相互作用的辩证发展过程。而理论作为实践的指导,"理论本身也是实践的",即"理论本身就成为实践的工具之一"④。现代唯物论,即新唯物论本身,就是知识和行动的一致,理论与实践的一致。

可见,在对新唯物论认识论的理解上,沈志远既强调了物质的客观性原则,坚持了唯物主义的基本立场,同时又凸显了以实践为基础的能动的"反映论"原则。"反映论"的观点、"实践"的观点构成了沈志远认识论思想的主要线索。

从认识的成果入手,沈志远还论证了真理的客观性,绝对真理和相对真理的辩证关系。沈志远指出,客观真理即"吾人概念之不依赖于人的意识而自存的客观内容"⑤,它的客观性,表现在它独立于主体的意识以外。而否定客观真理之存在,"必然连带地会否认物质实体离吾人意识而独立存在这一事实"⑥,这是与客观事实不相符合的。沈志远阐述了真理的绝对性

① 沈志远:《现代哲学的基本问题》,生活书店 1948 年版,第 96 页。
② 沈志远:《现代哲学的基本问题》,生活书店 1948 年版,第 96 页。
③ 沈志远:《现代哲学的基本问题》,生活书店 1948 年版,第 97 页。
④ 沈志远:《现代哲学的基本问题》,生活书店 1948 年版,第 99 页。
⑤ 沈志远:《现代哲学的基本问题》,生活书店 1948 年版,第 86 页。
⑥ 沈志远:《现代哲学的基本问题》,生活书店 1948 年版,第 88 页。

和相对性原理,指出,"完全的真理就是客观的绝对真理",它是所有相对真理之总和。真理的认识是一个过程,"一个活的、矛盾的过程"。客观真理是在历史地发展着的认识过程中一点一点地被开拓出来的。"因为人类底认识永远在发展着、人类底实践也永远在进展中,客观真理就不断地被开拓出来;以前被认为真理的,现在已不是完全真理了;现在被认为真理的,到将来又需要修改或补充了"。"我们底知识所表达的客观真理,不是完整的、绝对的真理,不是客观真理的全部"①。也就是说,由于人类的认识和实践经常地在发展,我们在一定历史时期内所认识的真理都是相对的,这也就承认了真理的相对性。

从辩证唯物主义的真理观出发,沈志远还论述了绝对真理与相对真理的辩证关系,并以此驳斥了在认识论上的形而上学机械真理观和主观主义的相对真理观。沈志远写道,"新唯物论即承认绝对真理之客观的存在,但每一时期我们所认识的真理却都是相对的,它仅仅是绝对真理底一部分。然而相对真理绝非主观的东西,他是客观的绝对真理之部分的表现"②。沈志远驳斥了形而上学的机械论真理观和主观主义的相对真理观,认为,形而上学的真理观虽承认绝对真理,但它用孤立、静止的观点来看待客观世界和人类的思想、意识,并以此推断出真理也是僵死的、一成不变的。其错误即在于不了解绝对真理是在人类认识的发展进程中开拓出来的。而主观主义相对论则只承认人们认识的相对性,而否认绝对真理的存在,他们判断真理的依据即是"真理为主观意识的产物"这一原则,认为真理是主体关于世界、事物、过程的观念形式,它是主观的、相对的,从而否认了真理的客观性和绝对性原则。

在《黑格尔与辩证法》一书第二编"辩证法为唯物的认识论"部分,沈志远还阐述了新唯物论认识论的诸范畴,具体包括"抽象与具体""目的论与因果论"的辩证关系。在论述"抽象与具体"的关系时,沈志远引用了大量马克思《资本论》中的经典文献,借助于马克思以"抽象与具体"认识方法对资本主义经济规律之解析,实证了"抽象与具体"是以客观事物发展规律为依据的科学认识方法。沈志远写道,"马克思常常应用抽象方法,来设想一切具体的复杂的现实,而从可见的现象中,揭露他的内在的实质"③。这也即是一个由抽象到具体再到抽象的认识发展过程。马克思用这种抽象法,

① 沈志远:《现代哲学的基本问题》,生活书店 1948 年版,第 89 页。
② 沈志远:《现代哲学的基本问题》,生活书店 1948 年版,第 93 页。
③ 沈志远:《黑格尔与辩证法》,笔耕堂书店 1943 年版,第 159 页。

用各种抽象出来的范畴，来说明资本主义现实的具体现象，从而揭示出资本主义经济发展规律的内在实质。

值得一提的是，直到1936年，我国才出版了《资本论》第一卷的全译本，其他卷次的出版更在其后，而沈志远在1932年出版的《黑格尔与辩证法》中，已引用了大量马克思在《资本论》中的经济学文献，可见其扎实的外文功底，而这些内容也成为当时人们学习《资本论》的早期素材。

沈志远坚持了辩证唯物主义之"抽象与具体"的认识论方法，驳斥了人类认识史上一切只强调一般的"抽象"而抛弃特殊的、单个的"具体"的形式抽象法、古典派经济学思维方法以及一切只强调肤浅的经验主义、片面的外部现象而主张消除抽象思维的经验主义经济学、庸俗经济学等思维方法。沈志远认为，经验主义的经济学认识方法强调商品拜物教这一类资本主义的外表形式，就是资本主义体系之真正的实质，而依据马克思所述"从具体底直接表现上去观察具体，结果必然走到空洞的抽象概念"①，唯物辩证法的抽象认识论与主观的经验主义理论的根本区别就在于其历史性，即唯物辩证法的抽象认识论是以历史之客观事实为依据的认识方法，而并非"经验主义的经济学"认识论所依据主体的主观经验与臆断。而针对另一学派古典经济学派，沈志远则指出，该派虽提倡使用抽象思维方法，但却走向了另一个极端，即以一般的"抽象"来排斥特殊的、单个的"具体"的存在，而主张以同一的抽象形式来消解具体的复杂性，同样与马克思的抽象逻辑亦有着本质的区别。正如马克思所述，古典派经济学派"所留意的，不是从渊源上出发去发展各种形式，而是用分析底方法把这些形式化成一样的东西"②。该派的最大缺陷即在于忽视具体的、特殊的形式，而只注重空洞的"同一"和脱离实际的抽象思维。

此外，沈志远还论述了认识论诸范畴之历史的"规律性"与"最终目的论"的辩证关系。沈志远认为，英国机械唯物论代表斯宾诺莎和德国古典哲学家黑格尔有关"目的论"和"因果论"的论述是后期马克思唯物辩证法体系下的辩证"目的论""规律性"的直接来源，故沈志远对斯宾诺莎和黑格尔有关历史发展的"目的论"和"因果论"的认识论观点做了重点阐述。

沈志远指出，斯宾诺莎"坚决底反对目的论的世界观，他否定有驾驭世界的目的之存在"③。因此，斯氏从形式逻辑的视角而持一种泛因果论观

---

① 沈志远：《黑格尔与辩证法》，笔耕堂书店1943年版，第179页。
② 沈志远：《黑格尔与辩证法》，笔耕堂书店1943年版，第191页。
③ 沈志远：《黑格尔与辩证法》，笔耕堂书店1943年版，第202页。

点,他坚决拒斥一切形式的目的论观点。黑格尔克服了将"目的论"和"因果论"两个范畴做玄学式分裂的解读,他肯定了"目的论"存在的现实意义。沈志远指出,历史发展之"目的论"和"因果论"并不冲突,有规律的因果运动是实现目的的手段,而适当的目的是运动发展的方向,因此,二者是辩证统一的关系。

沈志远高度肯定了马克思在历史发展之"目的论"与"因果论"问题上的独特创见,认为他比黑格尔在该问题上更进一步。沈志远认为,马克思在历史发展之"目的论"和"因果论"上的深化发展,即在于其将对"目的论"和"因果论"的辩证理解应用于指导无产阶级革命的具体实践中。沈志远写道,"资本主义生产过程之内在规律性,日甚一日地加锐了劳动底社会化与资本主义占取底私人性之间的矛盾,他促成了资本主义底爆裂,即实现了无产阶级在无产阶级革命底准备时期中所追求的最终目的"①。这表明了无产阶级剥夺剥夺者的革命运动的根源是生长在资本主义的客观趋势中的,它是符合历史发展的"因果论"的客观要求的。"剥夺剥夺者这同时又是无产阶级运动的最终目的。这个最终目的,不断地在那里推动、刺激和决定无产阶级的运动"②。由此,沈志远认为,马克思对无产阶级剥夺剥夺者的革命运动的预测是对"目的论"和"因果论"辩证统一学说的最好例证。

坚持了马克思辩证的"目的论"和"因果论"之发展观,沈志远还批驳了一切只突出盲目的"目的论"而忽略历史发展规律之"因果论"的主观唯心论认识方法和完全否认"目的论"而只凸显盲目偶然性的机会主义认识方法等。沈志远转述马克思的观点,"主观唯心论者所谈的理想,是不可达到的意向底对象"③。他们通常所指定的目的,完全与发展着的客观现象无关。可见,主观唯心论所构建的理想意向、目的是脱离客观实际的玄奥理想,它所持的是一种形式逻辑的玄学式二元论思想。而机会主义认识论则完全是背道而驰的,他们认为最终目的对于实际斗争之成功来说没有任何意义,只有偶然的运动才是一切实际。可以说,机会主义认识论反对最终目的论的阶级根源就是他们试图反对无产阶级任何争夺政权的革命活动。由此,沈志远引申出在形形色色的主观主义、机会主义认识论背后所潜藏着的更为深层次的政治动因。

总体来看,沈志远在其20世纪30年代的两部著作《现代哲学的基本问

---

① 沈志远:《黑格尔与辩证法》,笔耕堂书店1943年版,第206页。
② 沈志远:《黑格尔与辩证法》,笔耕堂书店1943年版,第205页。
③ 沈志远:《黑格尔与辩证法》,笔耕堂书店1943年版,第207页。

题》和《黑格尔与辩证法》中,相对全面地阐明了唯物主义反映论的基本理论,论述了世界的可知性和认识的矛盾性,并以此批驳了唯心论和不可知论;他从物质和意识的关系逻辑出发,阐述了认识之辩证发展过程,勾勒了一条物—感觉—理性—思想的认识路线,并已初步形成了实践高于理论的认知。可见,20世纪30年代初期的沈志远新唯物论认识论研究已初具了马克思主义认识论的基本雏形,尽管在当时还并不十分系统,但已通达辩证唯物论领域。

第三章 对历史唯物论的传播

从时序和思想的演进来看,1937 年后,沈志远对哲学理论的研究与传播逐步经历了由通俗化、大众化向中国化、现实化的逻辑转向。这一时期,沈志远为了适应中国革命的实践需要,在理论上比较深入地阐述了唯物史观的基本原理问题。他在这方面的贡献,一方面是译介了 20 世纪 30 年代由苏联学者米丁撰写的《辩证唯物论与历史唯物论》(下册),为这一时期在国内系统地传播起源于苏联的哲学教科书体例作出了贡献;另一方面则是从理论和实践、理论研究和思想评判的相结合上,比较系统地阐发了马克思主义有关生产力与生产关系、经济基础与上层建筑等社会发展理论,并用这些基本原理具体地考察了社会冲突与社会变革、马克思主义国家观、意识形态观等理论,进一步丰富和发展了唯物史观的基本思想。

第一节 译著《辩证唯物论与历史唯物论》 (下册)的出版及其基本思想

在马克思主义哲学史上,起源于苏联的哲学教科书体例,对于哲学理论形态的历时演进,以及对马克思主义在中国的引介与传播,都产生了重要影响。这种体例范式,在 20 世纪 30 年代上中期,还只是个案,尚未达到普及程度,而至 20 世纪 30 年代下期开始,苏联式马克思主义哲学教科书体例的影响开始逐渐深远,在国内学者的译介下,逐步成为引领中国马克思主义哲学写作的主流框架,使中国化马克思主义哲学写作范式带有浓郁的"苏联色彩"。

马克思主义哲学的教科书体系起源于苏联,苏联哲学教科书体例的肇端可以追溯至普列汉诺夫时期。苏联的哲学教科书体系将马克思主义哲学的基本内容概括为辩证唯物主义和历史唯物主义,而真正用辩证唯物主义和历史唯物主义来界定马克思主义哲学本质内容的则是普列汉诺夫。普列汉诺夫使用"辩证唯物主义"一词是比较早的,他在 1891 年的《黑格尔逝世六十周年》一文中就曾使用过该术语,虽然晚于德国工人哲学家狄慈根使用该词汇 5 年左右,但普列汉诺夫基于对"经济唯物主义"的批判与驳斥,在更广泛的语境里使用了"辩证唯物主义"一词,并对其作了专门的解释与说明。普列汉诺夫指出，"辩证唯物主义这一术语，它是唯一能够正确说明马克思的哲学的术语"①；同时，辩证唯物主义涉及历史领域，在这一领域，辩证唯物主义又可以称之为历史唯物主义，"马克思和恩格斯的唯物主义世界观，……既包括自然界，也包括历史。无论是在自然界或是在历史方面，这种世界观'都是本质上辩证性的'。辩证唯物主义涉及历史，只表明应该用它去解释的那些领域之一"②。这表明，普列汉诺夫从根本上将马克思主义定性为辩证唯物主义，而辩证唯物主义之所以涉及唯物史观，乃是因为辩证唯物主义主要研究领域之一是历史领域。

　　梳理普列汉诺夫的哲学著作，不难发现，早在 1895 年的《论一元论历史观之发展》、1897 年的《论唯物主义的历史观》等著作中，普列汉诺夫就已经开始试图将散见于马克思、恩格斯经典著作中的唯物史观理论思想体系化，而至 1896 年的《唯物主义史论丛》等著作问世，普列汉诺夫更力图对马克思主义哲学的唯物论、认识论等理论展开分门别类的研究。普列汉诺夫对马克思主义理论体系化所作的贡献，正如张如心所言，"他在平生中曾系统地阐明马克思主义的学说，特别是辩证唯物论历史唯物论方面"③。

　　和普列汉诺夫相类似，列宁也是在较广泛的意义上使用马克思主义哲学、辩证唯物主义这些术语的。列宁也认为，马克思主义哲学就是辩证唯物主义。他在 1908 年写作的《唯物主义和经验批判主义》一文中写道："马克思一再把自己的世界观叫作辩证唯物主义，恩格斯的《反杜林论》阐述的也正是这个世界观"④。在 1913 年的《马克思主义的三个来源和三个组成部分》和 1914 年的《马克思的学说》两文中，列宁也明确把马克思主义哲学世界观概括为"哲学唯物主义""辩证法"（这两者的有机结合实际就是辩证唯物主义）、"历史唯物主义"。关于辩证唯物主义和历史唯物主义的关系问题，列宁在《马克思的学说》一文中指出，"唯物主义历史观"其实就是把唯物主义"贯彻和推广运用于社会现象领域"；在 1914 年列宁写作的《卡尔·马克思》里，在谈到马克思的思想转变历程时，列宁又写道，"既然唯物主义总是用存在解释意识而不是相反，那么应用人类社会生活时，唯物主义就要求用社会存在解释社会意识"⑤。这里提到的对唯物史观基本问题即社会

---

① 《普列汉诺夫哲学著作选集》第 1 卷，生活·读书·新知三联书店 1959 年版，第 768 页。

② 《普列汉诺夫哲学著作选集》第 2 卷，生活·读书·新知三联书店 1962 年版，第 311 页。

③ 中国历史唯物主义研究会编：《历史唯物主义论丛》第 2 辑，清华大学出版社 1983 年版，第 261 页。

④ 《列宁全集》第 18 卷，人民出版社 1998 年版，第 258 页。

⑤ 《列宁全集》第 26 卷，人民出版社 1998 年版，第 57 页。

存在与社会意识关系问题的解释，已明晰地指向是唯物主义的原则在人类社会生活领域的运用。在《唯物主义与经验批判主义》中，列宁也指出，"一般的哲学唯物主义"和"历史唯物主义"熔铸在一起，构成马克思主义哲学的"一块整钢"①。这里，列宁虽然也是在广泛意义上使用"辩证唯物主义"一词的，但有一个根本点是与普列汉诺夫不同的。这就是，在列宁那里，辩证唯物主义是包括关于自然、社会和思维三大领域普遍运动规律的科学方法论"唯物辩证法"本身在内的，如在《辩证法的要素》《谈谈辩证法问题》等著作里列宁对唯物辩证法都有专门的论述，而普列汉诺夫对于辩证法这一关于自然、社会和思维运动的最一般规律的科学方法论本身则没有给予足够的关注，他忽视了对立统一等辩证法规律是客观世界的内在规律，同时也是马克思主义认识论的基本规律。

当然，早期以普列汉诺夫、列宁等思想为典型的最初苏联哲学教科书形态将马克思主义哲学内容划归为辩证唯物主义和历史唯物主义，在马恩经典著作里也是有其理论依据的，这主要可以追溯到恩格斯的文本著作里。恩格斯是最早使用"历史唯物主义"这一术语的学者，他在其 1859 年撰写的《卡尔·马克思〈政治经济学批判〉》一文中首次使用了"唯物主义历史观"这一词汇，并认为马克思的政治经济学"本质上是建立在唯物主义历史观的基础之上的"。1873 年，在《论住宅问题》一文中，恩格斯又将"唯物主义历史观"简称为"唯物史观"，他写道，"唯物史观是以一定历史时期的物质经济生活条件来说明一切历史事变和观念、一切政治、哲学和宗教的"②。至此，唯物史观的术语才真正出现。1892 年，恩格斯在《社会主义从空想到科学的发展》的英文版导言中又直接使用"论历史唯物主义"的标题，提出"用'历史唯物主义'这个名词来表达一种关于历史过程的观点"③。而关于"辩证唯物主义"这一范畴，虽然在马克思、恩格斯的文本著作里从未直接出现过，但从其文本思想内容来看，"辩证唯物主义"这一术语在马克思和恩格斯的文本语境里实则呼之欲出。马克思和恩格斯一再强调，他们是唯物主义者，他们的唯物主义不同于费尔巴哈的"直观唯物主义"，而是贯彻到了社会历史领域，他们的辩证法与黑格尔的辩证法根基相反，他们把黑格尔倒立着的唯心主义辩证法再倒置过来，使之扎根于唯物主义之上，等等。这就是说，他们的哲学世界观既是唯物的，又是辩证的，他们所主张的

① 《列宁全集》第 2 卷，人民出版社 1998 年版，第 211 页。
② 《马克思恩格斯选集》第 3 卷，人民出版社 1995 年版，第 209 页。
③ 《马克思恩格斯选集》第 3 卷，人民出版社 1995 年版，第 704—705 页。

辩证法就是唯物主义的辩证法,同样,他们所坚持的唯物主义就是辩证的唯物主义。这里,值得一提的是,恩格斯在其生前的文本著作里,还曾多次使用过"唯物主义辩证法"这一术语,恩格斯在其 1876 年至 1878 年间出版发行的《反杜林论》一书中就曾指出,无论是在历史观还是在自然观上,"现代唯物主义在本质上都是辩证的"①。他在其 1888 年成册的《路德维希·费尔巴哈与德国古典哲学的终结》一书中,又直接将马克思主义哲学概括为"唯物主义辩证法"。显然,在恩格斯对于马克思思想的基本理解中,已经有了诸如"唯物主义辩证法""唯物主义历史观"等非常明确的表述。只是单从字面或词语表达上来看,"辩证唯物主义"这一概念是由狄慈根及后来苏联学者在马克思和恩格斯的文本语境中推演出来的,马克思、恩格斯本人从没有明确使用过该术语。

在列宁之后,苏联哲学界在批判德波林学派、机械论派的基础上,逐渐形成了相对稳定的哲学体系。20 世纪 20 年代,苏俄哲学界共经历了两次大论战,论战双方分别为,"德波林派"对"机械论派"修正主义的批判和"正统派"对"德波林派"的批判。论战双方围绕着马克思主义哲学的诸多重大理论问题展开了论争,并出版了系列"哲学教科书"著述。这些理论著述是苏联哲学界着手于编撰体系化的哲学教科书的最初尝试,它标志着苏联马克思主义哲学体例的正式形成,在当时极大地推动了马克思主义哲学在苏联的体系化进程。当时,较具代表性的理论著述有芬格尔特和萨尔文特合著,吴亮平译的《辩证唯物论与唯物史观》(1929 年),西洛可夫和爱森堡等合著,李达和雷仲坚译的《辩证法唯物论教程》(1931 年),米丁和拉里察维基主编,艾思奇和郑易里译的《辩证法唯物论》(1932 年),米丁著,沈志远译的《辩证唯物论与历史唯物论》(1935 年),等等。

1929 年冬,苏联学界出版了由芬格尔特和萨尔文特合著,吴亮平译的《辩证唯物论与唯物史观》一书。鉴于《辩证唯物论与唯物史观》是较早将辩证唯物主义和历史唯物主义在称谓上相并论的著作,且在内容上又采用了辩证唯物论和唯物史观的二元结构,因而被看作是苏联式马克思主义哲学教科书体系初步形成的标志。在该书"编者序"中,著者写道:"本书内容,可以分成二部分,第一部分是辩证法的唯物论,阐明马克思主义哲学的基础,第二部分是唯物史观,阐明马克思主义的社会学的基本学说。"②可见,著者非常明晰地指认了马克思主义哲学在结构模式上辩证法唯物论和

① 《马克思恩格斯选集》第 3 卷,人民出版社 1995 年版,第 364 页。
② 《吴亮平文集》(上),中共中央党校出版社 2009 年版,第 58 页。

唯物史观的两大块划归。然而,值得一提的是,尽管该书在结构模式上做了明晰的界定,但行文笔墨却主要集中在了唯物史观部分①,正如其在书中描述的那般,"现时此书在苏联算是最好的唯物史观教本",也可以为中国读者提供"切要明了的唯物史观教本",以适应"理论上实际上的一个紧迫的需要"②。《辩证唯物论与唯物史观》的行文笔墨主要集中于唯物史观部分,而辩证唯物论部分在该书中则只是略及,这与同时代李达译介的(日本)杉山荣著的《社会科学概论》③、(德)塔尔海玛(A.Thalheimer)著的《现代世界观》④等著作相比并无多大区别。

1931 年,当时被称为苏联六位少壮派哲学家的西洛可夫、爱森堡等出版了《辩证法唯物论教程》一书,该书初步建构起辩证唯物论的基本范式和理论体系,它亦代表了 20 世纪 30 年代苏联马克思主义研究的最新成果。在该书中,作者将辩证唯物论体系概括为本体论、认识论、辩证法、逻辑学四个部分。书中本体论部分主要阐述了唯物论与观念论(唯心论)的本质、根源及其表现形态;认识论主要介绍了认识与实践的关系、认识的过程及认识的真理性问题;辩证法阐述了辩证法的三大法则——质量互变法则、对立统一法则和否定之否定法则并分析了唯物辩证法与形式论理学(形式逻辑)之间的关系。在该书中,作者亦认识到马克思理论的"基础图构"应划归为"辩证唯物论"及"史的唯物论"两大部分,他们写道,"……马克思开始前进,就能作为他的基础图构,形成自己哲学的中心思想——辩证唯物论,并发表史的唯物论之根本观点","辩证唯物论及其在社会过程中的具体适用之史的唯物论"⑤,但西洛可夫、爱森堡等在该书的内容设计上却只撰写了辩证法唯物论部分,对"社会过程中的具体适用之史的唯物论"部分则并未涉及。

此外,这一时期,苏联学界还出版了由米丁、拉里察维基主编的《辩证法唯物论》,该书后由艾思奇、郑易里于 1936 年翻译成中文,书名改为《新

---

① 由芬格尔特和萨尔文特合著的《辩证唯物论与唯物史观》共 8 章 33 节,其中辩证唯物论部分仅占 2 章 12 节,唯物史观部分占 6 章 21 节。

② 《吴亮平文集》(上),中共中央党校出版社 2009 年版,第 58 页。

③ 日本学者杉山荣撰写的《社会科学概论》,由李达和钱铁如合译,1929 年 3 月上海昆仑书店出版。该书共 6 章 10 万字,阐述了社会科学的内涵、唯物辩证法、唯物史观、社会构造及社会发达的过程等内容。

④ 德国学者塔尔海玛撰写的《现代世界观》由李达单独翻译,共 16 章 10 万字,1929 年 9 月上海昆仑书店出版。它主要阐述了古代世界观在希腊、印度和中国的发展,说明了马克思主义哲学的产生和基本内容,并且还发挥了列宁关于辩证法的实质和核心的思想。

⑤ [苏联]西洛科夫等:《辩证法唯物论教程》,李达等译,笔耕堂书店 1939 年版,第 123 页。

哲学大纲》。《新哲学大纲》亦是一部较早的马克思主义哲学教科书。它不仅系统地梳理了辩证法唯物论的历史发展阶段及不同形态,而且较清晰地介绍了辩证唯物主义的基本内容,在普及马克思主义哲学方面发挥了重要作用。但由于该书采用苏联大百科条目式的写作形式,故在对马克思主义哲学原理的阐述上,内容相对简单,且全文成书没有对唯物史观内容的介绍。

从这一时期苏联出版的几部哲学教科书版本来看,由米丁著、沈志远译的《辩证唯物论和历史唯物论》可以说是 20 世纪 30 年代苏联哲学界实行总清算之后第一部最为完备的哲学教科书。该书在借鉴芬格尔特、萨尔文特著作的基础上将由德波林的辩证唯物主义解释体系和布哈林的历史唯物主义解释体系融合在一起,共同构成马克思主义哲学的完整体系。因此,《辩证唯物论和历史唯物论》的出版亦可称之为是苏联马克思主义哲学体系基本形成的标志。正如 1980 年,王方名教授在《东乐论丛》第 2 期的一篇文章中对新中国成立前出版的几部马克思主义哲学译著所作的评述那般,西洛可夫等著,李达、雷仲坚译的《辩证法唯物论教程》没有历史唯物主义部分,内容上不够完整;米丁等著,艾思奇、郑易里译的《新哲学大纲》则采用当时苏联大百科全书的条目,内容过于简单;只有米丁著,沈志远译的《辩证唯物论与历史唯物论》是当时国内能够看到的最完整、最系统地介绍马列主义哲学体系的教科书。

沈译《辩证唯物论与历史唯物论》下册《历史唯物论》于 1938 年 7 月由商务印书馆出版发行,1939 年 6 月再版,1940 年后改由生活书店出版。最初译者署名为沈志远,四十年代曾一度改署笔名为王剑秋。抗战期间,由于纸张问题,有时分上下册出版,有时又单册出版,截止到 1950 年,共出版了 13 版。

下册《历史唯物论》共 9 章 54 节,专论唯物史观的社会学诸问题。第一章"辩证唯物论与唯物史观",阐述了历史唯物论与哲学、政治的统一关系,唯物史观的基本要点,历史唯物论与旧的机械唯物论及布尔乔亚社会学之本质区别,历史唯物论与历史唯心论的斗争等问题。沈志远指出,马克思派哲学的特点,即在于它彻底而完整地实行革命理论和革命实践的一致。"马、恩二氏所创导和邬梁诺夫所继续发展的历史唯物论是科学思想之伟大的收获,它给了劳工集团一个强有力的认识和斗争底工具"①,沈志远由此肯定了历史唯物论与哲学、政治间的紧密联系,同时指出,过去一切历史

---

① 　[苏联]米丁:《历史唯物论》,沈志远译,生活·读书·新知三联书店 1949 年版,第 1 页。

理论的基本缺点就在于:第一,不知道抓住社会发展中的客观规律性,不知道在物质的生产条件中揭露那些激起个人活动的思想动机底客观根源;第二,"不知道从个人行动底观点提高到群众行动、整个社会阶级行动底观点上去"①。由此,马克思主义指出了"到历史之科学的研究底道路",即"把历史看作一个统一的、有规律的异常多方面的和矛盾性极复杂的过程"②。马克思和恩格斯的历史唯物论,对于社会历史的发展问题给予了一个科学的辩证的解答。第二章"社会经济形态、生产力与生产关系",阐述了唯物史观的诸概念,具体分述了社会经济形态的概念、自然和社会、劳动过程、生产力概念、科学和技术、劳动力的作用及生产诸关系以及生产力和生产关系的辩证关系原理等。沈志远认为,所谓社会经济形态,就是处于一定的历史发展阶段上的社会的概念,社会经济形态的发展和更替为自然历史的过程。在每一社会经济形态的研究中,马克思主义的出发点是一定的物质生活的生产方式(the mode of production of material life)。马克思列宁的社会经济形态观的主要特征有:(一)生产方式和与它相适应的诸生产关系之综合,为社会组织之物质的基础;(二)社会之辩证法的定义,常常处于一定的历史阶段上的社会,在每一历史阶段上,它具有一定的特殊的发展法则,在阶级社会的条件之下,有它一定的阶级组织;(三)形成获得社会生产机体的社会生活各方面的内部具体的统一——基础和上层建筑的统一。③ 一定的社会性的生产,是物质的生产。"这些必需的生活资料和为它们底延续生产所必须的生存工具之生产与再生产,形成了现存人类社会底物质生活,它底全部精神生活底首要条件和物质基础,这就是马克思和恩格斯所发现的人类历史底运动和发展底总法则。"④第三章"资本主义的和社会主义的经济体系",主要追溯了由前资本主义、资本主义、帝国主义到社会主义经济体系之史的发展历程,并重点探讨了社会主义经济体系的基本特征和两大发展形态;沈志远认为,斯大林提出的苏联社会主义经济改造的六大条件为我国社会主义经济体系改造提供了借鉴。斯大林在演讲新环境——经济建设的新任务中,提出社会主义改造六大条件具体包括,"保证生产企业以充分的劳动力及其有组织的挑选生产过程底机械化;正确的工资分配制和工人生活条件底改善;正确的劳动组织和跟不负责任的现象和工作不分区别

---

① [苏联]米丁:《历史唯物论》,沈志远译,生活·读书·新知三联书店1949年版,第9页。
② [苏联]米丁:《历史唯物论》,沈志远译,生活·读书·新知三联书店1949年版,第10页。
③ 参见[苏联]米丁:《历史唯物论》,沈志远译,生活·读书·新知三联书店1949年版,第88页。
④ [苏联]米丁:《历史唯物论》,沈志远译,生活·读书·新知三联书店1949年版,第86页。

的报酬制作斗争;从劳动者队伍中训练新的技术工程人材;利用旧的专门人材使之转向社会主义;实现经济责成制底原则,借此创造工业内部积累底条件"①。沈志远认为,我国社会主义经济体系改造也应积极推进生产机械化的任务并发挥其在我国国民经济技术改造中的作用。同时,需要新的社会主义的劳动力的分配组织,需要完全改变劳动报酬的制度,须以社会主义生产基础的加紧发展为经济改造的必要前提,等等。

此外,沈志远还具体地考察了建立在一定经济基础之上的上层建筑诸概念,包括社会冲突与社会变革、国家观、阶级观、意识形态观等。在第四章"阶级与国家论"中,沈志远概述了前资本主义阶段和资本主义阶段的阶级观、国家观和社会斗争论,追溯了资本主义阶段大土地所有者、小资产阶级与农民的分化、知识分子和其他社会集团的分化过程。并深入探讨了科学的阶级观和国家观,即劳工阶级的社会斗争及其形式问题。第五章"为社会斗争之最高阶段的劳工专政",详述了劳工政权社会革命的基本问题,包括劳工专政与苏维埃国家、劳工专政与劳工国家民主制的发展、劳工阶级与农民的关系、劳工专政与镇压资产阶级反抗问题、劳工专政与社会主义建设、阶级消灭论等问题。第六章"意识形态论",主要阐述了社会意识形态范畴,考察了社会意识形态的一般特性、历史发展,具体分述了社会存在与社会意识的关系、社会意识社会心理与意识形态的关系、意识形态之相对的独立性、意识形态的阶级性等问题,并指出了前资本主义的意识形态、布尔乔亚宇宙观的基本特质及社会主义意识形态的任务。第七章"战斗的无神论",阐述了战斗唯物论者的宗教观及其哲学根据辩证法唯物论,分析了宗教信仰之发生与发展过程及社会主义建设过程中的反宗教斗争运动。第八章"社会变革论",分析了为历史唯物论之重要组成的社会变革论,阐述了马、恩二氏对于变革的理解及列宁的劳工变革论。第九章"马克思主义和修正主义等",阐述了机会主义产生之社会经济根源及其历史进化过程,分析了考茨基的中派主义、卢森堡主义、战后社会民主党、社会法西斯主义及修正主义对马克思主义唯物论、唯物辩证法、历史唯物论之修正与曲解。

下册《历史唯物论》在历史唯物主义部分依据马克思的原始文献,对唯物史观的基本概念进行了较为前瞻性的解读,且相对精准地把握了马克思主义的理论精髓。如该书在对生产力概念的阐述上,强调生产力要素是"活的劳动"和"死的劳动"的对立统一,指出只有"活的劳动"主体"人"才能从事现实生产,而生产手段如设备、技术等并不是现实的生产力,凸显人

---

① ［苏联］米丁:《历史唯物论》,沈志远译,生活·读书·新知三联书店1949年版,第272页。

在劳动过程中的作用。该书还非常重视技术在提高生产率和推动生产力发展上的重要作用和地位，并专节论述了技术与劳动对象、劳动工具及劳动力之间的紧密关系。这种论述敏锐地把握住了生产力发展的关键点，展现了著者较强的预见性与洞察力，这种思想与我们当下时常提及的"科学技术是第一生产力"的观点是基本吻合的，这种阐述也是较早的有关马克思"技术思想"的挖掘与阐发。

当然，由于受条件所限，该书也存在着一定的理论缺陷。如在关于"经济基础"概念的理解上，在20世纪20年代，苏联学者大多主张把经济基础理解为生产力和生产关系的总和，《辩证唯物论与历史唯物论》下册在该概念的解读上，也存在理解不统一的问题。该书在阐述社会经济形态概念时，指出："历史地变动着的、历史上一定的生产关系底体系，一定的经济组织——就是每一社会经济形态客观的、物质的基础"①。这里，显然是把经济基础理解为生产关系的总和。而在部分阐述中又提道："生产方式和与它相适应的诸生产关系的综合，为社会组织之物质的基础"②，可见又不是单纯地把经济基础理解为生产关系的总和。《辩证唯物论与历史唯物论》被译介到国内后，受到国内舆论界的好评。上海《读书月报》第1卷第10期（于1939年12月1日出版）署名赵若的作者曾评论该书道，"革命以后，苏联也出版过不少的哲学课本，不是嫌过于简单，就是带有各种错误"，"在彻底清算了机械论与唯心论的错误以后，米丁著有辩证唯物论与历史唯物论一书，系统地详尽地解释辩证唯物论与历史唯物论的种种问题……由于研究范围的广博、系统的严整、解释的详尽，这本书实在是一本最好的辩证唯物论教科书"③。

米丁著的《辩证唯物论与历史唯物论》一书问世后，经斯大林审定，确定为苏联党校、大学的哲学教科书。该书经沈志远译介到国内后，也成了我国各级党校、大学各种版本的马克思主义哲学教科书的模版，该书以体系化的方式阐述了马克思主义哲学，对于马克思主义哲学的普及发挥了重要作用。

总之，在20世纪30年代，以苏联哲学界的两次论战为背景，苏联的少壮派哲学家们在批判德波林学派的过程中出版了系列反映这一时期"总清算"成果的哲学论著。这些哲学论著，在当时对于促进苏联哲学教科书体

---

① ［苏联］米丁：《辩证唯物论与历史唯物论》下册，沈志远译，生活书店1947年版，第87页。

② ［苏联］米丁：《辩证唯物论与历史唯物论》下册，沈志远译，生活书店1947年版，第89页。

③ 沈骥如：《沈志远传略》（下），《晋阳学刊》1983年第3期。

系的形成及推动马克思主义哲学理论形态的演进都发挥了重要作用。

第二节 论社会结构与社会形态

沈志远对于唯物史观的研究,除了上文提到的译介了苏联米丁著的《辩证唯物论与历史唯物论》下册外,他还通过自己的著作表达,展现了对于唯物史观基础理论的理解。沈志远对唯物史观的阐释,集中反映在他 20世纪 40 年代的政论著作里,其中最具代表性的是他 1949 年出版的《新社会学底基本问题》和《新政治学底基本问题》两部著作。在《新社会学底基本问题》一书中,沈志远结合中国革命的具体实践,较为系统地考察了马克思主义唯物史观有关社会结构及社会发展动力等理论。而在《新政治学底基本问题》一书里,他则深化阐释了上层建筑的诸形态如国家、阶级、意识形态观等,为科学地解答社会发展问题提供了学理依据。

《新社会学底基本问题》是沈志远一部运用唯物史观来解析社会发展问题的通俗读物。该书虽以"新社会学"行名,但它却并非我们当前通常意义上所理解的"纯粹"社会学,更不是当时流行的旧社会学(资产阶级社会学)①,它主要阐述了唯物史观的基本原理问题。对"社会学"的这种解读,一方面是受到了苏联的影响,20 世纪 20 至 30 年代,苏联的大部分学者把唯物史观看成是马克思主义的社会学,如布哈林著的《历史唯物主义理论》的副标题就是"马克思主义社会学通俗教材",另一方面,也体现出了沈志远试图以唯物史观为指导来具体分析中国社会现实问题的一种尝试。

《新社会学底基本问题》一书原是新中国成立前沈志远出版《妇女社会科学常识读本》(1936 年版)的第二分讲,后由三联书店作为"社会科学基础读本"之二于 1949 年 6 月在上海出版发行,该书深入浅出地阐述了唯物史观的基本原理,介绍了马克思主义关于社会发展的基础理论。

对"社会"的基本解析,是沈志远唯物史观学说的基础。沈志远认为,新社会学②所理解的"社会",是历史发展过程中的一个个阶段。唯物史观或历史唯物论的社会理论,所研究的是历史过程中的各个社会经济形态的发生、发展、消灭和顺次相互转换的客观法则。这种社会历史学说,"不再是死的固定的抽象教条,而是活生生的具体的科学的历史理论。这样的科学理论是关于社会历史发展的理论,同时也是改变社会推动历史的方法,是

---

① 沈志远:《新社会学底基本问题》,生活·读书·新知三联书店 1959 年版,第 1 页。
② 即马克思主义的历史唯物论思想。

理论和方法底统一"①。它与以往流行的一切旧社会学(尤其是资产阶级社会学)有着本质区别,沈志远将新社会学的"新"之特性概括为以下几个方面:

第一,在于肯定了社会发展的客观规律性问题。新社会学,即是辩证唯物论的社会历史观,这种新社会学是确认社会历史的发展具有内在的客观规律性的,"社会形态底发展与转变,社会生活中各种现象底相互联系和相互制约不是偶然的事情,而是依据一定的历史必然性的"②。而旧社会学则相反,他们或者根本否认社会发展的规律性,或者仅承认社会法则是依据人们一定的理想、依据"公民契约"而决定的,即是说,旧社会学即便承认社会生活有其规律性存在,那也仅是一些依据主观理想而规定的法则,绝非内在于社会历史过程的客观法则。

第二,在于肯定了社会发展的具体形态性而非社会一般。沈志远指出,新社会学认为社会是一个历史的过程,社会只能成为历史发展过程中的一个个阶段的具体社会形态,"以建立于一定的生产力、生产关系水平基础之上的具体的社会结构"③,没有脱离了具体的、个别社会模式的抽象、空洞的"社会一般"。新社会学所用的历史主义的"具体"的动的观点,主张从历史发展的过程中、从具体的物质生产情况的变动中去考察社会不同的社会形态,从而坚持了社会发展的具体形态论观点。沈志远由此驳斥了旧社会学或依据自然主义的观点、或依据个人主义、主观主义的观点去解读社会的资产阶级"社会一般"论,指出它们"都是抽去了时间空间的条件,抽去了历史的具体性的极端抽象的社会观"④,是用非历史、超历史的抽象静止的观点去设想社会的形而上学认识论。

在此要特别指出的是,在该部分内容中,沈志远虽然否定了脱离具体的、个别社会模式的抽象、空洞的"社会一般",但他却并未因此而否定社会各具体形态之内在统一性,相反,沈志远对"社会一般"与社会各具体形态之统一性做了概念区分,他指出,"我们虽否认社会一般的抽象存在,但我们并不否认各个社会形态的统一性;就是说,各个社会形态,固各有其特殊性,但同时亦具有共同的一般性及共同的法则"⑤。由此,沈志远肯定了社会形态发展的特殊性和统一性的辩证关系,从而在社会历史观上坚持了辩

①　沈志远:《新社会学底基本问题》,生活·读书·新知三联书店 1959 年版,第 9—10 页。
②　沈志远:《新社会学底基本问题》,生活·读书·新知三联书店 1959 年版,第 1—2 页。
③　沈志远:《新社会学底基本问题》,生活·读书·新知三联书店 1959 年版,第 5 页。
④　沈志远:《新社会学底基本问题》,生活·读书·新知三联书店 1959 年版,第 5 页。
⑤　沈志远:《新社会学底基本问题》,生活·读书·新知三联书店 1959 年版,第 7 页。

证唯物主义的原则。

第三,坚持了阶级的观点。沈志远指出,旧社会学在阶级问题上主张社会是由一个个具有同一本性、同一心理和同一观念标准的个人所组成的,在社会领域内不存在阶级、阶层上的差异,从而在社会历史观上固守了抽象的"社会一般"说。而新社会学则皆在用阶级和阶级斗争的观点去解读社会的构成及其发展问题,认为,"除原始共产社会和未来共产主义社会外,历史都是阶级社会底历史……社会是由在特定的物质财富底生产方式中据有一定地位的各阶级所组成的"①,由此沈志远肯定了阶级的历史性和具体性特质。

沈志远将新社会学与旧社会学区别开来,是为了揭示"新社会学"的基本特征,引导人们用科学的"唯物史观"来研究社会及解读社会变动,而不是把社会看成是"固定不变的死机体",从而抛弃了那种"超历史的社会机体的种种固定不变的一般原理和教条"②。

劳动和生产的观点是马克思主义唯物史观首要和基本的观点。在马克思看来,没有劳动,没有生产,就没有人类社会。所以,马克思主义的整个理论体系也就是从这里开始的。正如恩格斯《在马克思墓前的讲话》(1883 年 3 月)所言:

> 人们首先必须吃、喝、住、穿,然后才能从事政治、科学、艺术、宗教等等;所以,直接的物质的生活资料的生产,因而一个民族或一个时代的一定的经济发展阶段,便构成为基础,人们的国家制度、法的观点、艺术以至宗教观念,就是从这个基础上发展起来的。因而,也必须由这个基础来解释。③ 人类使自己和动物区别开来,……在于他们开始生产自己所必需的生活资料。④

沈志远在考察人类社会及其发展时,也遵循了这个基本逻辑,他从自然界和人类社会的对立统一关系中,揭示出人类劳动与生产工具的作用,深刻地考察了人类社会存在和发展的基础。

具体来看,沈志远将人类社会与自然界分化的缘由概括为以下几个方面:

---

① 沈志远:《新社会学底基本问题》,生活·读书·新知三联书店 1959 年版,第 8—9 页。
② 沈志远:《新社会学底基本问题》,生活·读书·新知三联书店 1959 年版,第 9 页。
③ 《马克思恩格斯选集》第 3 卷,人民出版社 1995 年版,第 574 页。
④ 《马克思恩格斯选集》第 1 卷,人民出版社 1995 年版,第 24 页。

　　首先,在于"人类劳动底自觉性"。在沈志远看来,人类社会之所以能够从自然界中分化出来,形成两个界限分明的不同领域,首先是取决于人类劳动的自觉性。人类的劳动,是一个自觉的过程,是有目的的人类意志的表现,人类所做的劳动,都是依靠事先设定的计划和预先布置好的条件去执行的。人类在跟外界接触的过程中,"在劳动实践的过程中,一步一步地认识了自然底性质;然后根据这种认识,去利用自然,对自然所供给的事物,施以某种适当的劳动,来满足预先所希望的要求,达到预先所规定的目的"①。

　　其次,是人类能够"用工具来生产"。在沈志远看来,制造工具,用工具从事生产,也是人类自觉性的充分表现。他写道:"人类以外的其他动物,无论工作做得怎样精巧,它们总只是依靠天生的四肢身体,而没有一个能够用'人工'制造的工具来从事生产的"②。正因为动物的"劳动"是非自觉的、本能的、冲动的,所以它们不知道利用外界的各种事物来制造工具,再靠工具的帮助来从事满足自身要求的生产。

　　再次,是人类能够"改变自然"。沈志远指出,人类在生产劳动的过程中内含了人类的能动性与目的性,人类在适应自然的过程中能够改变自然,从而达到利用自然的目的。他写道:"人类底社会劳动……他不但适应自然,而且还靠自己制造的劳动工具的帮助来改变自然,使自然来适应自己"。人类积极地影响着外界自然,改变着自然。在这个过程中,"他不断地从自然支配之下解放出来。他一步一步地认识自然法则,一步一步地顺应和利用这些法则来达到自己的目的,这样他就一步一步地克服了自然底威力了"③。人类的每一种根据科学知识的活动,都是表示人类克服自然、驾驭自然、改造自然的成绩。

　　最后,在于人类的"自觉斗争有别于物竞天择"。沈志远意识到,尽管社会和自然界都在矛盾中、斗争中发展,这种"矛盾与斗争"是其发展的动力,但是社会的矛盾和自然的矛盾又存在着质的区别,这种区别的根源就是在于能动的"自觉性"问题上。他指出:"动物界底竞争,谁都知道是达尔文底物竞天择这一法则支配下的自然竞争,而社会斗争却是各个对立阶级底自觉的斗争。"④一定形式的人类社会斗争,是一定形式的生产关系、经济制度下的产物,而动物的竞争却是自然的、天赋的、受自然法则支配的。

　　可见,沈志远在对"社会"范畴的理解上,突出强调了人类劳动的"自觉

---

① 沈志远:《新社会学底基本问题》,生活·读书·新知三联书店 1959 年版,第 14 页。
② 沈志远:《新社会学底基本问题》,生活·读书·新知三联书店 1959 年版,第 16 页。
③ 沈志远:《新社会学底基本问题》,生活·读书·新知三联书店 1959 年版,第 17 页。
④ 沈志远:《新社会学底基本问题》,生活·读书·新知三联书店 1959 年版,第 18—19 页。

性"问题,他把对人类社会的理解置于人的自觉的、能动的劳动和生产之上,这就从源头处把握了人类社会与自然的根本区别。与此同时,沈志远也突出强调了自然规律和社会规律的内在差异,说明了社会发展规律的独特性与特殊性,批判了以物理学、生物学等自然科学视角来解读社会发展的机械论观点,这也为人们科学地认识社会发展问题指明了方向。

沈志远认为,尽管从广义上可以把自然理解为"天地间的一切客观事物、客观现象"①,人类社会是自然界的一部分,所以它在许多基本规律上,是跟自然界一致的。然而,人类社会又不完全等于自然界,自然规律也不能直接等同于社会规律。沈志远解释道:"社会固然是自然的一部分,可是同时它又是特殊的独立的一部分,是一个离开自然而独立的领域,它有它自己特殊的规律性,它的各种现象决非用自然法则所能说明的"②,不是生物学、生理学、物理学、力学等自然科学的规律性所能代替的。我们要认识社会生活或各种社会现象,只有靠这种特殊的社会法则(规律)的帮助才能达到。

沈志远坚持了马克思主义的"批判"精神,驳斥了人类认识史上两种对自然法则与社会法则做极端理解的形而上学认识论观点。沈志远指出,自从自然科学发达以来就存在着将自然法则等同于社会法则的看法,认为在社会领域内除自然法则外没有其他特殊的法则。如孔德首创的有机学派及此派之集大成者斯宾塞的生物主义社会学就是这一派别(即自然主义或机械论社会学派)的重要代表。他们认为,"社会组织正像动物的生理组织或机器结构一样,是社会无数人体的总和,社会生活只是生物学或生理学的一种个别的场合"③。另一派社会学派则与此相反,他们把自然与社会完全隔绝起来,把人类绝对神灵化,"认为人类和自然之间存在着绝对的区别,确信社会生活是人的自由意志创造的,绝对不受一般的自然法则的支配","社会的发展、历史的进程是完全决定于人的主观目的的"④,新康德派和其他主观唯心主义学派持有这样的观点。由此,沈志远认为,无论是自然主义、机械论社会学派,还是新康德派、其他主观唯心主义学派等在自然法则与社会法则的理解上都做了形而上的解读,它们要么过分夸大了人的主观能动性而对自然现象与社会现象内在规律做绝对割裂的理解,要么极端推崇自然法则的内在统一性而忽略了社会发展的独特性,走向了另一极端。

新社会学是指导人们科学认识和解答社会历史问题的思想武器,在新

---

① 沈志远:《新社会学底基本问题》,生活・读书・新知三联书店 1959 年版,第 11 页。
② 沈志远:《新社会学底基本问题》,生活・读书・新知三联书店 1959 年版,第 12—13 页。
③ 沈志远:《新社会学底基本问题》,生活・读书・新知三联书店 1959 年版,第 20 页。
④ 沈志远:《新社会学底基本问题》,生活・读书・新知三联书店 1959 年版,第 21 页。

社会学认知下的社会有其独立的系统结构和运作模式。沈志远深刻地阐发了有关社会结构和社会形态的问题，详述了生产力与生产关系、经济基础与上层建筑的关系，剖析了社会发展的原因和动力，较为科学地解答了社会的构成和发展问题。

依据辩证唯物主义的基本原则，沈志远对社会结构的构成要素作了具体诠释。沈志远指出，生产是人类积极地、自觉地适应和改造自然的过程，这一过程是劳动者使用劳动工具，消耗着一定量的劳动力，对自然界中的劳动材料施以某种形式的加工改造的过程。[①] 这一过程即是生产过程（Process of production），这一过程所产生的效率，即是生产力（Productive forces），这一过程中所结成的人与人之间的关系，即是生产关系（Productive relation）。社会生产是劳动者、生产工具、劳动对象三者共同作用的结果，在这一过程中，社会生产力状态标志着人与自然间的作用关系，而生产关系则标志着社会内人与人之间的关系。

生产力与生产关系，在具体现实中，相辅相成，构成一个不可分割的辩证统一体，生产力必然发生于一定的生产关系中，所以生产力是生产关系之物质的内容；生产关系必然以一定程度的生产力为基础，所以生产关系是生产力之社会的形式。[②] 那么，在这对矛盾关系中，何者占主导地位呢？沈志远指出，"生产力，最初在某种形式的生产关系之内顺利地发展起来，当它发展到一定程度时，它就跟这种生产关系底形式发生冲突；……这种冲突的结果，是旧形式的生产关系被毁灭，新形式的生产关系诞生"[③]，生产力与生产关系间的矛盾运动即是推动社会发展的内在动力，而生产力的发展则是构成社会运作的决定性因素。

可见，沈志远较为清晰地论述了社会生产过程中的诸要素及其运作过程，并充分肯定了生产力在"社会生产"中的决定作用，这就从根本上保证了唯物的历史观的贯彻。要知道，在20世纪30年代以前，国内的马克思主义理论家往往更多地注重对生产关系的研究，对生产力的研究则相对不足，这固然与当时特定的社会背景有关，反映了当时的中国共产党人变革旧的生产关系的一种理论上的需要，但从准确地把握马克思主义哲学理论体系的层面来看，却不能不说是一个缺陷。沈志远独具眼光，充分肯定了生产力在唯物史观中的独特地位，这就为在当时科学地把握马克思主义的哲学理

---

① 参见沈志远：《新社会学底基本问题》，生活·读书·新知三联书店1959年版，第24页。

② 参见沈志远：《新社会学底基本问题》，生活·读书·新知三联书店1959年版，第28页。

③ 沈志远：《新社会学底基本问题》，生活·读书·新知三联书店1959年版，第29页。

论体系,作出了积极贡献。

但也必须指出的是,沈志远在对社会发展的动力问题,即生产力与生产关系间的矛盾运动的论述上还是相当粗浅的。在这一问题的阐述中,沈志远既未提及生产关系能动地反作用于生产力这一理论,也未对生产力是如何决定生产关系的生成及发展的,这一观点作出细节上的处理,不能不说是沈志远在唯物史观问题研究上的一个纰漏。而对这些观点的阐述,早在20世纪20年代瞿秋白撰写的《社会科学概论》及李达的《现代社会学》都已有了很详细的说明。

沈志远依据辩证的唯物论原则,对经济基础与上层建筑的逻辑关系亦作出了具体阐释。沈志远指出,"诸生产关系之综合,形成社会底经济结构(Economic structure)"[1],一定的经济结构,就是一定的社会的基础(Basis)。而建立在经济基础上面的一切政治的、法理的、意识的、文化的形态或现象,即是社会的上层建筑(Superstructure),这些上层建筑的形态,实际上就是生产关系以外的一切其他的社会关系,它包括政治的和意识的形态。[2] 社会结构中的经济基础和上层建筑之间的关系就表现为,经济基础决定着上层建筑,上层建筑又反过来作用于经济基础。

这里需指出的是,沈志远对经济基础所作出的界定,明显有别于20世纪20年代苏联国内部分学者对经济基础的解说。在20世纪20年代,苏联不少学者都主张把经济基础规定为生产关系和生产力之总和,包括我国学者瞿秋白,亦明确指出,经济基础不仅包含由生产力规定的经济关系(生产关系),而且还包含生产力之状态。[3] 那么,这种说法是否科学?是否符合马克思本人之原意?不妨回顾一下马克思在《政治经济学批判(序言)》中的相关论述。

马克思在《政治经济学批判(序言)》(1859年1月)中写道:

> 人们在自己生活的社会生产中发生一定的、必然的、不依他们的意志为转移的关系,即同他们的物质生产力的一定发展阶段相适合的生产关系。这种生产关系的总和构成社会的经济结构,形成社会的现实的基础。即由法律的和政治的上层建筑树立其上,并有一定的社会意识形式与之相适应。[4]

---

① 沈志远:《新社会学底基本问题》,生活·读书·新知三联书店1959年版,第31页。
② 参见沈志远:《新社会学底基本问题》,生活·读书·新知三联书店1959年版,第33页。
③ 参见季甄馥:《瞿秋白哲学思想评析》,华东师范大学出版社1998年版,第44页。
④ 《马克思恩格斯文集》第2卷,人民出版社2009年版,第591页。

根据马克思的上述论述,马克思显然是将社会经济基础定位在与一定社会生产力发展相适应的生产关系的总和上。这里可以看出,沈志远对"经济基础"范畴的解说,是一个相对科学的论断,也是符合马克思的思想本义的。

沈志远从另一个层面上又将生产力之状态以及受生产力所规定的生产关系之总和诠释为生产方式(Mode of production),生产方式也即是劳动力与生产手段之结合方式①,它决定着特定历史时期的社会形态(Social Formation)。而判定特定历史时期下的社会形态性质(即生产方式构成),则主要依据于该社会的阶级关系的性质来决定。由此,沈志远在其历史唯物主义的研究中,就形成了一个相对完整的社会结构系统和发展体系,如下图所示:

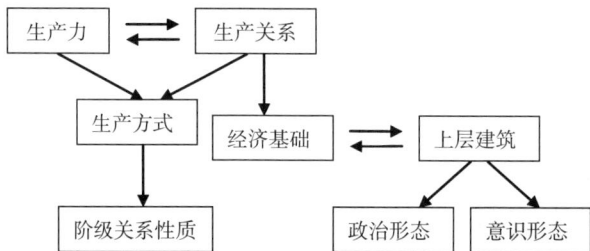

生产力 ⇄ 生产关系

生产方式　　经济基础 ⇄ 上层建筑

阶级关系性质　　政治形态　　意识形态

沈志远将占有生产手段的阶级和从事生产劳动的阶级关系视为一切生产关系中最基本的一种,它决定着特定历史条件下的社会形态及生产方式。那么什么是阶级呢? 沈志远将阶级形成的必要条件概括为以下两个方面:其一是处于一种经常的、比较固定的、在某种历史的生产条件中的生产关系中;其二是阶级中必存在着人与人之间的榨取关系。由此,沈志远将阶级界定为,"在历史上一定的社会体系中所处的地位不同,亦因对生产手段的关系底不同而形成的人众集团"②。

阶级依生产体系中地位的异同,依对生产手段的关系的异同,依在榨取关系中所占地位的异同而割分,由此不同的阶级有着不同的利害(利益)关系。③ 而因追求不同的利害(利益)关系而发生的斗争,就是阶级斗争,阶级斗争包括经济斗争、政治斗争和思想斗争三种形式。沈志远强调,特定历史条件下的阶级斗争是一种不可避免的趋势,它有着自身发展的内在规律性

---

① 参见沈志远:《新社会学底基本问题》,生活·读书·新知三联书店 1959 年版,第 35 页。

② 沈志远:《新社会学底基本问题》,生活·读书·新知三联书店 1959 年版,第 33 页。

③ 参见沈志远:《新社会学底基本问题》,生活·读书·新知三联书店 1959 年版,第 33 页。

和历史必然性,是推动社会历史发展的直接动力。

可以说,沈志远在挖掘了社会历史发展的内在动力,即生产力与生产关系、经济基础与上层建筑的矛盾运动后,又深化指出了推动社会发展的直接动力即阶级斗争,挖掘出作为社会主体的人在历史发展中的作用。这两种历史发展动力的划分,从根本上划清了与唯心史观和形而上学历史观的界限,较为细致地解答了社会发展与运作的动因问题。不仅如此,沈志远还从理论与实践的相结合上,将其对唯物史观的深刻理解,融入对中国社会现实问题的考察,撰写了《社会问题》《大众社会科学讲话》等著作,就当时社会存在的系列现实问题,如民族问题、妇女问题、劳动问题、农民问题等做出说明,为发展以唯物史观为指导的社会学基础理论,作出了积极贡献。

但同时也必须看到的是,沈志远在对历史唯物主义基本原理的阐述上,还是相对粗浅的。如在上文所述,在对生产力与生产关系的辩证关系的阐述中,沈志远并未提及生产关系能动地反作用于生产力这一理论。而在对经济基础与上层建筑的关系上,沈志远也未对上层建筑的性质及其相对独立性作出说明,对经济基础是如何决定上层建筑的性质及发展的,也未作出细节上的处理,这不能不说是沈志远在唯物史观问题研究上的一种缺失。

第三节　论阶级冲突与社会变革

马克思主义认为,阶级和阶级斗争的存在是同物质生产发展的一定历史阶段相联系的,不是永恒的社会现象,阶级是社会生产力发展到一定水平时产生的。从阶级产生的时候起直到现在,人类社会的历史就是一部阶级斗争的历史。阶级斗争是生产力和生产关系之间的矛盾的表现形式,是阶级社会运动发展的直接动力,它必然导致资本主义的崩溃、无产阶级专政的建立以及阶级本身的消灭和新的无产阶级的诞生。

沈志远在《新社会学底基本问题》一书中,除了对以上社会结构与社会发展形态加以考察外,亦以“关于阶级与阶级冲突”“社会变革”为专题,对马克思主义唯物史观中有关社会变革问题作了较为细致的考察,凸显了马克思主义社会发展理论的基本思想,为研究社会及社会变动提供了新的指向。

关于阶级冲突的产生,在上文中已有所提及,沈志远认为主要是由阶级社会里“阶级”的存在及阶级斗争所致。在他看来,所谓阶级,“就是因在历史上一定的社会生产体系中所处的地位不同,亦因对生产手段的关系底不同(即由于在榨取关系中所占的地位底不同)而形成的人众集团"①。根据马克思主义的阶级理论,阶级的形成必满足以下两个条件:其一是处于一种经常的、比较固定的、在某种历史的生产条件的生产关系中;其二是阶级中必存在着人与人之间的榨取(剥削)关系。沈志远认为,除在各大社会制度中现存的两大对立阶级(即剥削阶层和被剥削阶层)外,还游离着第三个阶层,即中间阶级和过渡阶级。他写道:

> 所谓中间阶级就是小资产者,他们是占有少许生产手段的劳动者,或者是靠薪水生活的知识劳动者,他们介乎榨取者与被榨取者两大阶级之间。所谓过渡阶级就是如封建地主之转变为资产者,破产农民之转变为工钱劳动者等等处于过渡形态中的阶级。这些阶级在阶级社会内都不是主要的、基本的力量。②

在这里,沈志远对第三阶层所作出的独立理解,其对中间阶级及过渡阶级受众群体的角色定位,为无产阶级政党在具体地革命实践中,恰当地区分"革命的力量"与"革命的对象",提供了学理依据。

各大阶级依在生产体系中地位的异同,依对生产手段的关系的异同,依在榨取关系中所占地位的异同而划分,阶级中间就有着不同的乃至相反的利害关系。利害不同,就必然要发生利害冲突。这种因阶级相互利害冲突而发生的斗争,就是阶级斗争。沈志远认为,"在分割了阶级的社会内,不管个人底意愿如何,对立的诸阶级间的斗争是不可避免的"③。

沈志远用马克思主义阶级斗争理论来揭示社会冲突的内在实质,从而在历史发展动力层面上肯定了阶级斗争的不可避免性。他指出,阶级斗争不仅在阶级社会里是一种不可避免的趋势,而且也是历史发展所必需的,它是推动阶级社会发展的直接动力。"事实告诉我们,一切过去社会底历史(原始社会以后至今)都是阶级斗争底历史。我们知道,事物底内在矛盾,是事物自身发展底动力。阶级斗争或冲突,正是社会底内在矛盾,所以也就是社会历史发展底动力"④。

在此要特别注意的是,沈志远还具体地为"阶级"及阶级斗争的现实存在设定了具体条件,他写道"我们说阶级斗争是历史发展底动力,这只是指

---

① 沈志远:《新社会学底基本问题》,生活·读书·新知三联书店1959年版,第41页。
② 沈志远:《新社会学底基本问题》,生活·读书·新知三联书店1959年版,第41页。
③ 沈志远:《新社会学底基本问题》,生活·读书·新知三联书店1959年版,第43页。
④ 沈志远:《新社会学底基本问题》,生活·读书·新知三联书店1959年版,第44页。

阶级社会底历史而言,在没有阶级的社会内,社会底内在矛盾自然不是阶级斗争"①,社会冲突生成的根本原因,在于"由生产手段的私人垄断制和剥削或榨取制度的存在"。

可见,沈志远从马克思主义阶级斗争理论出发来说明社会冲突问题,从而直指出阶级社会里造成社会冲突乃至社会变革的根源,即在于"生产手段的私人垄断制和剥削或榨取制度的存在",这就不仅抓住了阶级社会里社会冲突的直接动因——阶级斗争问题,同时也引申出社会冲突的深层动因——生产方式问题。

由阶级及阶级斗争所导致的社会冲突是社会变革的直接动因,但却并非是社会冲突及社会变革之终极原因,沈志远依据马克思主义唯物史观的相关原理,追述了导致社会变革之深层动因,并以此强调了社会革命对于社会发展的极端重要性。沈志远指出,社会变革的根本原因在于生产力与生产关系的内在冲突,"生产力与生产关系是对立的统一,它们不但统一,而且又是对立的、矛盾的;社会的生产力起初在一定的生产关系之内顺利地发展着,但发展到一定高度时,它就跟现存的生产关系的形式发生冲突,它继续向前发展的趋势被旧的生产关系所阻碍。这种冲突底结果是旧的生产关系的毁灭和新形式的生产关系的诞生"②,于是社会变革的时代到来了。

沈志远重视对社会冲突及社会变革基础理论的探讨,但他又没有止步于此,而是将其对理论的分析与社会形势紧密地结合起来,对资本主义社会制度进行了有力批判。沈志远认为,资本主义世界所展现出的这种生产力与生产关系存在着根本矛盾,这种矛盾冲突就集中表现为:一方面是高度的机械化和电气化,高度的生产集中(独占)之下的大量生产;另一方面是狭窄的私有的资本主义的生产关系。高度机械化、电气化所产生的大量生产,大大地超过了为狭窄的资本主义生产关系所束缚的社会购买力,结果必然导致生产过剩的经济危机。由此,由资本主义向社会主义"社会的突变——社会革命——就到来了。这种突变是历史上必然的。因为一切事物之量的渐变,到某一程度时必然要继之以突变,突变之后才发生新的'质地'。在资本主义社会变革之后,代表新的'质地'的,便是社会主义的社会"③。

显然,沈志远从生产力与生产关系的矛盾运动来解说资本主义社会的

世界经济危机问题,强调了无产阶级社会革命的历史必然性,从而科学地预测了无产阶级民主革命运动的时机已经到来。

但沈志远同时强调,尽管资本主义生产力与生产关系的内部矛盾必然使无产阶级的社会革命时代到来,但由资本主义向社会主义社会转变却并非是一蹴而就的,它同时需要满足以下诸多条件:

首先,沈志远认为,在不合理的制度之下,要想得到一个自由幸福的合理制度,除了奋斗创造之外,决无第二条路,他由此肯定了被压迫阶级社会革命的重要性。沈志远写道,"要促成旧制度的破坏和新制度的产生,除了生产力和生产关系底冲突这一社会变革底客观条件外,还需要革命底主观条件或主观因素"①。至于什么是主观条件或主观因素? 沈志远指出,就是先进阶级大众的革命斗争。这一方面因为社会变革本身就是一种革命斗争,需要主观因素的推动;另一方面因为"维护旧的生产关系的支配者"是不愿意自动退出历史舞台,而是"一定要由革命的大众用革命的手段来驱除它的"②。

其次,沈志远认为,由资本主义向社会主义社会转变,必然要经历"过渡时期"这一特定的历史转型阶段。在沈志远看来,资本主义社会的生产关系被变革之后,不是立即就出现完全的社会主义社会的。从资本主义到社会主义有一个过渡的阶段,这个过渡阶段的一种形式是"劳工专政国家制度"。这种专政是专门对付旧的支配者、压迫者的一种统治,这个新政权的历史任务,就是努力实现社会主义的建设。

最后,沈志远认为,在近代中国,这种过渡的转型阶段就是新民主主义阶段,它在历史现阶段上,都是社会变革全过程中的一个新发现的过渡阶段。③ 因为在近代中国,当劳工阶级的社会变革完成之后,需要一个或长或短的改造时期,以实行经济的、政治的、社会的、文化的和思想的改造工作。劳工阶级的专政,是领导进行这伟大的改造工作的政权。④

在这里,沈志远对新民主主义"过渡阶段"及"劳工专政国家制度"所作的独立理解,是与中国共产党向社会主义过渡的最初构想基本吻合的,它与当下的"社会主义初级阶段说"有诸多相似之处。

沈志远依据唯物史观的相关原理,突出强调了人民大众在历史变革及

①　沈志远:《新社会学底基本问题》,生活·读书·新知三联书店1959年版,第54页。
②　沈志远:《新社会学底基本问题》,生活·读书·新知三联书店1959年版,第56页。
③　参见沈志远:《新社会学底基本问题》,生活·读书·新知三联书店1959年版,第60页。
④　参见沈志远:《新社会学底基本问题》,生活·读书·新知三联书店1959年版,第57—58页。

历史演进中的决定作用,并以此批判了人类认识史上两种对历史发展或作主观主义、英雄主义或作客观主义理解的形而上学认识论观点。沈志远指出:"新科学的历史观——新社会学理论底伟大功绩之一,首先在于它发现了人民群众底力量,它在劳动人民大众身上发现了旧的腐朽社会底揭幕者,新的合理社会底创造者。劳苦的人民群众,才是历史发展底真正动力,是历史底真正创始人。"①

但同时沈志远也强调,尽管新历史观肯定了作为历史之主体人(包含广大人民群众和独立"个体")的重要作用,但也从不否认历史是有其严格的客观规律性的,而是认为历史之发展是受着客观必然性的支配的。

总之,沈志远的社会历史观,既在历史发展进程中肯定了客观规律性的必然存在,将历史之发展视为一个不依人的意志为转移的客观过程,同时又强调了作为推动历史发展之"主体"人的重要作用,认为社会历史既是由人类主体创造的,但又不是人们随心所欲创造的,这就在历史发展进程中之客观必然性和人的主观能动性之间寻求了某种平衡,在认识路线上贯彻了辩证唯物主义的原则,从而为人们科学地认识社会、改造社会指明了方向。

第四节　论"政治"范畴

依据马克思、恩格斯的原意,唯物史观的主要内容包括,社会存在与社会意识的关系、社会基本结构及其运行机制,低于这个层次的理论,都是由此派生的。这些派生的理论,构成了上层建筑的诸形态。沈志远的上层建筑理论研究集中体现在他的《新政治学底基本问题》(生活·读书·新知联合发行所1949年版)一书中,该书重点阐述了马克思主义的政治观、国家学说和意识形态理论,是沈志远在构建马克思主义唯物史观方面的一个全新尝试,该书在中国马克思主义学术史上占有重要地位。沈志远指出:

> 将生产力之状态以及受生产力所规定的生产关系之总和诠释为生产方式(Mode of production),生产方式也即是劳动力与生产手段之结合方式,它决定着特定历史时期的社会形态(Social Formation)。而判定特定历史时期下的社会形态性质(即生产方式构成),则主要依据于该社会的阶级关系的性质来决定。②

---

① 沈志远:《新社会学底基本问题》,生活·读书·新知三联书店1959年版,第63页。
② 沈志远:《新社会学底基本问题》,生活·读书·新知三联书店1959年版,第35—38页。

阶级依生产体系中地位底异同,依对生产手段的关系的异同,依在榨取关系中所占地位底异同而割分,由此不同的阶级有着不同的利害(利益)关系。而因追求不同的利害(利益)关系而发生的斗争,就是阶级斗争。[①]

沈志远从生产方式、生产关系的矛盾运动中,揭示出阶级斗争的根源,也就触及了阶级问题的根本,同时也连带解答了政治与国家问题的产生。

沈志远指出,政治是随着国家的发生而发生的,有了国家就有了政治,国家本身是随着利益不可调和的阶级之产生而产生的;而阶级又是社会生产方法进步和生产力增长的结果。"生产方法和生产力,以及由于生产的人与人的生产关系,不是别的,正是社会底经济基础"[②]。所以,政治是不能离开经济而单独存在的,它产生于经济,并被经济所决定。由此,在政治范畴的研究中,沈志远就描绘了一个相对完整的链接,如下图所示:

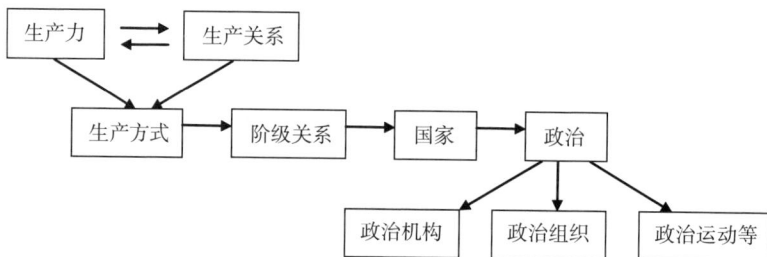

```
┌───────┐    ┌───────┐
│ 生产力 │◄──►│ 生产关系│
└───────┘    └───────┘
      │        │
      ▼        ▼
┌───────┐  ┌───────┐  ┌──────┐  ┌──────┐
│ 生产方式│─►│ 阶级关系│─►│ 国家 │─►│ 政治 │
└───────┘  └───────┘  └──────┘  └──────┘
                                   │
                 ┌─────────┬───────┼────────┐
                 ▼         ▼                ▼
          ┌─────────┐ ┌─────────┐    ┌──────────┐
          │ 政治机构 │ │ 政治组织 │    │ 政治运动等 │
          └─────────┘ └─────────┘    └──────────┘
```

沈志远把阶级斗争看成是基于生产关系矛盾基础之上的,"由于生产方式底改进和生产力底增长,分工开始发展,社会财富有了给养一部分不劳动而专司指挥、管理、分配的人们的可能"[③],阶级和国家由此产生,国家一产生,政治就随之而产生,由此,沈志远将"政治"界定为:

政治是有关国家权力的种种活动底综合,同时又是从这种种活动中所产生的人与人的关系底综合;政治机构、政治组织、政治运动乃至于政治变革等等,便是政治底各种具体表现。[④]

在新社会学理论中,政治(包括政治活动、政治机构、政治组织等)被归为社

---

① 沈志远:《新社会学底基本问题》,生活·读书·新知三联书店 1959 年版,第 41 页。
② 沈志远:《新政治学底基本问题》,生活·读书·新知三联书店 1949 年版,第 7—8 页。
③ 沈志远:《新政治学底基本问题》,生活·读书·新知三联书店 1949 年版,第 5 页。
④ 沈志远:《新政治学底基本问题》,生活·读书·新知三联书店 1949 年版,第 6—7 页。

会的"上层建筑"一类,它由社会的经济基础决定,并积极地反作用于经济基础。可见,沈志远在对政治范畴立论时,既强调了它的社会经济背景,同时又从阶级分化层面上,追溯了政治形成的阶级根源,这就在认识领域内贯彻了辩证唯物主义的原则,同时也清晰地呈现了政治形成的具体脉络。

政治是国家不可分割的产物,那么,它是自何时来? 又会自何时去呢? 沈志远总结道,政治的发展实则经历了一个"无→有→无"的演变历程,它是随着国家和阶级的产生而产生的,同样也必然伴随着国家与阶级的消亡而消亡。

沈志远治学,重"史"是他的一大特色,沈志远早年的多部著作如《近代经济学说史》《近代辩证法史》《社会形态发展史》等都是从发展史的角度来解读的。在随即的研究中,沈志远也具体地结合社会形态史来例证了国家与政治的产生。沈志远指出,在太古原始社会和氏族社会时期,由于人们之间的关系极为简单,他们共同劳动共同享受,所以没有剥削和压迫现象的存在。在这一历史时期(今人又称之为原始共产时代),社会根本没有割分成为利害对立互相冲突的阶级,没有统治和被统治阶层的分化,因而就没有国家和政治的存在。

到了奴隶社会时期,由于生产方式的改进和生产力的增长,社会分工开始形成,社会财富有了供养一部分不劳动而专司指挥、管理、分配的人们的可能,社会开始逐步分化为两大阵营:一面是专事劳作的广大奴隶们,一面是坐享奴隶劳动产物的少数奴隶主;奴隶和奴隶主的利益是对立不能调和的。在这种利益不能调和的基础上,奴隶主为了达到剥削和压迫奴隶的目的,就需要一个镇压奴隶反抗的机构,这个机构就是国家机构。[1] 有了国家,就有了运用国家权力的各种机关、组织及各种活动,由此,政府及政治活动应运而生。

沈志远从社会形态史的视角论证了国家与政治的产生,同时也从理论层面上预设了对国家及政治的超越。沈志远指出,政治既是随国家之产生而产生的,那么,自国家消亡之日起,政治亦即随之而消逝。根据新社会科学的理论,因为国家是阶级矛盾不可调和的产物,而随着剥削阶级与被剥削阶级间矛盾的激化,以消灭阶级存在为目的的社会主义国家诞生后,必以消灭一切旧时的剥削阶层为正宗。阶级既然消灭,建立在阶级矛盾之上的国家与政治也就没有存在的必要和可能。

沈志远在理论上设想了对国家及政治的超越。但同时也强调,尽管在

---

[1]　参见沈志远:《新政治学底基本问题》,生活·读书·新知三联书店1949年版,第6页。

学理上可以宣告对国家与政治的终结,设想对阶级的超越,而要在现实生活中真正地消融阶级,这条道路却是异常艰难的,他写道:"可是当前的现实情形来看,却并不像一般理论上所设想的那么单纯。"①因为资本主义的经济和政治的发展,事实上是极不平衡的;这种不平衡在帝国主义时代尤其厉害。所以社会主义的变革,苏维埃式的国家,决不可能在全世界每一个角落里同时发生。既然不能同时发生,那么首先出现的那个社会主义国家,如今日的苏联,只有到这个社会主义首先胜利的国家,不再被资本主义世界所包围而处于社会主义大同世界的时候,国家和政治才会自然而然地消逝。

总体看来,沈志远有关政治问题的阐述,既坚持了马克思主义的政治学理论,但他又未照搬马克思主义政治学说的现成结论,而是根据现实的国家、政治演变走向来分析政治的消亡问题。

第五节 论马克思主义国家观

沈志远的国家观理论,是在唯物史观的理论框架内,对特定历史时期一定经济基础的反映,其从属于上层建筑中政治上层建筑范畴。

沈志远认为,对"国家"范畴的基本解析,是理解国家问题的基础。在当前国家前途命运未卜之时,尽管国家二字已深入人心,但是人们对"国家"范畴的理解却是相当模糊的。沈志远从国家范畴入手,展开了对马克思主义国家观的阐述,并着重分析了现代各种不同国家类型的基本特点及其在社会生活中的地位和作用。

沈志远认为,科学的国家观应包含以下三个方面的内涵:

第一,国家是社会发展的产物。"国家是随着社会对立之发生而发生的";第二,国家是阶级利害不可调和的产物;第三,国家是统治阶级的镇压机关,一阶级镇压另一阶级的机关。②

也就是说,在理解国家问题上,首先应肯定"国家是社会矛盾不可调和的产物",由此依据这一观点,我们在理解资本主义向社会主义制度过渡时,即会自觉放弃在现实社会制度下实行阶级协调的改良主义或社会法西斯主义的错误想法;其次,应将国家理解为一个历史的范畴,即一个有着发生、发展、转变和消逝的历史过程,它仅是人类历史发展过程中的某一特定阶段;再次,从整个的社会结构来看,国家又是社会的政治上层建筑,它建立

---

① 沈志远:《新政治学底基本问题》,生活·读书·新知三联书店 1949 年版,第 23 页。
② 参见沈志远:《新政治学底基本问题》,生活·读书·新知三联书店 1949 年版,第 15—16 页。

于一定的社会经济基础之上,并随着一定的社会经济基础之变动而变动;最后,从对国家的延伸来看,资本主义国家将是人类历史上最后一个少数人压迫大多数人的国家形式,它必将被一种全新的国家——社会主义的苏维埃国家所取代,开始着阶级逐步消逝的过程。①

沈志远对国家的理解,可谓掌握了马克思主义国家学说的精髓,他既从国家产生的根源上把握了国家作为统治阶级暴力工具的本质,同时也将国家置于新的时代语境下,对国家之发展作出了科学预测。他从理论与实际的相结合上阐述了国家的一般特征,并以此批判了时下盛行的传统政治学理论下的国家观思想。

沈志远指出,传统政治学观点认为"国家是领土、人民、主权三者底综合体"②,其所延伸的理论是,"国家是在一定领土内掌握和行使主权的人众集团"。在沈志远看来,传统政治学所理解的国家观理论根本错误在于,"它的抽象性、形式性,就是说,它只根据国家的外表形式上的标志去下国家底定义,而没有深入到国家底根本基础,深入到它的社会本质中去。这样的解说是抽象的,不具体的,因而它不但不完整,而且是错误的"③。其错误的具体表现就在于:第一,它把国家永久化了;第二,更重要的是那种解说根本抹杀了国家所由此产生的社会阶级的根源。

沈志远在批判传统政治学国家观的基础上,依据马克思主义关于国家的论述,分析了现代各种不同国家类型的基本特点及其在社会生活中的地位和作用,具体包括民主制国家(英、法、美等资本主义国家)、法西斯独裁制的国家(佛朗哥统治时期的西班牙及希特勒统治下的德国和墨索里尼统治下的意国)、社会主义的苏维埃国家(苏联)、新民主主义的国家(东南欧各国)等当时四种不同的国家类型。

但值得特别注意的是,沈志远在有关国家类别的研究中,尤为注重对"第四种国家类型"即"新民主主义共和国"的阐述,他在新民主主义国家理论的研究方面颇具建树,与毛泽东的新民主主义国家理论相比也有自己的特色。

关于新民主主义国家的特点,沈志远指出,它是第二次世界大战中所产生的一种崭新的国家形式,这一国家类型,具有五个基本特点。第一,新民主主义国家有别于资产阶级的旧民制国家,是因为后者是资产阶级的专

---

①　参见沈志远:《新政治学底基本问题》,生活·读书·新知三联书店 1949 年版,第 16—18 页。

②　沈志远:《新政治学底基本问题》,生活·读书·新知三联书店 1949 年版,第 12 页。

③　沈志远:《新政治学底基本问题》,生活·读书·新知三联书店 1949 年版,第 13 页。

政,大多数人民由于经济地位的低微,实际上享受不到民主的权利,而前者却是名副其实的大多数人民主宰的民主制度。第二,新民主主义国家,也有别于苏维埃共和国,因为后者是无产阶级专政的社会主义国家,前者却是反法西斯、反帝国主义、反大地主大资产阶级的各民主革命阶层联合执政的民主共和国。第三,就历史发展的阶段而言,新民主主义国家虽容许资本主义的存在和发展,却已非旧式的资本主义国家;在另一方面它虽可能采取一些社会主义的步骤(如大企业、大银行国有),基本上却还不是社会主义国家。这种国家是从资本主义到社会主义的过渡型国家。它不容许走资本主义的旧路,但亦尚未能立即实行社会主义,它是在人民的新民主政权下,逐渐完成民主主义的彻底改革,经过或长或短的新民主主义的现代化国家建设,逐渐过渡到社会主义的一种过渡的国家制度。第四,就社会基础而言,这种国家是以工、农、小资产大众为骨干,以反对帝国主义、反对大资产阶级地主阶级及其政治代表为政治任务的国家制度。第五,这种国家的政府形式,必然是各民主阶级、各民主党派、各人民团体,及忠于民主、忠于人民的无党无派社会领袖所组合的联合政府,但在这一联合政府中,政治的领导权必须掌握在无产阶级手里。①

可见,沈志远针对"新民主主义国家"的理论论述,表明了新民主主义国家应具有以下五个显著内容。其一,新民主主义共和国实行的是真正的民主制度,大多数人民在实际上要享受民主权利,这是新民主主义国家与资产阶级国家的本质区别。其二,新民主主义共和国不是无产阶级的社会主义国家,它是一个逐渐过渡到社会主义的国家制度,因此是由包括反法西斯、反帝国主义、反大地主大资产阶级的各革命阶级联合执政的民主共和国。其三,新民主主义国家具有过渡性,是从资本主义到社会主义的"过渡型国家"。新民主主义国家在一定程度上"容许资本主义的存在和发展",但"不容许走资本主义的旧路",其前途是社会主义社会。其四,新民主主义国家以工、农、小资产大众为其群众主体,以反对帝国主义、反对大资产阶级地主阶级及其政治代表为其政治任务。其五,新民主主义国家采取特定的政府形式,即是以"各民主阶级、各民主党派、各人民团体,及忠于民主、忠于人民的无党无派社会领袖"②等各革命阶级联合执政的民主共和国,但这一联合政府的政治领导权必须掌握在无产阶级手里。

这里,沈志远的"新民主主义国家"理论,与毛泽东在《新民主主义论》

---

① 参见沈志远:《新政治学底基本问题》,生活·读书·新知三联书店 1949 年版,第 41 页。
② 沈志远:《新政治学底基本问题》,生活·读书·新知三联书店 1949 年版,第 41 页。

中对新民主主义国家的范畴界定、特色阐述等是基本一致的,而且由于其行文的浅显及论述的通俗化,更易于为一般的大众所理解。

关于"欧洲型"与"中国型"新民主主义国家在理论上的比较,是沈志远国家理论的一个重点。当时的中国,在中国共产党的领导下,正在积极推进"中国式"新民主主义国家的建立;而在东欧,经过第二次世界大战后,诞生了一批东欧模式的民主国家如捷克、波兰等,于是,比较中国即将建立的新民主主义国家与欧洲的新民主主义国家之异同,亦成为沈志远政治学研究的一个着眼点。

在沈志远看来,新民主主义国家具有一般的特点,"但由于各国历史条件的不同,基本政治任务亦容有不同"①。于是新民主主义国家就可分为欧洲型的和中国型的两种。所谓欧洲型的,是指欧洲资本主义相当发达的国家;所谓中国型的是指半殖民地半封建国家所要求的新民主体制。关于"欧洲型"与"中国型"新民主主义国家的根本区别,沈志远指出,主要体现在三个层面。第一,中国的新民主主义政治,首先要求反帝,实现民族的完全独立,欧洲一些资本主义独立国家虽也主张反帝,但争取本民族独立的斗争,大体已经是过去的事情。第二,中国的新民主政治,须保证及鼓励资本主义之大量发展,必须经过一段相当长的私人资本主义的发展过程,以便提高国家生产力,加速工业化建设;而欧洲资本主义各国,如波兰、捷克之类,它们的新民主主义政治的首要任务,是消除独占资本,使之转变为国有,堵塞私人资本的独占倾向,同时要集中力量发展国有事业,在生产和分配上履行经济民主的原则,保障国民生活水准普遍提高;它们的民主主义阶段是比较短的,它们可以更快地和平过渡到社会主义。第三,中国的民主政治,应以彻底消除大买办大官僚资产阶级与封建地主阶级为主要任务,而在欧洲的新民主各国则除扫除大地主特权实行土地改革外,反买办反官僚资产阶级的任务,大体上是不存在的。这些就是新民主政治在中国和欧洲资本主义各国的不同点。②

沈志远关于新民主主义"欧洲型"与"中国型"的比较研究,注重揭示中国新民主主义国家的特殊性,他在比较中尤为重视对"历史条件"及"政治任务"的考察,意在对中国民族民主革命的具体任务作出说明,并以此强调在中国民主革命中发展民族资本主义及明确反帝反封建革命目标的重要性。从中也展露出沈志远立足于中国社会实际、探索中国民主革命道路的

---

①　沈志远:《新政治学底基本问题》,生活·读书·新知三联书店1949年版,第41页。
②　参见沈志远:《新政治学底基本问题》,生活·读书·新知三联书店1949年版,第42页。

现实研究取向。

第六节　论"意识形态"学说

沈志远的意识形态理论,同样基于唯物史观的理论框架内,从属于上层建筑中观念上层建筑(又称意识上层建筑)部分。在前文"论社会结构与社会形态"部分,我们谈及,沈志远所理解的社会的经济基础之上有两种形式的上层建筑,沈志远写道:

> 一定的经济结构,就是一定的社会底基础(Basis)。而建立在经济基础上面的一切政治的、法理的、意识的、文化的形态或现象,即是社会的上层建筑(Superstructure),这些上层建筑的形态,实际上就是生产关系以外的一切其他的社会关系,它包括政治的和意识的形态。①

也就是说,社会的经济基础之上有两种形式的上层建筑,一种是政治的上层建筑,另一种是意识的上层建筑,即"意识形态"(ideology)。

沈志远重视对"意识形态"的研究,在其1940年出版的《大众社会科学讲话》一书中,沈志远还特以"意识形态(上)""意识形态(下)"为专题,对马克思主义唯物史观中有关意识形态理论做了较为细致的考察,凸显了马克思主义意识形态理论的基本思想,为研究政府职能及政治学基础理论提供了新的指向。

沈志远指出,要研究意识形态问题,就不可避免地要说明意识与意识形态的关系,这主要是因为:一方面,意识形态是人类意识发展的高级阶段,有了意识,才会有意识形态,所以二者关系紧密;另一方面,意识形态又是意识的一个特殊的组成部分,"有了意识形态,人类的意识,才会更快地进步"②,又需要独立地加以研究。由此,沈志远对意识与意识形态的根本区别进行了总结:其一,在沈志远看来,"所谓意识就是高级有机体(人类)底神经系统(以大脑为主)底一种作用。它的别名就是精神、思维"③。意识多指个别的意见或观点,而意识形态通常却是一连串有密切联系的见解或观念的体系,如哲学、伦理、政治理想等;其二,意识是可能不自觉地保持着和表现

---

① 　沈志远:《新社会学底基本问题》,生活·读书·新知三联书店1959年版,第33页。
② 　沈志远:《新社会学底基本问题》,生活·读书·新知三联书店1959年版,第38页。
③ 　沈志远:《大众社会科学讲话》,妇女生活社1940年版,第33页。

出来的,而意识形态的表达却多是自觉的;其三,从起源上看,意识的发生先于意识形态,意识形态则是在人类较晚的阶段上才发生的;其四,意识和意识形态,不仅有量的不同,而且有质的区别。质的区别就表现在意识可能是无系统的,零散的不自觉的,而意识形态却是有逻辑的紧密联系的观念系统。① 可见,沈志远从"意识与意识形态"的关系逻辑中引申出"意识形态的一些基本特征",为科学的把握意识形态理论奠定了学理基础。

沈志远重"史"的学术特色,在其对意识形态问题的研究中也尽显无遗。他从意识形态"史"的演进视角,论述了意识形态背后潜藏着的深层次的社会经济动因。

在沈志远看来,首先,社会经济决定着意识形态的起点。在原始太古时代,由于经济发展的极度落后,意识形态是根本不存在的。到了原始社会末期和奴隶社会时期,随着社会生产力的发展,社会分工开始形成,意识形态也随之产生。沈志远认为:"意识形态底发生,根本上是由社会经济底发展所决定的。在生产力异常低微的原始时代是不会有意识形态形成的。就历史来讲,意识形态直接地是随着劳心和劳力的割分而产生,亦可称是与社会阶级底发生相符合的。"②

其次,社会经济决定着意识形态的发展。沈志远认为,远古时期,人们生存斗争的主要对象是大自然,所以这一时期人类的意识形态形式就表现为神秘的宗教思想或神学说教。而到了奴隶制时期,奴隶主阶层掌握着国家的至上权威,他们需要当时的思想家在理论层面上对奴隶阶层做"唯心、反动"的思想教育,故这一时期的意识形态就表现为对奴隶主阶层国家政权的美化。由此可见,社会经济不仅决定着意识形态的起点,同时,还决定着意识形态的发生、发展和变化,这也同哲学上的"存在决定思维""物质决定意识"定律是相一致的。

沈志远肯定了社会经济决定着意识形态的产生与发展,同时也强调意识形态对于社会经济能动的反作用。他写道:"意识形态在一定的社会经济基础之上生长起来以后,反过来也能积极地去影响社会底经济基础。意识形态在历史底某一阶段上,或在某种政治经济的场合上,可以积极地推动社会发展,在另一阶段或另一场合上,也可以对社会发展起重大的阻碍作用。"③

---

① 参见沈志远:《大众社会科学讲话》,妇女生活社 1940 年版,第 37 页。
② 沈志远:《大众社会科学讲话》,妇女生活社 1940 年版,第 39 页。
③ 沈志远:《大众社会科学讲话》,妇女生活社 1940 年版,第 42—43 页。

可见,沈志远不仅唯物地解释了意识形态的起源与发展的物质根据问题,而且也辩证地肯定了意识形态的反作用,再将这种反作用与阶级性联系起来,深刻地揭示了意识形态的基本特性。这就从根本上划清了与以往经济决定论、宿命论等形而上学认识论的根本界限,为科学的把握意识形态理论指明了方向。

但同时也必须指出的是,沈志远在对意识形态与社会经济关系的把握上,还是相对粗浅的。如在上文所述,在对意识形态与社会经济的关系阐述中,沈志远并未对意识形态的性质及其相对独立性作出说明,同时,也未对社会经济是如何决定意识形态的性质及发展的,这一观点作出细节上的处理,不能不说是沈志远在意识形态问题研究中的一个纰漏。而对这些观点的阐述,早在 1937 年李达撰写的《社会学大纲》中已有了很详细的说明。

沈志远依据辩证的唯物论原则,对意识形态的阶级属性及自然科学的阶级属性问题作出了说明。沈志远指出,既然社会存在决定着社会意识,在阶级社会中,一切意识形态便都带有阶级的性质。也就是说,"自从社会分裂成为阶级以来,一切的意识形态都免不了带有阶级性的,这是一个客观的事实"[1]。由于各阶级的利益是对立的,意识形态的阶级性又派生出斗争性来,故各阶层的意识形态是相互对立和斗争的。

关于自然科学的阶级属性问题,沈志远解释道,"自然科学底发生和发展,本身就是应某一社会集团底要求而起的",同时,"不仅从发生地根源上讲,而且从发展倾向上讲,自然科学也总是受严格的阶级利益底约束的"[2]。

应当说,沈志远有关自然科学阶级属性的相关论述,是与马克思的"精神生产"理论基本上是一致的,在《马克思恩格斯选集》第一卷里,马克思曾明确指出:

> 统治阶级的思想在每一个时代都是占统治地位的思想。这就是说,一个阶级是社会上占统治地位的物质力量,同时也是社会上占统治地位的精神力量。支配着物质生产资料的阶级,同时也支配着精神生产资料,因此,那些没有精神生产资料的人的思想,一般地是隶属于这个阶级的。[3]

①　沈志远:《大众社会科学讲话》,妇女生活社 1940 年版,第 44 页。
②　沈志远:《大众社会科学讲话》,妇女生活社 1940 年版,第 47 页。
③　《马克思恩格斯选集》第 1 卷,人民出版社 1995 年版,第 98 页。

这里,在马克思的阐述中,"精神生产"的所指,应包含了"作为观念上层建筑"的意识形态内容,同时也涵盖了生产语言、自然科学、形式逻辑等非意识形态的精神生产,而它们则一定程度上要受制于当时占统治地位阶层的社会属性及其阶级意志的制约。

可见,沈志远对自然科学阶级属性的相关阐述,在一定程度上延伸了对马克思关于社会"精神生产"理论的理解,它为人们科学地把握自然科学的产生及发展问题,指明了方向,在当时是极富见地的。

沈志远重视对意识形态的研究,但他更强调从现代社会中"具体的"意识形态划分中来理解意识形态的本质。他指出,我们作为现代人,要多注意现社会中所存在着的种种基本的意识形态。"我们明白了这些意识形态及其在现实历史发展中的作用,我们才能利用适当的意识形态,作为我们奋斗底武器。"①沈志远考察了社会主义意识形态的任务,号召广大民众要树立科学的社会主义意识形态观。

沈志远指出,社会主义的意识形态观就表现为哲学上的辩证法唯物论思想、经济学上的剩余价值、历史学方面的唯物史观、社会学说方面的科学社会主义等学说。这种社会形态观到了 20 世纪后,尤其是俄国无产阶级革命后,即开始由社会主义的革命理论向革命实践转变,它作为广大无产阶级的思想理论武器登上了政治舞台,引导广大无产阶层积极投身民主革命运动。

总体来看,沈志远从意识与意识形态的内在联系出发,深化阐述了社会意识形态的具体范畴,考察了社会意识形态的一般特性及其社会本质,并追溯了意识形态理论的历史演进,在当时为人们科学地把握意识形态理论,提供了学理依据。同时也为人们深化研究马克思主义唯物史观的一些基础理论提供了借鉴。

---

① 沈志远:《大众社会科学讲话》,妇女生活社 1940 年版,第 39 页。

第四章 对资本主义经济的
研究及阐释

沈志远在其一生的学术历程中,不仅积极地研究和传播马克思主义哲学的基础理论,而且也重点探究了马克思主义的经济学问题。在学术界里,人们谈及沈志远更习惯性地称其为马克思主义经济学家,这主要是因为他早年的成名之作《新经济学大纲》,是国内首部由国人自主撰写的系统介绍马克思主义政治经济学的专著,该书在当时的思想界影响巨大。此外,沈志远在研究苏联的经济建设问题、国际经济政治形势问题等亦有着诸多开创性的建树,这也使学界将关注的焦点主要集中在了其经济学领域,使其在经济学领域的熠熠光辉甚至遮掩了在哲学领域的成就。

中国的马克思主义经济学家探索社会主义政治经济学内容始于 30 年代中期,而第一部有影响的著作便是沈志远于 1934 年 5 月在北平经济学社出版的《新经济学大纲》。这一时期,国人开始自撰政治经济学著作,但数量十分有限,典型的有陈启修的《经济学讲话》(1930 年)、沈志远的《新经济学大纲》(1934 年)、胡绳的《经济学初级读本》(1938 年)、薛暮桥的《政治经济学》(1948 年)等。其中,沈志远的《新经济学大纲》则被公认为国人撰写的首部具有广义经济学性质的教科书,该书在长达二十年的时间里,一直是我国许多大学和革命根据地党校的选用教材。《新经济学大纲》分上、下两篇,上篇论及一般经济学所讨论的商品资本主义经济,下篇则论述了当时其他政治经济学教科书所鲜有涉及的社会主义经济学内容。值得一提的是,在下篇社会主义经济学部分,沈志远对社会主义计划经济学领域的研究,是经济学史上有关马克思主义政治经济学的社会主义理论部分的最早论述,它打破了以往经济学研究仅局限于资本主义经济学内容的传统模式,开启了社会主义计划经济学领域研究的先河。

《新经济学大纲》自 1934 年问世以来,经历了 14 次修订,篇幅也从最初的 32 万字扩展到 1949 年的 62 万字。其中,在 1949 年的解放版中,沈志远还根据毛泽东关于新民主主义理论的论述,新增加了一篇《新民主主义的经济政策》,该编后被日本学者山下龙三译成日文,于 1952 年由日本青木书店发行单行本。《新经济学大纲》初版由商务印书馆印制,后由生活书店及各地分店不断再版。据不完全统计,从 1934 年至 1954 年的 20 年间,共被再版了 18 次之多,如此频频的再版记录,在中国的出版史上是较为罕见的,而该书影响之深远,也是当时同类书籍所无法比拟的。此外,在经济学领域,沈志远还撰写了《近代经济学说史》《新民主主义经济概论》等多部知名著作,存留了经济学文稿近 300 万字。沈志远从事马克思主义经济学的普及工作数十载,在推动马克思主义经济学理论创新、在传播和运用马克思主义理论方面作出了重大贡献。

第一节 对经济学学科性质的哲学立论

《新经济学大纲》从理论内容上看,大体可以分为三个部分。其一是关于经济学学科性质的论述。其二是关于资本主义经济学的理论分析;该内容沈志远主要是依据马克思《资本论》的前三卷和列宁的《帝国主义论》来对自由竞争资本主义和垄断资本主义经济形态加以阐释的,同时又增加了对于前资本主义诸形态的论述。值得一提的是,直到 1936 年,我国才出版了《资本论》第一卷的全译本,其他卷次的出版更在其后,因此亦可以说,《新经济学大纲》是我国马克思主义学者系统阐述《资本论》原理的最早论著。① 其三是关于社会主义经济学的理论探讨,内容论及对当时苏联实行的一国社会主义计划经济和我国新民主主义经济的介绍。这里,主要对沈志远在"绪论"部分关于经济学学科性质的观点来加以说明。

沈志远重视对政治经济学问题的研究,但他更重于从基础理论上把握经济学学科内容。在对经济学理论的思考中,他提出由对经济学学科性质的界定入手,来深入阐述政治经济学的理论问题。

沈志远认为,任何科学都有自己的研究对象,区分科学的研究对象是进入科学本身的前提。因此,研究任何一种科学,应首先规定该科学的研究对象。他认为,经济学是一种社会科学。它所研究的,是在人类共同劳动过程中、在社会生产过程中所发生的人与人的社会关系。但是人与人的社会关系非常复杂,其中有基于各个社会集团及其政党间的斗争而发生的政治关系,有基于财产制度的法权关系,等等,而政治经济学所研究的,不是一切的社会关系。"它的任务,是研究那基于物质生产所发生的人与人的社会关系,就是所谓生产关系(productive relations)。"②

---

① 与其同时代,由李达所著的《经济学大纲》一书由北京大学法商学院 1935 年印行,时间上晚于沈氏《新经济学大纲》半年印行,且在 1948 年以前,一直未公开出版;

② 沈志远:《新经济学大纲》,上海书店出版社 1935 年版,第 2 页。

　　这里,沈志远将经济学置于社会科学的序列之中,指明经济学的研究任务是研究那基于物质生产所发生的人与人的社会关系,就是所谓"生产关系",而非一切的社会关系,这反映了马克思主义经济学的内在要求。

　　但沈志远同时看到,尽管经济学的研究对象是社会的物质生产和分配过程中所发生的、为社会物质生产力发展之外形的诸种社会生产关系之运动法则。① 但生产关系是处于不断的变化、不断的发展和运动中的。研究历史上某种一定的社会形态的生产关系之发生、发展和崩溃,应以研究生产力发展的水平为其决定因素。由此,政治经济学之研究对象不应仅限于单纯的生产关系,同时亦应研究生产力本身运动的社会形式。

　　这样,沈志远依据科学的社会学的指示,明确提出,马克思主义政治经济学的研究对象即是"研究生产关系底运动法则,同时也研究生产力本身底运动底社会形式"②,是生产力与生产关系的辩证统一。一方面,这种统一是内容与形式的统一,即是说生产关系是生产力发展之社会的外形,而生产力则是社会生产关系之物质的内容,内容与形式必然是一致、不可分离的;另一方面又是对立的统一,即是说,生产关系的性质,是由生产力发展水平决定的。所以社会生产力发展的每一个历史阶段,各有其特殊形式的生产关系,或者说,各有其特殊的社会结构。③ 同时,生产关系对于生产力亦具有能动的积极的作用。正因为经济构造是生产力与生产关系的统一,所以,研究经济构造的政治经济学,就不但要研究生产关系,并且要研究生产力发展的社会形式,要指出生产力与生产关系间的内在矛盾,暴露出特定经济构造由于这个矛盾而产生的法则,以及由一种社会形态转变到另一种社会高级形态的法则。

　　显然,沈志远对经济学研究对象的理解与同时代多数苏俄学者(如虚宝学派、孔恩培桑诺夫学派等)的理解是有所不同的,沈志远在以往经济学研究仅局限于生产关系理论的基础上,进一步扩充了对生产力发展之社会形式的理解,这种对经济学学科对象的界定在当时是较具前瞻性的。

　　此后 1935 年,李达在其出版的《经济学大纲》中涉及对经济学研究对象的界定,论调基本上是与沈氏一致的。而 20 世纪 50 年代末,平心提出,政治经济学不仅要研究生产关系,而且要研究生产力,60 年代末张闻天则提出"政治经济学研究的生产关系,是要生产关系中生产力和生产关系的

---

① 参见沈志远:《新经济学大纲》,上海书店出版社 1935 年版,第 6 页。
② 沈志远:《新经济学大纲》,上海书店出版社 1935 年版,第 7 页。
③ 参见沈志远:《新经济学大纲》,上海书店出版社 1935 年版,第 5 页。

内在矛盾,即两者的对立统一关系"①,通过这些观点也不难看出,沈志远在1934年即提出了政治经济学的研究对象,是"生产力与生产关系的运动法则",其意义是十分深远的。

沈志远将经济学研究对象界定为"研究生产关系底运动法则,同时也研究生产力本身运动底社会形式"的一门社会科学,并以此探究了经济学的学科性质,从中延伸出其对经济学范畴的独到理解。

沈志远认为,政治经济学,在其实质上应是历史性的科学。就是说,经济学首先研究每一种单独的生产分配和交换等发展阶级诸特殊法则,同时也研究那不断地、历史地变化着的诸生产关系和分配、交换等关系。每一社会形态(Social formation 即社会结构 Social structure),如封建社会、资本主义社会,或社会主义社会,各有其自己特具的内在的规律。它们是依据这些规律而发展、生产、交换、分配和消费的。②

由此,在沈志远看来,在人类历史上,由于依次出现不同质的生产方式,与此相应地便出现了几种不同生产关系的体系,即经济社会形态;这些不同的社会形态,由于自身生产力与生产关系特殊的结合方式,而各有其固定的特殊性及发展规律,故把同一普遍法则,应用于一切社会或一切历史时代,是政治经济学所无法做到的。③ 如以"价值""劳动力""剩余价值"④等一类范畴为例,是存在于资本主义经济社会代表资本主义生产关系的范畴,如若将其应用于一切社会经济形态,代表其他一切社会形态的生产关系——这种见解显然是不正确的。

沈志远借此将政治经济学的定义,概括为狭义和广义之分。一般流行的对于经济学的观念,都认为经济学是研究资本主义社会经济结构的,即是狭义经济学。狭义经济学是研究商品资本主义社会之生产、分配、交换等法则的科学,也可以说,是研究资本主义经济结构之发生发展和崩溃的运动法则的科学。

而广义经济学即是研究人类历史上顺次发生的各个社会经济形态的发生、发展与衰落或过渡到更高形态的运动法则的科学。⑤ 由于历史上各个社会形态各有其特殊的经济法则,而各个社会形态的经济法则中间,却也存

---

① 平心:《论生产力运动和生产关系的性质》,《新建设》1959年第7期。

② 参见沈志远:《新经济学大纲》,上海书店出版社1935年版,第8—9页。

③ 参见沈志远:《新经济学大纲》,上海书店出版社1935年版,第10页。

④ 在1934年初版《新经济学大纲》中,沈志远使用的是"价值""资本""利润"三个范畴,自1935年版《新经济学大纲》后改为"价值""劳动力""剩余价值"。

⑤ 参见沈志远:《新经济学大纲》,上海书店出版社1935年版,第11页。

在着一定的统一性、共同性及历史的联系性。所以我们需要研究每一社会经济形态所特有的具体法则,同时也该研究各个社会经济形态所共同的一般基本法则及其承先继后的历史关联。因此广义地讲,经济学就不限于某一特定的社会经济结构之研究,而是研究各个社会经济结构的各种特殊的法则及其统一性和联系性的科学。

这里,沈志远采取广义经济学的立场,不仅具有理论的意义,而且具有实践的意义。众所周知,20世纪上半叶世界范围内存在着两大经济体系,即资本主义经济与社会主义经济。而因当时世界范围内居主流地位的还是资本主义社会,多数人被资本主义的发展法则支配着,故多数学者认为政治经济学只该研究资本主义的发展规律,只该研究资本主义生产关系之运动法则,其他社会形态中的发展法则就没有研究的必要。如苏俄的布哈林派就主张社会主义经济没有发展法则,因而不需要研究它的经济学,这种见解是极端错误的。对此,沈志远指出,这种见解机械地抹杀了各种社会形态之质的区别,忽略了各个社会形态发展之独特的内在规律性,而把它们的运动规律视为机械的同一,这是十分偏执的。沈志远认为,在目前的世界秩序中,资本主义社会的内在矛盾正日益暴露,而与资本主义经济体系相对立的社会主义经济体系正逐步发展,"在社会主义社会里,生产和分配是在计划机关指挥之下来进行的","今天我们中国需要建设新民主主义的经济体制必然走到计划底道路上来"。① 因此,研究苏俄社会主义经济法则就显得尤为必要。沈志远对广义经济学的立论,从学理层面上,为人们去探索及钻研苏联社会主义经济之运作法则提供了理论上的支撑。

沈志远依据辩证唯物主义和历史唯物主义的基本原则,对经济学研究的基本方法进行了总结。他例证指出,我们常说的价值律是商品资本主义社会的调节者,但在现代资本主义社会的具体现象中却很难找到,因为价值律在资本主义商品经济中,并非以其本来面目直接地呈现在我们面前。② 因此,经济学的研究方法之一,该是从抽象的范畴到具体的范畴,从抽象了的空泛到现实的具体的抽象法。抽象法是科学的新经济学的主要研究方法,它对于政治经济学的研究十分必要,是真正理解具体现象的唯一科学方法。

政治经济学的另一种研究方法,即是历史主义的研究方法,经济学研究采取历史主义方法之原因主要有以下两个:

---

① 沈志远:《新经济学大纲》,上海书店出版社1935年版,第9—10页。

② 参见沈志远:《新经济学大纲》,上海书店出版社1935年版,第12页。

首先,政治经济学原理要研究人类历史上一个个顺次发生的社会经济形态或经济结构,研究它们每一个的发生、发展、衰落或过渡到更高形态之历史的运动法则。换言之,它把每一个社会经济结构当作一个历史过程,当作历史地过渡性的阶段来把握,同时还要把握各个经济形态、各个历史阶段间的联系性。

其次,要研究特定历史阶段上各社会形态的内在法则,即要把握历史上各个不同社会经济结构间的诸运动法则之内在联系。如在研究资本主义经济市场的价值规律时,从经济范围上看,要说明价值如何进化到剩余价值,剩余价值如何转化为利润,利息和地租、货币如何变成资本,高利贷如何转变为银行资本,自由竞争如何转变为垄断竞争,资本主义经济危机如何变更其性质,计划经济如何应运而生,等等,这些都需从历史发展的观点去研究和分析。

由此可见,政治经济学对于整个的社会经济结构,对于每一种生产关系,对于每一个经济现象等,都是从其形成和发展的过程上去观察的,从其发生发展和变化上去研究的。① 也就是说,科学的政治经济学对于社会经济现象的研究,不是平面的而是立体的、历史的。所以,历史主义的方法也是经济学研究的一个非常重要的研究方法。

沈志远对政治经济学的研究对象、学科性质、学科定义及研究方法进行了马克思主义的界定,这就为发展经济学理论、为深化马克思主义经济学研究奠定了学理基础。

总体来看,沈志远对于经济学学科性质的界定及对经济学研究方法的总结是相对科学和确切的,他之所以能够做出如此科学的解说,主要有两方面原因:一是沈志远有着多学科多领域的学术研究经验,他在经济学、哲学、社会学、政治学等学术领域辛勤耕耘多年,构建了融贯多学科的学术思想体系,因而对某一具体学科亦能做到融会贯通的把握;二是沈志远对经济学本身亦有着深入的研究,他阅读过诸多马克思主义经济学的经典著作,有从事经济学研究的知识学基础。如沈志远在 20 世纪 30 年代就重译了马克思的《雇佣劳动和资本》、苏联学者拉苏莫斯基的《社会经济形态》等著作,足见其深厚的经济学理论功底。②

---

① 参见沈志远:《新经济学大纲》,上海书店出版社 1935 年版,第 14 页。

② 参见吴汉全等:《中国马克思主义学术史 1919—1949 经济学卷》,吉林人民出版社 2008 年版,第 187 页。

第二节　对前资本主义经济形态史之梳理

沈志远注重系统完整地把握问题,反映在对经济学理论的思考上,他提出从"史"学视域,用历史主义的方法来研究经济学问题。在《新经济学大纲》的篇章布局上,沈志远极为重视马列主义政治经济学理论体系的完整性,他一反 20 世纪 30 年代苏联政治经济学教科书只谈资本主义经济的常规,将对社会主义经济的论述与资本主义篇相并行。此外,在历次修订中,沈志远还根据不断变化着的新形势,填充着新的内容。在 1936 年的第 3 版中,沈志远新增了"社会经济形态论与研究前资本主义经济之必要"一节,充实了对前资本主义经济形态的论述,扼要地阐明了唯物史观的社会经济形态论,另新增了"资本主义周期律与经济危机"一章,内容取自沈志远1935 年出版的《世界经济危机》一书,详解了资本的流通过程和资本的总形态。在 1949 年解放版中,沈志远也对该书做了较大的修订,除充实了帝国主义论和社会主义经济形态两部分外,还新增了两编:第 1 编"前资本主义诸经济形态"共 3 章、第 11 编"新民主主义经济"共 4 章。经不断地修订与增补,该书篇幅从初版时的 32 万字扩展到解放版时的 62 万字,从而使该书读起来又像是一部以马列主义经济学视角写的社会发展史,越发地具有广义经济学的性质。

沈志远《新经济学大纲》的整体布局是按照马克思主义经典作家研究资本主义经济时的线索来构造的,同时增补了对于前资本主义经济形态史的论述、苏联型的社会主义计划经济的论述,及就中国而言,新民主主义经济制度的一般论述。这部教科书不但阐述了马克思主义政治经济学所揭示的自资本主义生产方式以来生产力与生产关系的矛盾和社会经济规律及其发展趋势,同时也相对完整地勾勒了经济史的基本轮廓。

在 1936 年第 3 版《新经济学大纲》的绪论部分,沈志远用专节"社会经济形态论与研究前资本主义经济之必要",详述了重视研究前资本主义生产关系及社会经济规律之历史的和现实的意义。

沈志远指出,一切布尔乔亚①社会科学家,都不知道和不愿意用客观的唯物的历史的态度去观察社会,并且不了解社会跟自然不同的特殊的内在法则。在他们的观念中,社会生活之客观的物质基础、它的经济基础和它的具体的历史形态,是影迹全无的。由此,沈志远认为,布尔乔亚和小布尔乔

---

① 指资产阶级。

亚社会观的"特点"就在于它的个人主义、自然主义、主观主义和极端的抽象性。[1]

这里,沈志远批驳了布尔乔亚社会学者用超历史的、抽象的"社会一般"来解读社会的思想观点,认为他们抛去了社会之具体的历史性,它的具体的历史形态,而单讲"社会一般"(Society in general)。布尔乔亚社会学者认为,"某种社会(即资本主义社会)底本质、制度和经济组织是一般的不变的,万古长存的。这样他们把历史的具体的诸社会形态间之质的区别完全抹煞了"[2]。沈志远指出,布尔乔亚社会学者这种把某种形态的社会关系、社会法则看成亘古不变的东西的观点,是典型的反历史的、形而上的观点。

从唯物史观的视角,沈志远阐述了"历史上各种经济形态的特殊性与共通性",说明了社会一般与具体的辩证关系。

沈志远认为,历史唯物主义的社会观是从头到尾贯彻着历史主义的,它拒绝和克服了布尔乔亚社会学教条式的"社会一般"论,而建立了社会经济形态的观念。根据这种观念,社会只是一定的历史发展阶段上的社会,各个社会经济形态的发展和更迭就是社会发展之自然的历史过程。这就是说,它们的发展和更迭是受着内在于它们,离开人的意识而独立的客观法则之支配的,"每一具体的社会形态都是历史上某一阶段或某一时间的社会经济结构,历史地变化着的。历史上一定的诸生产关系之体系,历史上一定的经济组织——这便是每一社会经济形态之客观的物质基础"[3],而布尔乔亚科学家所视为万古长存的资本制社会,则只是历史之过渡性的组织。

沈志远深入阐释了人类历史发展阶段上各具体社会形态之经济结构的内在复杂性,并理论联系现实地分析了中国近代经济的特殊性。他指出,纯粹的单一的社会经济形态在历史上是不会有过的,"每一社会形态内,往往除了一种基本的生产关系或基本的经济结构或形式外,还存在着好些其他形式底生产关系。这些生产关系或者是过去的社会经济形态底残余,或者是新的社会形态底萌芽"[4]。这样,各种不同的经济结构或生产关系的形式,同时存在于一个社会形态中,而以其中之一为领导的基本的结构——这种事实是极普遍的。[5] 像中国、印度以及亚洲非洲各国,在这些国家内,封建关系,甚至自然经济的残余跟帝国主义的剥削形式交织着。这些半殖民

---

[1]　参见沈志远:《新经济学大纲》,上海书店出版社 1940 年版,第 15 页。
[2]　沈志远:《新经济学大纲》,上海书店出版社 1940 年版,第 16 页。
[3]　沈志远:《新经济学大纲》,上海书店出版社 1940 年版,第 18 页。
[4]　沈志远:《新经济学大纲》,上海书店出版社 1940 年版,第 18 页。
[5]　参见沈志远:《新经济学大纲》,上海书店出版社 1940 年版,第 18 页。

地和殖民地国家的经济,都是极复杂的历史形态和经济成分错综交织着的一副画图:资本主义、封建关系、小商品生产奴隶制原始氏族社会等成分都有。

这里,沈志远在剖析了历史上各种依次发展的社会经济形态之复杂的经济结构的同时,也深刻阐释了中国近代经济内在复杂的经济结构及经济成分,这为深化探索改造近代中国经济之出路提供了借鉴,也深层次地引申出研究前资本主义经济形态的现实必要。

沈志远指出,为真实地、客观地认识资本主义的现实关系及其发生与发展,为确定与资本主义斗争之正确的任务,为正确地把握殖民地半殖民地国家的经济性质及根据这种性质而确定的这些被压迫国家民族革命底性质、动力和任务,我们就有研究前资本主义生产关系的必要。

沈志远指出,谁都承认中国经济是资本主义与前资本主义生产方式交织的经济,而其中前资本主义的经济成分在量上又占着相对的优势。半封建的土地关系、农奴制的残余、高利贷、商业资本、城市和乡村中的小手工业生产等,——这些便是在中国占相当优势的前资本主义关系。封建残余关系的存在,是各省内地基本的榨取形式。同时,帝国主义是压榨中国大众的封建残余之最高的维护者。帝国主义不但以经济、政治、军事各种压力直接施之于中国民族,而且还通过中国封建残余及全部军阀官僚的"上层建筑"以压榨中国的大众。

沈志远认为,根据这种认识,我们就确定中国民族解放之根本的历史任务是反帝反封建两种斗争之交互并进。而土地关系之彻底改革、封建残余之根本剔除,则成为中国内部的最基本的要务。① 对前资本主义生产方式的认识,实为解决具体复杂的实践任务所必要的。

可见,沈志远在《新经济学大纲》中很注意把我国近代社会经济中的各种前资本主义经济成分同资本主义相比较,对帝国主义通过不等价交换剥削、摧残殖民地半殖民地国家与人民的社会经济根源进行了揭露,从而达到了他"把经济学的基本原理灵活运用到中国的现实上来"的意图。正如沈志远在"研究经济学之实践意义"一节中所言,许多的经济学者在对中国经济建设的问题上,"作隔靴搔痒之建设者有之,拟闭门造车之方案者有之,将欧美各国的办法原封不动地搬进来作削足适履之尝试者亦有之。……凡此种种倾向,简单一句话,都是由于对中国经济的原理缺乏正确的把握,由

---

① 参见沈志远:《新经济学大纲》,上海书店出版社 1940 年版,第 20 页。

于不知道把经济学的基本原理灵活运用到中国的现实上来"①。

在 1949 年解放版的《新经济学大纲》中,沈志远又充实了"前资本主义诸经济形态"一编,共 3 章,分述了原始社会、奴隶社会和封建社会的社会经济结构,梳理了各经济形态从产生、发展到崩溃之历史发展脉络。

沈志远在展开原始社会共产经济的论述时,首先说明了人类的产生与进化,即从生产关系与婚姻关系的关系上说明了原始社会的特征,又从生产力与生产关系的矛盾上说明了原始社会瓦解之动因,阐述了原始共产社会经由前氏族社会、氏族社会过渡到农村公社的发展过程。他指出:"一方面是原始共产关系的继续残存,另一方面是个别生产和个别的占有(私有)的日益发展,这种两重性充分表现着原始共产社会的崩溃及其过渡到第一次私产阶级社会的必然性。"②

首先,沈志远认为,生产力的发展是推动原始社会崩溃的一个主因。生产力的发展表现于社会分工的日益进展,而分工的进步,又必然引起交换关系的发展。"生产力(即劳动生产率)发展的结果,用较少的人力可以得到较多的收获,这就造成了经济小单位化的可能,造成了由集体生产过渡到个人生产的趋势。"③

其次,在农村公社中,每个家庭都已有了私有的生产工具,并以此私有生产工具来经营自己私有的经济。宅地、房屋、牲畜等物均为各家族私有。而耕种土地长期世袭的使用,久而久之就使土地也变成了私产。土地的私有化,就表示着土地公有制的农村公社被破坏。这也是促成原始社会崩溃的一个主因。

此外,同样地成为生产力发展之结果的是剩余生产物的出现。"满足社会全部消费之后而有余的作为扩大再生产或财富积累之用的那种剩余生产物"④,是个人占有的主要对象,是私有财产发生的前提;剩余产生物一方面成为私有财产的源泉和交换发展的条件,另一方面又成为奴隶制成立的前提。这样,由原始社会的基本矛盾逐步进入了全部私有制社会的根本矛盾。

沈志远分析了奴隶社会的基本矛盾及其生产的特殊性,说明了奴隶制经济结构之特殊的生产力"当作生产力看的奴隶",及奴隶制经济的双重属性——自然性和寄生性。他认为,奴隶制较比原始社会的生产方式具有历

---

① 沈志远:《新经济学大纲》,上海书店出版社 1940 年版,第 16—17 页。
② 沈志远:《新经济学大纲》,生活·读书·新知三联书店 1949 年版,第 27 页。
③ 沈志远:《新经济学大纲》,生活·读书·新知三联书店 1949 年版,第 27 页。
④ 沈志远:《新经济学大纲》,生活·读书·新知三联书店 1949 年版,第 28 页。

史之进步性,这种进步性就在于农业和手工业间分工的发展,可以榨取大量的剩余生产物,推动了生产力的向前;但是,这种奴隶制也有它"致命的弱点",即过分残酷的剥削,产生了种种不利于生产力发展的后果。"生产关系与生产力底矛盾,是促使奴隶制崩溃之根本性原因。"①这个基本矛盾的发展,分化出奴隶制社会崩溃的直接原因,即阶级斗争。

这里,沈志远在阐述奴隶制经济形态时,强调指出了奴隶制社会生产力滞后的深层原因,并解释了奴隶制经济结构的特殊性就表现在其独特的生产力要素上,即被"当作生产力看的奴隶"。沈志远指出:首先,这种被当作主要生产力要素的奴隶,没有独立的人格;其次,奴隶劳动不是自由劳动,而是强迫劳动;再次,奴隶在生产过程中是以两重资格出现的,他一方面是生产手段,一方面又是生产的劳动者;最后,正因为奴隶是这样的一种身份及其所受的残酷剥削,所以奴隶劳动丝毫没有积极的创造性。由此,奴隶制社会的生产力一般地是迟滞不进的。②

沈志远着重分析了封建经济的形成及其一般特征、封建经济的发展及封建经济的崩溃等问题。关于封建社会经济的崩溃,沈志远强调,是由封建制度里面发展起来的生产力跟构成这一制度之骨架的封建生产关系的矛盾造成的。"这一矛盾之基础则是封建农民与地主的矛盾,亦即农民小生产与大土地私有制之矛盾。"③他指出,封建生产力的发展,在农业与手工业的分工过程中体现出来。农业与手工业的分工,引起农村与都市的分离及相互对立,引起商品、货币关系的发达,引起商业资本的成长。随着商业资本成长,封建经济构造就开始解体,而资本主义生产方式就开始孕成。

在《新经济学大纲》的前资本主义诸经济形态部分,沈志远还非常重视对中国各时期的社会经济结构的分析,其研究线索大致如下:

首先,论述了中国的前氏族时代——蒙昧时代、神农黄帝尧舜禹的原始公社时期的生产方式及经济特点,阐述了史前原始公社的崩溃。

其次,从经济构造的特征等方面,论证了商殷奴隶制的经济状况及殷代奴隶制的瓦解。

最后,梳理了中国封建社会史的两大发展阶段,论述了周代至鸦片战争时期的中国封建经济成分,地租、手工业及商业和高利贷,并总结了中国封建社会发展迟滞之根本原因。

---

① 沈志远:《新经济学大纲》,生活·读书·新知三联书店 1949 年版,第 39 页。
② 参见沈志远:《新经济学大纲》,生活·读书·新知三联书店 1949 年版,第 35—36 页。
③ 沈志远:《新经济学大纲》,生活·读书·新知三联书店 1949 年版,第 57 页。

这里，沈志远基于对中国封建经济社会的分析，驳斥了部分学者[1]用"亚细亚社会底停滞性"来解读中国封建社会历史延续三千余年之久，而没有走入资本主义社会之原因，并批驳了那些宣称中国封建时代的经济状况是不断地在"循环""回复"甚至是"倒退"，而替侵略主义进行辩护的反动学说。

沈志远指出，中国封建社会的发展是比较的迟缓，"而绝对不是停滞或循环"。发展缓慢的主要原因有二。第一，"由于中国民族所处的这块大陆，有极广漠的可耕土地"[2]。同时在鸦片战争前，中国民族又不断外展迁移到新开荒地，在开荒地的粗放的经营与设计缺乏条件下，迟缓了生产力的进步。而原居地劳动人口的缺乏又迟缓了原居地生产力的进步。第二，专制的封建主义之下中国官僚、地主、高利贷者之重重过分残酷的压榨，使农民乃至独立手工业者常陷入衣食艰难的困境，没有余力去改变生产技术，也迟缓了生产力的进步。[3] 以上这些观点都是基于对中国封建社会经济结构深入思考的理论总结。

第三节　对商品资本主义经济的分析

沈志远的商品资本主义经济学内容是《新经济学大纲》一书的重点，该内容沈志远是根据马克思的《资本论》前三卷和列宁的《帝国主义论》编写的，但不是简单地缩编，而是进行了重新构思。文中，沈志远运用马克思主义政治经济学的相关原理，对资本主义经济形态进行了科学的阐释。

除《新经济学大纲》外，沈志远集中阐述资本主义经济形态的理论著作，还有其在 20 世纪 40 年代出版的《资本主义经济之剖析》《资本主义总危机论》。在这两部著作中，沈志远深入浅出地阐述了资本主义社会财富的基本单位"商品"、资本主义的生产与积累过程、资本主义国民收入的分配及资本主义经济危机等基本原理，并介绍了帝国主义垄断的经济理论特征、帝国主义发展的不平衡性以及帝国主义崩溃的必然性等理论。作者坚信，帝国主义时代，资本主义的一切基本矛盾都已达到最高限度，都极端尖锐化。资本主义一切矛盾的极度尖锐化，必然使帝国主义成为社会主义革命的前夜。[4]

---

① 如日本反动作者秋泽修二。
② 沈志远：《新经济学大纲》，生活・读书・新知三联书店 1949 年版，第 62 页。
③ 参见沈志远：《新经济学大纲》，生活・读书・新知三联书店 1949 年版，第 62 页。
④ 参见沈志远：《新经济学大纲》，上海书店出版社 1935 年版，第 429—430 页。

沈志远指出，对于商品资本主义经济之运作法则的探究，必须从一般商品经济的诸特质及规律性中，抽象出表现资本主义社会的最普遍关系之本质，因为资本主义经济是发展到最高阶段的商品经济，它是商品经济的一种形式。① 由此，以一般商品经济形态的社会属性为切入点，沈志远具体考证了商品资本主义经济与一般商品经济的形态差异，并将其概括为以下几个方面：

首先，在生产载体上。沈志远认为在资本主义经济中，生产是以个别的企业——资本家所有的私人企业为单位的，而一般商品经济则是以个别的小生产者为载体的，这就是资本主义经济运作能够规模化发展的特质之一。

其次，在运作模式上。在一般商品经济中，生产者同时也是生产手段的所有者，劳动力没有转化为商品。而在资本主义经济体系中，生产者与生产手段发生了分离，劳动力逐步转化为商品。"生产手段的所有者，绝不从事生产劳动，他们依靠收买、剥削他人劳动力，以经营产业；而劳动的生产者则相反，他们没有任何生产手段，仅靠出卖劳动力以维持生存。"②由此，沈志远将资本主义经济概括为以剩余价值的榨取为基础的商品经济。

最后，在经营目的上。单纯商品经济之基本的公式是"商品—货币—商品"，即为买而卖；小生产者所以要出卖自己的劳动产品，是为着要买入自己所需要的生产品，以满足自己生活的需要。而资本主义经济之基本的公式是"货币—商品—货币"，即为卖而买。沈志远认为："资本家底生产就是剩余价值底生产，其目的是为了追求资本利益的最大化。"③

由此，沈志远从唯物辩证法的基本原则出发，在一般商品经济与资本主义经济形态间勾勒了一条不可逆的定律：一方面，单纯的商品经济关系在历史上先行于资本主义的生产关系，资本主义是从单纯商品生产成长起来的，"资本主义必属于商品经济的一种形式"，它遵守着一般商品经济的基本法则"生产底无政府性及其盲目的自发性"④；另一方面，从逻辑上看，商品经济却不必然是资本主义经济，由商品经济过渡到资本主义经济必要满足一个先决条件，即剥削关系的存在⑤，这也是资本主义经济区别于一般商品经济的一个显著特征。

显然，沈志远从一般商品经济与资本主义经济制度之根本差异入手，剥

---

① 参见沈志远：《新经济学大纲》，上海书店出版社1935年版，第14页。
② 沈志远：《资本主义经济之剖视》，生活·读书·新知三联书店1949年版，第24页。
③ 沈志远：《新经济学大纲》，上海书店出版社1935年版，第28页。
④ 沈志远：《新经济学大纲》，上海书店出版社1935年版，第27页。
⑤ 参见沈志远：《资本主义经济之剖视》，生活·读书·新知三联书店1949年版，第12—13页。

离出资本主义经济制度之内在的"剥削本质",这就从根本上把握了资本主义经济制度之本质特征,同时也印证了马克思有关"剩余价值"理论的生成逻辑,在方法论上贯彻了经济学研究之历史主义的原则。

关于资本主义生产方式的探究,沈志远认为,应从诸种范畴的多样性中,从资本主义社会财富的诸多单位中,剥离出表现资本主义社会的最普遍关系之最单纯的、抽象的单位,即资本主义经济的细胞商品。就是说,"商品的分析"应是探究资本主义经济的真相(它的法则)的前提。①

利用以商品为出发点的研究方法,沈志远分析了商品的二重性及劳动的二重性分离,说明了资本主义经济形态中商品的内在矛盾及其在商品生产上的反映。他指出,商品是使用价值与交换价值的统一,而这种统一既是对立的统一,又反映商品生产的主要矛盾即"生产的社会性及占有的私人性之间的矛盾",后面这个矛盾"是商品经济的基本矛盾",它表现着上述"商品的内在矛盾"。

当商品和劳动的二重性进入价值形态时,由于劳动力转化为商品,剩余价值从生产过程中逐步分离出来,造成了生产价值向交换价值的增值,资本主义经济形态就是以榨取剩余价值为基础的商品经济。② 由此,商品和劳动的二重性进入价值形态,即伴随着商品的二重性→劳动的二重性→生产的社会性及占有的私人性之间的矛盾生成。

这里,沈志远既勾勒了资本主义经济制度下的生产方式之运作模式,又强调了这种生产方式是以剥削劳动者剩余价值为基础的生产模式,同时也挖掘出资本主义经济制度下商品经济的根本矛盾,即是"生产的社会性及占有的私人性之间的矛盾"。

资本主义生产方式是以剥削劳动者剩余价值为基础的生产模式,资本主义资本积累的过程就是剩余价值资本化的过程,它伴随着资本主义生产关系的再生产。沈志远将资本主义积累之一般法则表述为以下过程:

为高度利润、为竞争而改变技术和加重对劳动的榨取→剩余价值量增大→资本积累→资本的高度集中→资本有机构成高度化→可变资本部分相对地减少(生产中劳动力之相对的量的减少)→社会财富集中于极少数大资本家之手→乡村和城市的小生产者逐步破产→普罗列塔利亚(无产阶级)队伍扩大→产业候补军的增长→劳动大众普遍地贫乏化。③

---

① 参见沈志远:《资本主义经济之剖视》,生活·读书·新知三联书店 1949 年版,第 2 页。
② 参见沈志远:《资本主义经济之剖视》,生活·读书·新知三联书店 1949 年版,第 24 页。
③ 参见沈志远:《新经济学大纲》,上海书店出版社 1935 年版,第 208 页。

　　沈志远据此断言,资本主义再生产及生产关系的再生产①,必然也连带着资本主义诸矛盾的再生产,这主要是因为:生产社会化与生产资料资本主义私人占有制间的矛盾的无限加剧,这个矛盾又直接演化为无限扩大生产的资本欲与劳动大众支付能力的降低之间的矛盾。这种生产方式的构成有以下三个要素:一是生产手段为资本阶级独占的私有财产;二是劳动阶级毫无生产手段,非靠出卖劳动力无以维持生活;三是资本家以对劳动者榨取剩余价值为资本主义生产方式之目的。②

　　可见,沈志远解析了资本主义社会以追求"剩余价值资本化"的资本积累过程,及资本主义内部矛盾加剧之必然性,这也就为其科学地预测社会主义社会终将取代资本主义社会提供了理论依据。

　　沈志远依据马克思主义政治经济学的相关原理,对资本主义生产总过程之分配环节进行了分类阐释,详细探讨了资本的各种具体形式(如商业资本、金融资本等)和剩余价值的各种具体形式(如工业利润、商业利润、借贷利息、地租)等。

　　尤为值得注意的是,沈志远对资本主义地租问题的相关阐述。他对地租的本质和地租的由来给予了全新的阐释。关于地租的本质,沈志远指出:农业生产中所产生的剩余价值必然要高于平均利润才行。农业中的全部剩余价值(或全部利润),至少应等于平均利润加地租,换句话说,"地租该是平均利润以上的额外利润,它是额外利润之变态的表现。这就是地租的本质"③。关于地租的由来,沈志远作了这样的分析:"地主就利用他的土地垄断权,向使用其土地以经营农业的投资者征收一定的租地费或地租。……因此,所谓地租就是土地底私人垄断权的产物。"④

　　这里,沈志远将地租的形成归结为"在土地的私人占有关系上所形成的土地垄断权",这就把握了地租形成的社会经济根源,同时也揭示了近代社会土地问题之症结所在。

　　此外,沈志远还分析了资本主义总危机论和帝国主义政治经济发展不平衡性的必然性。他指出,在帝国主义时期,资本主义的一切矛盾——资本与劳动的矛盾,各种垄断集团、各个帝国主义国家间的矛盾,少数帝国主义

---

　　①　沈志远的理解,再生产过程,一定不仅是消费资料和生产手段之类的物的再生产过程,同时也必然是此种物的再生产所赖以完成的一定的社会生产关系的再生产过程。所以,资本主义的再生产,也就是资本主义生产关系的再生产。

　　②　参见沈志远:《新经济学大纲》,上海书店出版社1935年版,第183页。

　　③　沈志远:《新经济学大纲》,上海书店出版社1935年版,第335页。

　　④　沈志远:《新经济学大纲》,上海书店出版社1935年版,第334页。

统治集团与殖民地、依赖国间的矛盾等,所有这一切矛盾的发展和激化,使得资本主义总危机的到来成为不可避免;使得推翻资本主义、而以高一级的社会制度——社会主义的制度来代替它的无产阶级革命,成为不可避免。[1]在资本主义总危机笼罩下的社会冲突具有以下几个特征:一是世界经济分裂成为两个对立的体系——崩解中的旧的资本主义体系和蒸蒸日上的苏联社会主义的体系;二是资本主义经济腐溃性的加强和社会斗争的空前激化;三是殖民地半殖民地"离心力"的膨胀及其反帝潮流的高涨;四是帝国主义国家相互间冲突的极度紧张和重分世界成为它们异常急迫的斗争。[2]

沈志远据此推断第二次世界大战已迫在眉睫,他预测了世界反法西斯战争爆发的必然性,写道,"由于帝国主义时代资本主义发展不平衡性底加强,各个帝国主义国家间、各个财政资本集团间为争取市场、原料地、投资场所和势力范围的竞争,就异常地剧烈起来。于是借暴力以重分世界的斗争,就成为急不容缓的事情,而且也是不可避免的事情。帝国主义战争底必然性,就产生于此","比一九一四——一九一八年战争更残酷十倍百倍的第二次世界再分割战,已经迫在眉睫了。……这一战争底爆发,无疑地将是对世界资本主义机体的一个严重的(甚至也许是致命的)打击"[3],而这一预见很快便全部实现了。

第四节　论单纯商品经济之"小农经济"

在《新经济学大纲》中,沈志远还特别注重对单纯商品经济之特殊形态"小农经济"问题的考察。他通过对"小农经济"特点的分析,借助于对"超额生产物"的研究来揭示小农经济下的"超额生产物"与资本主义"差额地租"的本质区别,从而论证了"小农经济"的非资本主义性质,这也为其进一步指证中国农村是以"小农经济"为主导的半殖民地半封建农业经济提供了学理依据。

沈志远认为,所谓"小农经济或农民经济",就是用自己的劳动经营自己所领有的一小块土地,借出卖自己的劳动生产物以维持生活的小农单纯商品经济。[4]关于单纯商品经济下"小农"阶层的生存状态,沈志远这样描述:小生产的农民,往往只要有了勉强能够保障他生活的条件,他就会去耕

---

① 参见沈志远:《资本主义总危机论》,华东人民出版社1953年版,第6页。

② 参见沈志远:《新经济学大纲》,上海书店出版社1935年版,第400页。

③ 沈志远:《新经济学大纲》,上海书店出版社1935年版,第406—407页。

④ 参见沈志远:《新经济学大纲》,北平经济学社1936年版,第493页。

作;只要看上去在一块最劣等的土地上工作,大致能够维持他最低限度之生活时,他就会去耕种那块最劣等土地。换句话说,"这些小农只要他们所收获的价值,除去补偿其生产成本外,还有余额足以维持其最低限度的生活时,是要耕种土地的"①。这种小农经济,是为满足自己生活需求而生产,而不在于利润或绝对地租的获得。小农的生活,往往是很贫乏的。

这里,沈志远对单纯商品经济下"小农经济"特点的分析,在当时,有力地说明了中国农村是以封建性的农业经济占据主导地位的,从而论证了中国农村经济的半封建形态性。

沈志远对比分析了小农经济下的"超额生产物"与资本主义"差额地租"之本质区别,论证了单纯商品经济下的"小农经济"是一种具有非资本主义性质的前资本主义经济形态。沈志远认为,超额的生产物,在外表上看来,是与资本主义下的差额地租相当的。"但是就其本质论,即是从差额地租所体现的生产关系与此种超额生产物所代表的生产关系的比较上说,就会发现根本上的区别"②。

沈志远指出,资本主义经济条件下的差额地租,就是由于土质、位置等自然差异而产生不同的劳动生产率所造成的剩余价值超过平均利润的余额。这个超过的余额,"是农业劳动者所创造、由资本家手上转渡到地主口袋里去的东西"③。而在小农经济的条件之下,农民所耕种的土地,也必然有因土质、位置不同而发生劳动生产率的差异;但是,差额地租是资本家把从劳动者身上榨取来的剩余价值的一部分交给地主作为使用土地的代价的东西。小农经济中因土质、位置之差异而发生的超额生产物,却并不是这样一种生产关系的产物;这部分超额生产物,是小农用他自己劳动生产出来的,因此它本质上就不是剩余价值。④

借此,沈志远得出结论,假若把小农经营当作纯粹的单纯商品经济,即丢弃它的资本主义的发展倾向来观察,那么,本质上与资本主义差额地租相同的东西,在小农经济中是不存在的。

这里,沈志远对小农经济下"超额生产物"与资本主义生产方式下的"差额地租"的比较分析,不是从外在形式上来区分,而是从两者的根本性质上,即两者在形成过程中所反映出不同的"生产关系"层面进行比对,这就从根本上把握了两者的不同。

---

① 沈志远:《新经济学大纲》,北平经济学社 1936 年版,第 496 页。
② 沈志远:《新经济学大纲》,北平经济学社 1936 年版,第 493 页。
③ 沈志远:《新经济学大纲》,北平经济学社 1936 年版,第 493 页。
④ 参见沈志远:《新经济学大纲》,北平经济学社 1936 年版,第 493 页。

　　沈志远亦从绝对地租的层面论证了"小农经济"的非资本主义性。在上文已经探讨了地租形成的前提条件是土地的私人垄断权。沈志远是这样描述地租的,他写道:"地租该是平均利润以上的额外利润,它是额外利润之变态的表现。"[①]这就是地租的本质。地主就利用他的土地垄断权,向使用其土地以经营农业的投资者征取一定的租地费或地租。因此,所谓地租的前提条件是土地的私人垄断权。

　　在这里,沈志远也是从绝对地租的"私人垄断权"前提入手,论及了"小农经济"的非资本主义性。

　　沈志远指出,资本主义下的绝对地租,就是由于地主土地私有权的存在,"资本家将因低度有机构成而发生的高于平均利润以上的那部分剩余价值交给地主当借地代价的东西"[②]。简单地讲,绝对地租就是在低度资本构成条件之下、劳动者所形成的价值对于生产价格的超过额。在小农经济中,绝对地租也与差额地租一样是不存在的。因为在这里,"根本不存在地主、资本家和劳动者三个阶级,而只有使用自己的生产工具和土地,靠出卖自己劳动生产品以过活的小商品生产者"[③]。

　　也就是说,资本主义之下的绝对地租之所以发生,是由于地主土地私有权的存在。因为在劣等的土地上虽不产生差额地租,但是当社会对于农产品的需求增大到非经营这劣等土地不可的时候,若不给地租于地主,他就不让你使用这非使用不可的土地。"他要静静待市场上因农产品供给太缺乏而价格涨到使绝对地租有保障的程度。同时,如若要资本家从他的平均利润中扣除一部分出来交付地租,他也是不干的。"[④]

　　沈志远对商品经济下"小农经济"的问题研究表明,小农经济下的"超额生产物"在本质上既不同于资本主义生产方式下的"差额地租",也不同于地主土地私有权下的"绝对地租",它是由农民自己创造的,而非被地主、资本家无偿剥削、占有的"剩余价值",因而"本质上也就不是剩余价值",故小农经济不是资本主义生产方式下的农业资本主义经济。

　　自然,沈志远也注意到了农业中的商品生产与资本主义经营方式的出现,但他认为这并不能说明农村已经资本主义化了,而只能说是"涂上资本主义的色彩"。小农经济不是"纯粹的单纯商品经济",而只是一种具有"资本主义倾向"的特殊经济形态。

---

①　沈志远:《新经济学大纲》,上海书店出版社 1935 年版,第 335 页。
②　沈志远:《新经济学大纲》,北平经济学社 1936 年版,第 494 页。
③　沈志远:《新经济学大纲》,北平经济学社 1936 年版,第 495 页。
④　沈志远:《新经济学大纲》,北平经济学社 1936 年版,第 495 页。

沈志远指出,在现实世界中,"单纯商品经济(即指小农经济)一方面由于他所特具的内在的发展法则,另一方面由于包围着他的资本主义的影响,他就表现着向资本主义道路发展的倾向。这一倾向底本质,就是农村的阶级分化(Class differentiation)"①。少数农民变成富农,中大农业资本家、广大的农民群众则愈越贫乏化,卒致与一切生产手段分离而转变为出卖劳动力的无产阶级。

关于单纯商品经济的小农生产中这种资本主义的倾向对于地租的影响,沈志远认为,在农村分化的影响之下,中农集团的分裂和崩溃过程是很快的。在富农农村中,差额地租这个范畴是完全适用的。在中农经济中,因土质位置等自然差异而产生劳动发生率的高低,又因这一高低而产生超额价值;这种情形自然也是可能的。但是,"中农经济中并没有资本主义的生产关系,所以这个超额价值,实在是中农的差额利润而不是差额地租"②。然而,"这种利润底实现,与生产手段底私有制和资本主义法则所统辖的市场,有密切的关系"③。因此,这种利润是带着资本主义的色彩的。

从农民收入的性质入手,沈志远又深化阐述了农民的生产物价值,在其本质上虽不具有资本主义属性,但却也涂上了资本主义的色彩。

沈志远写道:"农民一身兼三职:第一是土地的所有者,第二是使用土地的'资本家',第三是靠自己劳动生活的'工钱劳动者'。"④农民收入的性质,本质上虽非资本主义性的,可是在资本主义生产方式的支配之下,农民的生产物价值,却涂上了资本主义的色彩。

农民所实现的价值,实际上可以分为三部分:(一)以"地主"资格收得的"地租";(二)以"资本家"资格所收得的"平均利润";(三)以"雇佣劳动者"的身份获得的"工资"。⑤

由此,沈志远指出,把纯粹资本主义的范畴,应用于小农经济,在某种程度上是正确的。因为,对于小农经济,虽然从纯粹的形态上去观察,我们会暂时把小农经济的资本主义性丢开,来研究它的特质。但是,在现实世界中,单纯商品经济也就是小农经济,由于包裹着它的资本主义影响,它就表现着向资本主义道路发展的倾向。

此后,在1949年"解放版"《新经济学大纲》中,沈志远还在第11编"新

---

① 沈志远:《新经济学大纲》,北平经济学社1936年版,第497页。
② 沈志远:《新经济学大纲》,北平经济学社1936年版,第497页。
③ 沈志远:《新经济学大纲》,北平经济学社1936年版,第497页。
④ 沈志远:《新经济学大纲》,北平经济学社1936年版,第497页。
⑤ 参见沈志远:《新经济学大纲》,北平经济学社1936年版,第498页。

民主主义经济"里又专门分析了新民主主义经济体制的主要成分——小农经济之未来发展趋势,并对比分析了个体的小农经济在新民主主义条件之下与在资本主义条件之下,发展趋势的差异。

沈志远认为,在革命中铲除了封建半封建的土地剥削制度,实行了耕者有其田之后,新民主主义胜利初期的农村经济,主要的必然是数量庞大的个体农民小生产即小农经济。这种小农经济在性质上极大部分是农民私有的小商品经济或单纯商品经济,只有一个小部分富农的经济带有资本主义的性质。

而从这种个体的小农经济的发展趋势上看,它们中间将不可避免地生长出资本主义的成分来。然而个体的小农经济在新民主主义条件之下与在资本主义条件之下,其发展趋势又是大不相同的。这主要体现在以下几个方面:

第一,在资本主义社会内,小农经济的发展是完全受着资本主义市场法则的支配而造成极少数人富有和极大多数农民赤贫化的局面;在新民主主义社会内其发展则受着新民主主义经济计划的指导及国家经济政策的统制,除不可避免地发生一部分新式富农外,大多数的农民将走上丰衣足食的小康之境,贫苦的农民将只占极小的部分。

第二,在新民主主义政权和无产阶级的积极领导之下,个体经营的农民将或缓或速地走上集体经营的大道。[①]

可见,沈志远在对个体的小农经济这种特殊经济形态加以性质分析的同时,亦深刻阐述了小农经济在新民主主义计划经济引导下的未来发展走势,这也为新中国成立之初我国开展过渡阶段的社会主义改造提供了经济学依据。

总体来看,沈志远通过对商品经济下"小农经济"结构的分析,一方面肯定了小农经济形态包括农民收入的"非资本主义性",小农经济并非资本主义生产方式下的农业资本主义经济;另一方面又指出了小农经济不可避免地带有"资本主义色彩",从而说明了近代中国农村经济的性质虽未发生本质的变化,但亦受资本主义生产方式影响的现实。这些分析在当时是很富有见地的,也符合对近代中国农村实际的考量。

第五节　对近代西方经济学流派之批判性解析

《近代经济学说史》是沈志远的又一部经济学力作,该书是我国第一部

[①]　参见沈志远:《经济学研习提纲》,生活·读书·新知三联书店1949年版,第181页。

比较全面系统的介绍近代欧美各经济学流派的史略专著。该书在1947年后和《新经济学大纲》一样，被列为生活书店的"新中国大学丛书"，而为许多大学作为经济学教材所采纳，现被收入到上海书店出版的《民国丛书》第二编第三十四卷中。

《近代经济学说史》是沈志远根据1936年在北平大学法商学院任教时所编经济思想史讲义整理而成的。限于当时时局紧张，书局催稿，沈志远只得随讲义编写进度而匆匆付印，1937年底由上海生活书店出版，该版次印行了两版后，1944年由国讯书店出版了修订版，并将书名改为《近代经济学说史纲》。国讯书店的经理祝公健亲自担任了该书的校对，使该书得以顺利出版。此后修订本的著作由生活书店、三联书店出版，直至1950年，先后出版了7次。

《近代经济学说史》全书九章40节28万字，这部大型的经济学史略专著，以马克思主义的经济学观点为指导，详细地介绍了近代欧美各经济学流派产生的社会、经济、历史背景，并批判性地分析了各经济学流派的经济政策、经济理论及经济观点，具体包括以威廉·配第为代表的重商主义学说，以奎奈等人为代表的重农主义学说，以亚当·斯密、大卫·李嘉图为代表的古典学说，从约翰·穆勒开始的古典学派的没落，以及庸俗经济学派的萨伊、马尔萨斯、西尼尔、巴师夏等人的经济学说，西斯蒙第的经济浪漫主义，空想社会主义者圣西门、傅立叶和欧文的经济学说以及普鲁东主义。1944年的修订版在"社会主义经济学说"一章中又增加了"科学社会主义流派"部分，收录了对马克思的《资本论》的评价、马克思经济学方法论的介绍和列宁以来的社会主义经济学说，还增加了对19世纪下半叶的历史学派、奥地利学派和英美学派的批判性介绍。

在1944年《近代经济学说史纲》的"自序"部分，沈志远道出了该书的写作目的，他写道："本书虽述而不作，并无创见可言的东西，但它对于理论经济学，特别是对于经济思想之史的发展，较之向来国内同类的译著，有一些不同的贡献。"[①]这些贡献表现在，"向来国内出版的一些经济学说史或经济思想史，有的是依据旧的经济学方法论来写的，或者说是依据19世纪以前的各重要学派（特别是正统学派、英美学派、心理学派等）的观点来写的；有的则'无所为'地把各派经济学说作毫无是非地并列介绍……而缺乏一种批判的精神"[②]。而此书的特点表现在：第一，能用新经济学方法论去揭

---

① 沈志远：《近代经济学说史纲》，生活·读书·新知三联书店1950年版，自序。
② 沈志远：《近代经济学说史纲》，生活·读书·新知三联书店1950年版，自序。

发每一经济学说的历史背景,从社会经济发展的特定的历史阶段,去说明这一经济学说的根源及其发展方向。第二,用历史主义的观点,去对每一学派作一适当的评价。第三,能用现代最新的经济科学的观点,对过去各派经济学说逐一作严正的批判性的介绍。这些特点的总结,在当时的历史条件下,可谓别具一格。

在该书的导论部分,沈志远阐述了经济学说的形成与特定社会经济条件之相互关系,他指出,任何一种经济学说,总以一定的社会经济关系做它的背景的。同时,又总代表着某些社会集团的利益。"它鲜明地反映着一定的经济关系,代表着社会某一部分社会底要求。"[①]比如,重商主义是商业资本统治时代的那些经济关系的产物,它彰明昭著地代表着商人的要求。

借此,沈志远认为,"经济思想或经济学说既有社会经济关系做它底背景,它就必然随着这些关系底发展和变化而发展变化"[②]。所以,经济思想史跟社会经济发展史是有十分密切的联系。

沈志远还十分强调经济思想史对社会经济发展史之能动的反作用。他认为,尽管任何一种经济思想都有它一定的社会经济的背景,它们都是一定的社会经济条件的产物。但同时它们反过来又能积极地影响着社会经济关系的发展或变迁,"经济思想底发展史是跟经济发展史交融并进的,经济思想底发展随时随地反映着社会经济本身底发展"[③]。

在1936年版《近代经济学说史》的"绪论"部分,沈志远又从历史唯物主义的视角,分析了经济学说史之研究对象,他认为,对于政治经济学的考察,应把它当作一个过程来研究,同时不应脱离社会经济和政治的关系,不应丢弃科学和哲学思想的发展去孤立地研究政治经济学问题。

他指出,现代的政治经济学,就是研究资本主义生产方式的经济科学,它是随着这一生产方式的发生和发展而发展的。同时,这种发展又跟资本主义社会形态的实际矛盾和社会斗争之发展并驾而行。经济思想领域中各种思潮各种学派的斗争,它跟经济和政治阵线上的斗争合并起来,形成整个的、巨大的、推动历史发展的社会斗争。经济学说或经济思想正是在这种意义上成为经济学史或经济思想史之对象的。由此,沈志远认为,"这一发生和演进底过程",也就成为经济思想史的研究对象了。

这里,沈志远在该书的导论部分,总括性地概述了近代经济学说史之研

---

① 沈志远:《近代经济学说史纲》,生活・读书・新知三联书店1950年版,第1页。
② 沈志远:《近代经济学说史纲》,生活・读书・新知三联书店1950年版,第1页。
③ 沈志远:《近代经济学说史纲》,生活・读书・新知三联书店1950年版,第4页。

究对象及研究意义,凸显了研究经济学史与社会经济条件之紧密联系,并认为,经济学史之研究就是研究资本主义生产方式发生和发展之"过程"的经济学理论,这也就从基础理论层面上厘清了经济学说史之"具体"的研究内容。

沈志远阐述了重商主义学说之社会经济背景、经济政策、理论体系及代表人物威廉·彼梯①之经济学思想。沈志远认为,重商主义是代表商业资本利益的思想体系,这成为重商主义产生和发展的社会经济条件。这种商业资本是指在工业资本以前的,是资本还未组织生产以前早就存在的一种历史的资本形式。"重商主义即是关于商业资本的经济政策"②。

而重商主义的理论体系则包括:重商主义的研究对象是流通;他们的方法是现象的描写和部分的现象的分类;他们所认定的任务是狭窄的实际主义的;他们研究的结果是各种经济法则的确定。重商体系是政治经济学的"前史"形态,它首先是以这一资本的运动——"货—商—货"为出发点的,并把资本流通过程看成仅仅由两个流通阶段"货—商"和"商—货"组合而成的货币循环。③

沈志远还介绍了重商主义代表人物威廉·彼梯之经济学思想,认为,在彼梯的意念中,根本没有利润这一独立的范畴,剩余价值仅存在于两种形式中——土地的租金和货币的租金(即利息)。④

以"史"的发展脉络为线索,沈志远还探讨了重农主义及古典学派的历史背景及其代表人物的主要经济思想。沈志远认为:"重农主义是一般经济学说史发展中的一派重要的思想,它是随着资本主义关系的发展,社会经济的支配权由商业资本转移到工业资本时代的一种经济思想。"⑤而重农主义并不要排斥某种形式的重商主义,而是要一般地排斥重商主义本身,排斥重商主义的原则而拿一种新的原则去对抗它。"重农主义者由于重视农村经济的缘故,他们的思想就从流通过程转移到生产过程中去了。他们不主张从流通中而主张从生产中找出财富底源泉来"⑥,——这种立场使得他们把研究的注意集中到农村经济上去。以重农主义的代表人物奎奈为例,沈志远介绍了奎奈的经济学思想。他从自然科学的研究方法入手,具体探讨

---

① 即威廉·配第。
② 参见沈志远:《近代经济学说史纲》,生活·读书·新知三联书店1950年版,第1页。
③ 参见沈志远:《近代经济学说史纲》,生活·读书·新知三联书店1950年版,第9页。
④ 参见沈志远:《近代经济学说史纲》,生活·读书·新知三联书店1950年版,第25页。
⑤ 沈志远:《近代经济学说史纲》,生活·读书·新知三联书店1950年版,第27页。
⑥ 沈志远:《近代经济学说史纲》,生活·读书·新知三联书店1950年版,第30页。

了财富的问题——财富如何生产、被谁生产、何处生产的问题,它学说的中心点就是他的"纯生产品"论,并依据这个理论,试图对资本、剩余价值、劳动、人民的作用等问题给予分析。

沈志远认识到英国古典学派(正统学派)是马克思主义政治经济学思想的理论来源,故在该书中,沈志远还用大量篇幅阐述了古典学派亚当·斯密、大卫·李嘉图及约翰·密勒的经济学思想。沈志远阐述了亚当·斯密经济学思想形成的时代背景,评介了《国富论》的主要内容及社会影响,并梳理了其思想形成的内在线索,重点分析了其经济学理论中的"分工与交换论""货币论""交换价值论""国民收入分配论""资本论"等思想。

在这里,要重点介绍一下第六章"社会主义学派底经济学说"的主要内容,在该内容里,沈志远分甲、乙两个部分分述了乌托邦社会主义学派和科学社会主义学派对于资本主义经济制度的考察和说明。

沈志远指出,乌托邦或空想社会主义学说给予了资本制社会以无情的批判,并拿自己的理想去跟资本制度对立起来。乌托邦或空想社会主义者的批判资本主义,是从社会主义的立场出发的。他们要把历史推向前进,从资本主义推进到社会主义。"空想社会主义者们预示了将来社会的情况,天才地窥破了过去机械工业在他们眼中所做到的'破坏'的倾向。"①

空想社会主义者对于资本主义经济制度之批判,沈志远认为,是因为他们猜想着这种制度的发展倾向,并把自己的眼光投射到将来,这样他们就赋予一切社会科学以各种新的观念,当然政治经济学也被包括在内。

沈志远同时也指出了空想社会主义学说之理论缺陷,并阐述了其理论形成的社会历史背景。沈志远写道,"空想社会主义的创始人,虽然正确地说中了他们亲眼看到的那种经济制度底发展倾向,可是资本主义底真实本性,他们却不能了解。既不了解这点,他们就不能将政治经济学从资本家的科学转变为真实而彻底的大众的科学"②。不过,空想社会主义者的批判,因为他们说破了业已完成的政治和经济改革的倾向,因为他们把自己的眼光远投到将来,所以它毕竟是经济科学发展中的重要酵母。

沈志远分析了空想社会主义学说生成的社会经济背景,他认为,空想社会主义对应着资本制社会发展的某一阶段,"在这个阶段上,劳资两大社会间的龃龉尚未充分发展,雇佣的产业劳动者还只能被看做劳动人民中很可

---

① 沈志远:《近代经济学说史纲》,生活·读书·新知三联书店 1950 年版,第 181 页。
② 沈志远:《近代经济学说史纲》,生活·读书·新知三联书店 1950 年版,第 182 页。

怜的一部分,他们只能有自发的骚动,而还不能从事社会改造的运动"①。这使空想社会主义学说一方面具有革命批判的性质,而另一方面又具有空想的性质。

可见,沈志远在这里从正反两方面评价了空想社会主义学说之理论贡献及其学说缺陷,并深层次剖析了空想社会主义学说生成的社会经济背景,这为其深化梳理空想社会主义学说与科学社会主义学说之批判性继承关系做了理论铺垫。

沈志远指出,假使说乌托邦社会主义的学说是反映西欧资本主义正在加速发展而尚未达到烂熟时期的那个历史阶段上的社会经济状况,它是资本主义的社会矛盾虽已充分暴露而产业劳动者们尚未能发挥其独立的奋斗作用的时候的革命小资产者的意识形态,那么科学社会主义学说就是资本主义烂熟时期代表产业劳动者利益的一种思想武器。科学社会主义的经济学说是社会主义的,因为它对资本主义经济作了彻底的革命的批判,它指示了废除资本主义而代之以一切生产手段公有制为基础的无阶级无剥削的社会主义经济制度的途径。同时它又是科学的,因为它的资本主义批判和政治经济学批判,并不建立在抽象观念之上,亦并不以预先设定的一种永久不变的固定公式为根据,而是以资本主义之具体的研究,以资本主义发展的客观法则之揭露为根据的。②

这里,沈志远指出,卡尔·马克思的资本主义批判和政治经济学的批判,不是建立在抽象观念之上,而是以资本主义之具体的研究对象,以资本主义发展的经济法则之揭露为根据的。因此,沈志远认为,马克思批判资本主义的科学社会主义学说,是社会主义之科学的经济理论根据。

此外,在《近代经济学说史纲》中,沈志远还以"史"的脉络为线索,分析了庸俗经济学派的萨伊、马尔萨斯等人的经济学说,西斯蒙第的经济浪漫主义,普鲁东主义的经济学说,以及19世纪下半叶的历史学派、奥地利学派和英美学派的经济学思想,从而全面系统地呈现了近代欧美各经济学派演进的历史脉络。这里,需要特别强调的是,沈志远在全书的写作过程中都一以贯之了马列主义之"批判"的特质,诚如其在导言中所言,该书之特点在于,"能用现代最新的经济科学的观点,对过去各派经济学说逐一作严正的批判性的介绍"③。在《近代经济学说史纲》中,沈志远将这一写作特质彰显无遗。

---

① 沈志远:《近代经济学说史纲》,生活·读书·新知三联书店1950年版,第183页。
② 参见沈志远:《近代经济学说史纲》,生活·读书·新知三联书店1950年版,第222页。
③ 沈志远:《近代经济学说史纲》,生活·读书·新知三联书店1950年版,自序。

第五章　对社会主义经济理论的
　　　　　传播与探索

　　沈志远在《新经济学大纲》下篇部分对社会主义计划经济学内容进行了研究。该内容属于沈志远的独创部分,重点分析了苏联社会主义计划经济学理论,专门探讨了苏联经济的建设与发展问题。沈志远在社会主义计划经济学领域的研究,是经济学史上有关马克思主义政治经济学的社会主义理论部分的最早论述,它打破了以往经济学研究仅局限于资本主义经济学内容的传统模式,开启了社会主义计划经济学领域研究的先河。

　　众所周知,苏联20世纪20年代盛行着经济学消灭论思想,因而没有社会主义政治经济学。沈志远在苏联留学期间,曾学过《经济政策》和《苏维埃经济理论》课程,掌握了基本的经济学理论知识。1931年,苏联学者沃兹涅辛斯基首次提出社会主义政治经济学概念,并提出了诸多不成熟的设想。此后30年代苏联经济学界,很少有人研究社会主义政治经济学内容。尽管后期波里林和沃兹涅辛斯基等按照苏联社会主义建设的历史进程曾设计过社会主义政治经济学体系结构,但这种体系结构带有浓郁的经济学"史"的色彩,且都没有成书。30年代初期,沈志远先后出版了《计划经济学大纲》《新经济学大纲》两部论著,在这两部著作里,沈志远的社会主义计划经济学内容是按照商品经济的逻辑要求来设计体系结构的,这在当时是独具创见的。1952年,斯大林发表了《苏联社会主义经济问题》,这可以说是苏联政治经济学史上的首部以社会主义经济学为研究对象的理论著作。1954年,苏联科学院根据斯大林的有关理论和论述,编写出版了《政治经济学教科书》,标志着社会主义政治经济学学科体系的最初建立。但是苏联《政治经济学教科书》的问世比沈志远的《新经济学大纲》迟了整整20年。

　　沈志远在社会主义计划经济学领域的研究,是其将马列主义的基本原理应用于对苏联一国社会主义探索的结果,它在整个政治经济学的发展史上,有着里程碑式的意义。

第一节　论一国社会主义之"可能"与"必然"

　　20世纪30年代前后,由于资本主义国家爆发了严重的经济危机,而苏联实行的计划经济却取得了显著的成效,鉴于自由竞争存在的诸多问题和中国当时所处的特定环境,计划经济成为国人推崇的体制模式,经济学家对此的论述也逐步丰富起来。①

中国第一部阐述计划经济的学术著作就是沈志远的《计划经济学大纲》。该书出版于1933年,由上海申报馆发行,书中具体论述了苏联十月革命后各时期计划经济的执行情况,分析了苏联计划经济的内容、形式、计划化的组织方法及计划经济体制下的商品流通、货币周转、信贷与积累等经济理论问题。沈志远认为,社会主义计划经济体制,就是经济由有自觉的、有计划的、有组织的指挥机关来调节,而不会出现经济竞争与经济恐慌。自由资本主义之生产的无政府状态,"恰恰就是资本主义的市场方式——即具有市场底社会性与占有底私有性之间的矛盾的生产方式"②造成的。

在沈志远看来,社会主义的计划经济并非没有内部矛盾运动,但这种矛盾与资本主义经济制度的矛盾不同。在社会主义经济运行中,生产力与生产关系的矛盾,依然是社会主义社会的内在矛盾,是社会主义社会发展的原动力。但解决这一矛盾的方式,是执政的生产管理者的政府经济政策,是计划化的经营生产等。刺激社会主义生产力发展的不再是利益竞争,而是社会的需求。社会需求与物质生产水平间的矛盾,成为社会主义经济中的基本内部矛盾。

沈志远写道,在社会主义社会中,社会的需求是生产力发展的"刺激物";而资本主义社会内这样的"刺激物"却是资本家之为利益的竞争,"当一个社会内阶级和经济矛盾完全消灭了的时候,社会需求与物质生产水平间的矛盾,就成为这一社会经济中的基本的内部矛盾"③。而社会主义内在矛盾之特殊性,就在于:首先,在社会主义之下,这一矛盾之表现,不具有经济冲突的性质与色彩;其次,在资本主义条件下,生产关系逐步"变成生产力发展底桎梏",而社会主义的经济结构,"是经常不断地把物质生产力在日益扩大的范围上去尽量地自由发展"④;最后,资本主义矛盾之运动形式,是自发性竞争、恐慌(或危机)和战争。彻底解决资本主义之矛盾的,是生产者之社会革命。社会主义下之矛盾,并无自发竞争恐慌等等之表现,因为它的经济是有自觉的、有计划的、有组织的指挥机关来调节的,解决社会主义经济之矛盾的,是执政的生产管理者的政府之经济政策,是计划化的经营

---

① 参见钟祥财:《20世纪中国经济思想述论》,东方出版中心2006年版,第144页。
② 沈志远编:《计划经济学大纲》,上海文库1933年版,第5页。
③ 沈志远编:《计划经济学大纲》,上海文库1933年版,第63页。
④ 沈志远编:《计划经济学大纲》,上海文库1933年版,第70页。

生产,是社会主义竞赛,是突击队运动,等等。①

沈志远并不认为社会主义计划经济是尽善尽美的,他指出,社会主义计划经济出现紊乱与恐慌也是可能的,"但不是必然的"。"这种'恐慌'之发生,不是由于苏维埃经济之内在的规律性的反映……而是由于外在的、主观上的处置失策或指导与组织未尽完善所致。"②

这里,沈志远强调了社会主义计划经济之运作模式是有别于以盲目的市场自发为动力的无政府资本主义经济运作的,并指出其根本区别即在于社会主义计划经济之"自觉"的计划性,从而凸显了社会主义与"计划经济"之内在联系。自然,沈志远在这里既承认社会主义经济存在矛盾,又认为这种矛盾可通过人为的"计划"加以消除,忽略了一国现实生产力水平的制约因素,这也有对"计划经济"与社会主义关系做绝对化理解的倾向,对此,他在 20 世纪 40 年代的经济学著作中有所修正。

此后,在 1934 年由商务印书馆出版的《新经济学大纲》一书的下篇社会主义计划经济部分,沈志远又深入探讨了过渡时期社会主义经济之发展及计划经济体制下的经济政策等诸理论,从而使其有关社会主义计划经济学的理论阐述更为系统化。具体来看,沈志远论述了从资本主义到社会主义的过渡时期与社会主义的差别;研究了一国社会主义制度产生的必然性;介绍了计划经济的规律性、条件、形式、内容、方法以及社会主义的经济范畴等;梳理了苏联计划经济发展之实况及苏联战时经济和战后新五年计划等经济学问题。在这里,主要介绍沈志远在第十二编"社会主义的经济形态"导论部分里关于"一国社会主义胜利的可能与必然"问题的分析。

沈志远对资本主义经济制度进行了深刻分析,论述了垄断资本主义的不平衡性及社会主义诞生的必然性,预测了资本主义生产关系必然被一国或少数国社会主义生产关系所取代的历史趋势。

沈志远认为,在垄断的条件之下,生产的社会化发达到很高的程度,它就会与资本家个人的占有方式发生尖锐的冲突。垄断资本主义时代的生产力是非常巨大的,但是国内外的市场却日益缩小,因此,各国垄断资本集团为抢夺市场、争取原料来源和投资场所的斗争,就空前地剧烈起来。帝国主义时代资本主义发展不平衡的加强,使帝国主义重分世界的战争成为绝对不可避免的事情。③

----

① 参见沈志远编:《计划经济学大纲》,上海文库 1933 年版,第 70 页。
② 沈志远编:《计划经济学大纲》,上海文库 1933 年版,第 76 页。
③ 参见沈志远:《新经济学大纲》,生活·读书·新知三联书店 1949 年版,第 559 页。

由此,沈志远总结了资本主义经济制度崩溃的根本原因,即在帝国主义阶段,随着资本主义发展不平衡性的加强,资本主义的生产关系已从促进生产力发展的形式转变为束缚生产力发展的镣铐了。这便是资本主义崩溃的根本原因。

垄断资本主义即帝国主义阶段的这种经济上的深刻矛盾,"必然要表现于资本和劳动二阶级间冲突的强烈化,表现于殖民地被压迫民众对帝国主义反抗运动的高涨,表现于帝国主义之间重分世界的斗争之极度尖锐化以及表现于资本主义与社会主义这两个阵营的对立与冲突底尖锐化"①。帝国主义的矛盾,很快地促进新的更高的推进生产力继续发展的社会组织——社会主义的诞生,这也是社会主义革命的历史根据。

沈志远论述了帝国主义时期资本主义发展不平衡性的历史意义,主要包含两个层面影响。其一,垄断资本时代,生产集中和生产社会化已经发展到极高的程度,社会生产力也发展到异常的高度,这就是社会主义计划经济所必需的物质前提。资本主义最高阶段的帝国主义,替社会主义革命创造了一切必要的物质前提。在这些物质前提中,最重要的有三个。第一个就是少数大资本家所有的大企业里生产手段与劳动力的集中。第二个必要前提是大规模的高度的劳动社会化。最后一个重要的物质前提,为社会主义革命所绝对不可少的,是高度发展的工人阶级的组织。②

其二,表现在帝国主义阶段,资本主义的生产关系顽强地束缚着社会生产力的自由生长;资本主义之生产社会性和私人占有制之间的矛盾,达到了空前的强烈和扩大,结果必然要经过社会革命的形式以解决这种矛盾。资本主义的生产方式是人类社会历史发展中的过渡性的生产方式。这种帝国主义时期资本主义发展不平衡性的消极影响就表现为:首先,它使资本主义列强重新分割世界的战争成为不可避免的;其次,社会主义没有可能在一切国家内同时胜利;最后,帝国主义链条中最弱的环节可能首先断裂,而造成社会主义首先在一国或少数国内胜利的可能。在前述社会主义革命的物质前提的准备中,资本主义发展不平衡是具有极大的意义的。

这里,沈志远深化阐释了帝国主义链条中"较弱的环节"的内涵,并引论出一国社会主义革命之可能与必然。他指出,所谓帝国主义全部体系中的较弱的环节,是指在帝国主义阵营的力量最松懈的地方,反帝阵营的力量积累得比较快,工人阶级的斗争比较猛烈,农民和被压迫人民的革命运动高

---

① 沈志远:《新经济学大纲》,生活·读书·新知三联书店 1949 年版,第 560 页。
② 参见沈志远:《新经济学大纲》,生活·读书·新知三联书店 1949 年版,第 562 页。

涨着；在那种地方，革命的反抗强化着，资本主义的抵抗力量削弱着，——这就是我们所说的帝国主义体系上最弱的一环。①

　　而帝国主义的发展既是不平衡的、跳跃式的，则无产阶级的社会革命，亦不可能成为全世界上同时"并行的行动"，而只能在帝国主义体系中较弱的环节最先爆发，"资本主义发展的不平衡的强化，一切帝国主义矛盾的激化，革命的劳工运动和被压迫民族反帝运动的高涨，造成了社会主义革命在个别国家内胜利的不仅可能，抑且必然。所以一切国家同时并举的社会革命没有可能，而一国或少数国家内社会主义革命的首先胜利，却成为必然之事"②。由此，沈志远得出结论社会主义革命可能首先在一国或少数国最先爆发。

　　沈志远分析了社会主义革命和社会主义建设的相互联系，即社会主义革命战争后如何保障、支持和巩固社会主义胜利的问题。沈志远指出，工人阶级推翻了资本家的统治，取得了政权，这只是社会主义革命胜利的开始，而不是它的完成。"依照社会主义的原则来改造和组织生产，以达成根本消除剥削、消除阶级和实行共劳共享的目的"③，"社会主义革命"，就不只包括着政治的革命，同时也包括着经济的改造和文化的革命。而在政治革命之后，最中心最基本的任务，"便是社会主义的经济建设"。而没有社会主义的政治革命，社会主义的建设就根本无从设想。所以社会主义革命是社会主义建设的首要前提。

　　可见，沈志远充分认识到社会主义革命与社会主义建设间的辩证关系，强调社会主义建设是社会主义革命的一个高级阶段，社会主义建设就是对社会主义革命胜利果实的巩固与发展，同时社会主义革命又是社会主义建设的前提，这也就在社会主义革命与社会主义建设的关系问题上坚持了辩证的认识论原则。

　　沈志远还探讨了苏联一国建设社会主义社会的世界历史意义，他强调，"苏联社会主义建设底胜利，空前地提高了它自己的国际地位，改变了它和资本主义世界的力量对比，加强了帝国主义底一切矛盾，扩大了整个体系底链锁中的弱的环节"④。它用精神和物质的力量去援助一切受外国侵略而为自己民族独立生存而奋斗的国家，援助一切人民的新民主主义国家，坚决反对美帝国主义的侵略的扩张主义和战争政策。

---

① 　参见沈志远：《新经济学大纲》，生活·读书·新知三联书店1949年版，第563页。
② 　沈志远：《新经济学大纲》，生活·读书·新知三联书店1949年版，第564页。
③ 　参见沈志远：《新经济学大纲》，生活·读书·新知三联书店1949年版，第565页。
④ 　沈志远：《新经济学大纲》，生活·读书·新知三联书店1949年版，第565页。

　　这里，沈志远强调了苏联建设一国社会主义的重要意义，凸显了它对于世界格局的重要影响，并深化指出了其未来担负的世界历史使命。

　　在导论部分第二节"社会主义政治经济学之必要"里，沈志远还阐述了社会主义经济的客观法则问题，并深入剖析了研究建立在社会主义经济基础上的社会主义政治经济学之必要。沈志远指出，社会主义经济是依据客观经济法则而发展的，但它又跟前社会主义经济发生过作用的那些法则有着根本区别的。在社会主义以前的那些经济形态中，经济发展是自发地盲目地作用着；它们是越过了人的意志和意识而实现着的。然而社会主义的经济法则却是被人们所认识所把握，而又通过人们的有计划的行动才获得实现的法则。

　　既然在任何社会形态中，客观的经济法则是存在的，那么，研究社会主义社会之经济发展法则的政治经济，就有建立的必要了。"这种政治经济学底任务就在剖析这些客观法则，并且说明社会主义国家如何运用那些法则去达到建设社会主义和由社会主义过渡到共产主义的目的"[①]。

　　可见，沈志远充分肯定了社会主义经济发展中内在法则的客观性，认为社会主义经济有计划发展的法则，是作为资本主义制度下竞争和生产无政府状态的法则的对立物而产生的，以此摒弃了在社会主义经济发展问题上否定、漠视客观经济规律的错误认识论思想，凸显了建立在社会主义经济基础上的社会主义政治经济学研究的必要。

　　沈志远认为，各色各样的机会主义者和反动派否认社会主义的客观法则，目的是在破坏苏联经济之有计划的领导和发展，替自发的资本主义经济法则在苏联经济开方便之门，"企图诱致马列主义的理论干部不去研究社会主义政治经济学的各项理论问题而沉醉于脱离社会主义现实的学院式的空论"[②]。各色各样的机会主义者和反动派由于否认社会主义社会的客观经济法则的存在，同时也连带地否认社会主义政治经济学研究的必要，认为，"政治经济学底研究对象只是自发地发展着的经济。在没有自发性统治的地方，或者在社会经济不带有自然性的地方，那儿就没有理论经济学底地位。""他们认为社会主义社会底经济既一切受着人底自觉意志支配与领导，那就不再存在着客观的经济法则，因而政治经济学的研究也就变成没有必要的了"[③]。

---

①　沈志远：《新经济学大纲》，生活·读书·新知三联书店 1949 年版，第 570 页。
②　沈志远：《新经济学大纲》，生活·读书·新知三联书店 1949 年版，第 570 页。
③　沈志远：《新经济学大纲》，生活·读书·新知三联书店 1949 年版，第 570—571 页。

总体来看,沈志远在对社会主义经济发展问题的理解上,一方面强调了社会主义经济发展中内在法则的客观实在性,同时,又强调了社会主义计划经济之运作是有别于以盲目的市场自发为动力的无政府资本主义经济运作的,并指出其根本区别即在于社会主义经济之"自觉"的计划性,这种理解几乎成了后来绝大多数社会主义者的经典表述,长期影响着中国的经济学界。

第二节　论社会主义经济法则与范畴

在《新经济学大纲》一书里,沈志远还探讨了过渡时期社会主义经济之发展及计划经济体制下的经济政策等诸理论,他首创性地提出了社会主义计划经济的实质及规律问题。

沈志远指出,社会主义的经济法则之最重要的特点就是"计划化",就在于它们表现为被认识了的客观必然性,它们是通过党和国家的政策而被自觉地运用着、实现着。"计划化的原则贯彻于社会主义生产关系底全部体系,而形成为这些生产关系底最重要的特征之一。"①

而所谓"计划",沈志远认为,就是社会之自觉的、合理的、有目的指挥经济的一种具体方式,社会主义计划经济运作之动力即在于生产组织的计划化,自觉的劳动组织,及生产与分配之自觉的有计划的调节。社会主义"计划化"的经济效力就体现在:首先,计划是社会主义经济的指导力量、组织力量和动员力量;其次,经济计划既表现着社会主义再生产的内部的因果关系,它就决定和实现着某一阶段上的政治经济任务所要求的国民经济各个部分(和各个企业)间生产手段和劳动力分配上的有比例性(proportionality)。最后,社会主义计划化之显著的特点,乃在把生产发展的有比例性跟社会主义社会生产力的不断加速增长结合起来。而社会主义制度下计划经济的优越性,在资本主义生产方式条件下则是无法实现的,其优越性主要体现在以下两个方面:一是社会主义计划化的组织力和动员力,鼓舞和刺激着人民群众的创造能力,它就成为社会生产力不断进展、社会主义生产日益繁荣的原动力;二是社会主义计划化是一种保证国民经济发展有比例性的力量。②

这里,沈志远肯定了社会主义制度下计划经济的优越性,认为社会主义

---

① 沈志远:《新经济学大纲》,生活·读书·新知三联书店1949年版,第595页。
② 参见沈志远:《新经济学大纲》,生活·读书·新知三联书店1949年版,第589页。

国家苏联与资本主义国家的经济运作模式之根本区别就在于"有无计划性",肯定了社会主义制度与计划经济之必然联系。但同时也认为社会主义经济制度受内在必然性(价值法则)的制约。沈志远写道:"价值法则,连带的是商品与货币底流通,在社会主义经济中以被改造了的形态发生其作用。"①社会主义经济制度下的价值法则之作用在于推进计划经济与社会主义生产的发展。社会主义条件下的价值法则之最基本的特质就在于:"它不只是客观的经济法则,同时又通过计划化、通过苏维埃国家之自觉的掌握和运用,使成为推进社会主义建设的工具,它就成自觉性的发展,变成被认识了的必然性。"②而资本主义或小商品经济中的价值法则却是完全自发的、盲目作用着的、任何人无法加以控制的东西。

由此,沈志远剖析了社会主义计划经济模式与以市场自发为动力的无政府资本主义经济模式在内容和形式上的根本区别,沈志远认为,主要体现在两个方面。第一,社会主义的经济法则,是建立在生产手段公有制和没有人剥削人的制度上的社会主义生产关系的表现,而资本主义的经济法则却是表现资本主义剥削的生产关系的。第二,社会主义的经济法则是以被认识了的必然性而表现作用,它们被人们自觉地运用着利用着来从事社会主义的建设,而资本主义的经济法则却是成为一种自发的不可避免性而发生其作用;这里,人们的自觉是无能为力的。

沈志远的上述论断是极富有见地的。过去理论界多误认为计划经济是社会主义之本质特征,认为是社会主义就必然要搞计划经济,没有考虑到一个国家的生产力发展水平,没有顾及世界经济秩序中"价值法则"的存在,只将"生产资料公有"作为实施计划经济的唯一立论。沈志远提出的"计划经济"是"以被认识了的必然性而表现作用"的观点,在坚持了社会主义经济发展之"价值法则"的同时,也凸显了人的自觉的计划性原则。

沈志远具体探讨了社会主义计划经济实施的六个必要前提,他指出:"计划经济是社会主义之生存形态或社会主义经济之经营方式,它自身不是某种社会经济形态或范畴。计划化与社会主义的经济结构(生产关系或经济关系)是不可分离的。"③由此,沈志远总结了要实施计划经济必要的六个前提:一是一切生产手段的社会化及一切"经济命脉"归为社会主义的国家所有;二是国家的权力要转移到参加生产的劳动者集体的手里;三是榨取

---

① 沈志远:《新经济学大纲》,生活·读书·新知三联书店1949年版,第598页。
② 沈志远:《新经济学大纲》,生活·读书·新知三联书店1949年版,第598页。
③ 沈志远:《新经济学大纲》,上海书店出版社1935年版,第541页。

者之社会阶级的消灭;四是彻底改善劳动者集团的生活状况;五是领导权集中;六是实现一切民族平等,消灭对弱小民族的榨取与压迫。

沈志远提出的"计划经济"建立的"六个必备前提"之论断,阐述了社会主义与计划经济之实施所存在的条件性,在当时是十分切中时弊的。

沈志远认为,经由资本主义走向社会主义社会,中间隔着一整个的历史阶段,这个阶段就是所谓"过渡时期"。"过渡时期之经济,因为资本主义经济之否定,然而非完全的社会主义经济,它是走向社会主义的一种经济。"①过渡时期的到来,沈志远认为是不可避免的,这主要是因为,在暴力的政治变革之后,接着还需要进行经济的彻底改造,文化和思想的彻底变革。在政治上,需要镇压旧的剥削阶级,需要做消减剥削和消灭阶级一般的工作,需要领导非无产阶级的勤劳大众从事社会主义的建设,并借此以改造他们成为社会主义社会之自觉的积极的建设者。这就是所谓无产阶级专政的时期。

在这里,沈志远将社会主义理解为"过渡形态"和"纯粹形态"之分,虽然是对马克思关于社会主义和共产主义理论之发挥,但却与当下的"社会主义初级阶段"理论有诸多相似之处,这一分析,有助于人们在理解新中国成立初期推行的社会主义之改造,理解现实存在的商品流通和货币市场之必然性,其现实意义十分重大。

沈志远看到了"过渡时期"社会主义计划经济体制中也存在着诸种社会矛盾,认为它们主要表现为以下方面:一是劳动者和残存的资本主义成分的矛盾;二是社会主义城市和小商品经济的农村的矛盾。三是社会主义大工业生产和农民的小商品经济的矛盾。但在这些社会矛盾中,沈志远认为,最为根本的矛盾是生产力和生产关系的内在矛盾,这对矛盾在过渡时期社会主义计划经济体制下就具体表现为最先进的社会主义生产关系与相对落后的生产力发展水平之间的矛盾。社会主义社会之基本矛盾与以往社会(包括资本主义社会)矛盾性质之根本差别表现在:一是社会主义下生产力和生产关系矛盾的表现不具有阶级冲突的性质和色彩;二是社会主义社会内的矛盾之解决无须经过政治的革命;三是社会主义生产关系不会束缚生产力的发展,而是经常不断地使物质生产力在日益扩大的范围内尽量自由地发展;四是社会主义矛盾之解决要依靠统治者、生产管理者即劳工阶级之自觉的、主观的、有意识的力量;五是社会主义生产关系之发展,要求生产力更高的发展,无穷尽地使生产力推向前进,和平地演进到未来的共产主义社

---

① 沈志远:《新经济学大纲》,生活·读书·新知三联书店 1949 年版,第 572—573 页。

会,社会主义经济的另一个矛盾是社会需求与物质生产力的矛盾。①

以上这些论点,发表在资产阶级经济学独霸讲坛的 20 世纪 30 年代,使人耳目一新。它为人们研究"过渡时期"社会主义计划经济体制中的内在矛盾,提供了新的视角。

沈志远在对过渡时期社会主义计划经济体制内在法则及社会矛盾加以分析的同时,也具体地结合苏联社会实践解析了计划经济学理论,论证了社会主义工资之实质及社会主义利润、积累之原始过程,充分肯定了苏联计划经济体制下商品货币存在的必然性。

沈志远分析了苏联经济政策中允许商品和货币市场存在的原因。按照马克思主义经典作家之看法,商品货币关系是资本主义经济制度下的产物。那为何已建立起社会主义制度之苏联仍存在着商品流通和货币市场呢? 沈志远认为,一般地讲,真正纯粹的社会主义,亦即共产主义实现后,商品交换和货币市场确实是无须存在的。而在社会主义革命刚刚成功的时候,不论国家的经济如何发展,要立即消灭商品形态和抛弃货币是不可能的。在一定时期内,它们必然存在着,虽然它们的本质已经完全改变。在他看来,苏联社会之所以仍存在着商品流通和货币市场,是因为它尚处于一种过渡的社会形态,即非纯粹的社会主义社会。在这种社会形态下,由于生产手段和劳动之社会主义的社会化过程还没有完成的缘故,也就是因为私有的小生产经济还未完全消灭的缘故,商品货币关系还必须存在和保持,这就必然导致从商品货币买卖转变到直接分配需一个时期较长的过程,因而在社会主义变革之过渡阶段不能立即消灭商品货币;二是在苏联的特殊历史条件下,即经济不发达,还要利用商品货币发展生产力;三是苏联社会中存在诸种不同的、矛盾的经济成分,不同经济成分之间的经济联系只能靠商品货币。②

尽管苏联社会主义计划经济现实存在着商品货币市场,但沈志远认为,苏联的价格不表现价值规律的作用,它与资本主义国家的商品货币市场性质完全不同,这主要表现在三个方面:一是在商品流通上,"资本主义之下的商品流通是取自发性的市场形式,而在苏联则以有计划的商品流通来代替盲目的市场"③。二是在货币关系上,在资本主义经济条件下,"货币是统治人们的无上力量,在那种社会里,货币用来购买劳动力以从事生产的资本"。而在社会主义经济中,货币不再是资本,而是被统治阶级"当作社会

---

① 参见沈志远:《新经济学大纲》,上海书店出版社 1935 年版,第 465—466 页。
② 参见沈志远:《新经济学大纲》,上海书店出版社 1935 年版,第 487—488 页。
③ 沈志远:《新经济学大纲》,上海书店出版社 1935 年版,第 102 页。

化的经济成分内部生产品之有计划的交换与分配的工具"①。三是在价格
特质上,在资本主义社会里,价格是价值之货币表现形式,价格之变动是受
"盲目的价值律"作用的;苏联经济中的价格则不表现为价值规律的作用,
而表现为有计划性的货币呈现;在新经济政策初期,货币是社会主义国家用
来联结、影响和改造小商品经济的工具。在新经济政策结束后,货币形式和
商品形式(苏维埃商业)一样,是实现苏联经济之计划化领导的强有力的工
具,是刺激社会主义经济建设加速发展的武器。沈志远借此肯定,苏联必须
利用商品、货币和经济责任制等实现分配和计算。

可以说,沈志远对苏联社会主义计划经济体制下商品货币市场的认识,
既看到了苏联社会主义"过渡阶段"商品货币市场存在的长期性、必然性,
同时也指出了苏联社会主义过渡阶段与资本主义国家的商品货币市场的根
本不同,这就从理论上解释了苏联社会主义"过渡阶段"存在商品货币市场
的合理性。但同时也必须指出的是,沈志远在对苏联商品货币市场的理解
上,还是有其偏颇之处的,如在对苏联价格表现的解释上,认为"苏联经济
中的价格不表现为价值规律的作用,而仅表现为有计划性的货币呈现",这
就从根本上抹杀了计划经济体制下价值规律的存在,从而对价值规律支配
下的"市场"与"计划"机制做了绝对对立的理解。

同商品货币市场形式类似,"剩余价值是资本主义生产关系之物的表
现"②。沈志远认为,尽管苏联现实社会亦存在着商品货币市场,但苏联社
会主义计划经济体制是不适用剩余价值理论的,且在苏联计划经济体制下
的工资、利润和积累亦有着不同的表现形式。沈志远指出,剩余价值是资本
主义生产关系之物的表现,苏联计划经济体制是不适用剩余价值理论的,苏
联机械论者普莱奥布拉仁斯基所谓的社会主义"渐进式"剩余价值理论观
是没有学理依据的。他解释道,苏联社会主义体制下的"工资"不表现为资
本主义市场经济体制下的剥削关系;在资本主义经济中,"工资是劳动力这
一商品底价值或价格之表现形式"③;而在苏联的经济成分中,"工资包含了
作为工人个人消费的那部分社会生产品,工资表现为个别的工人与工人阶
级全体间分配社会生产品时所造成的一种关系,工资是按劳分配原则的实
现"④。苏联的社会主义工资是工人按劳分配原则的实现。而苏联社会主
义经济体制中的"利润"和"积累",尽管有形式上的利润,但无平均利润率,

①　沈志远:《新经济学大纲》,上海书店出版社1935年版,第103页。
②　沈志远:《新经济学大纲》,上海书店出版社1935年版,第509页。
③　沈志远:《新经济学大纲》,上海书店出版社1935年版,第517页。
④　沈志远:《新经济学大纲》,上海书店出版社1935年版,第518页。

没有资本积累,仅有社会主义积累。

沈志远依据唯物史观的基本原理,具体解析了苏联社会主义计划经济体制下的经济政策问题,他看到了苏联社会主义计划经济体制在经济政策上的具体表现,指出,"一定的经济形态,必定适应着一定的经济政策。某种经济形态下的统治的社会阶级,必然采取和拥护足以促进某种经济形态之发展和强固的经济政策"①,苏联的社会主义经济之发展需要各种经济政策为其现实动力,这些具体政策包括:工业化政策、农业集体化政策、合作政策、对外贸易垄断政策、社会福利政策等。

沈志远分析和介绍了苏联的主要商业政策,他阐述了商业在苏联经济建设中的地位和作用。沈志远指出,苏维埃商业,在社会化成分内,在国家企业与集体农场间以及在私有生产者间,经营交换的事务,它将直接引导到社会主义的生产品交换。"在国营经济成分内,苏维埃商业之组织物品交换,是表现那根据彻底的社会主义生产关系来组织的社会劳动之联系。而社会主义经济与私人经济间的苏维埃商业,是表现那有计划地组织着的劳动与分散的私人劳动之间的联系"②。也就是说,苏联的商业,作为生产和消费之间的联系环节,具有双重的功能,既可以充当分散的私人劳动与有组织的社会劳动之间的纽带,又可以组织大规模社会化劳动,它在社会主义经济建设中发挥着十分重要的作用。

沈志远对苏联商业经济理论和政策中的商业利润、价格政策、协作政策等问题也进行了分析。他指出,苏联是社会主义的计划经济,合作社商业和国营商业是不存在商业利润的。因为这些企业不属于任何私人,只属于劳动者所有。私人经济成分中虽有部分商业利润,但因它们受劳工国家的统制,"利润率也变得越来越低",以至于到"低得不堪设想"的地步。针对价格政策,沈志远指出,其政策特点就是"一贯地减低物价",即减低商品的生产成本,并认为这项政策,"提高了劳动者底实际工资",增加了劳动报酬,是苏维埃政府民众福利政策的一个组成部分。沈志远对社会主义计划经济实行价格政策是十分推崇的。但他同时认为,这种政策的实行及其效果如何,又依赖于"生产力发展的水平"。

沈志远认为,协作政策也是苏联整个计划经济中的重要组成部分,它对于苏联整个国民经济向社会主义推进起着极大的作用,其特点是"帮助国家恢复生产力","帮助加速商品的流通","辅助国家商业机关之不足",

① 沈志远:《新经济学大纲》,上海书店出版社1935年版,第545页。
② 沈志远编:《计划经济学大纲》,上海文库1933年版,第106页。

"帮助小生产者和小商人的集合经营","动员社会的零散积储和集中资源以从事生产"。这种协作政策的实施,将从根本上消除欧美东西各国"纯以渔利和中饱少数大股东"合作事业的弊端。①

此外,沈志远还对苏联商业发展趋势作出了预测。他指出:"在现阶段,经济责成制的巩固和苏维埃商业的发展,是组织社会主义的生产和交换的基本工具,但是到国民经济全部都成为社会主义经济的时候,这种商品货币形式就无疑地必归消灭,而代之以纯粹的社会主义的生产品分配。那时的统制和计算,将取自然品形式了。"②这里所指的"自然品形式",也就是能"实现人的自由全面发展"的共产主义社会。

沈志远对苏联商业经济政策的分析,是建立在他对苏联一国社会主义商业经济形式,即计划经济商业运行体制的认识基础之上的。就当时的情况来看,他的理解和把握显然是相对准确的,这种理解对未来中国社会主义商业发展产生了巨大的影响。同时,他对有关商品货币关系及其在社会主义经济中的表现形式之认识也是异常深刻的。

要特别强调的是,沈志远还对于苏联农业集体化政策进行了相关论述,他指出,"所谓农业集体化政策,就是搞农业的生产合作。根据农民自动的原则,国家竭力帮助集体农场之组织与发展"③。苏联农业集体化政策之目的,皆在改造零散的私有的小农经济,以集体生产合作之路径,推动农业经济之整体化发展。沈志远早期关于苏联农业集体化政策的相关阐述,对于新中国成立后我国施行一系列农村土地改革政策,如农村合作化运动、经济合作社运动等,都有着一定的借鉴意义。

第三节　对苏联计划经济发展实况之梳理

在下篇社会主义计划经济学部分,沈志远除探讨过渡时期和社会主义经济的各种法则与范畴外,他还介绍了当时世界上唯一施行计划经济的国家——苏联的经济实况。沈志远结合苏联实践剖析了计划经济学理论,梳理了从十月革命、"军事共产主义"时期、新经济政策下的经济恢复时期经由第一次五年计划时期、第二次五年计划时期过渡到共产主义的第三次五年计划时期的苏联国民经济发展实况,这在当时的其他政治经济学教科书

---

① 参见沈志远编:《计划经济学大纲》,上海文库1933年版,第40页。
② 沈志远编:《计划经济学大纲》,上海文库1933年版,第106页。
③ 沈志远:《新经济学大纲》,上海书店出版社1935年版,第550页。

中是罕见的。

此外,沈志远在该书中还论述了帝国主义政治经济发展不平衡的意义及战争的必然性,并据以预言第二次世界大战已迫在眉睫,指出这次战争将严重打击整个帝国主义体系,这一预见很快便全部实现了。同时,沈志远还剖析了苏联战时经济及战后复兴经济的新五年计划时期的苏联经济状况问题。

沈志远阐述了苏联从十月革命到军事共产主义时期的苏联经济状况,概述了十月革命后苏联在土地问题、工业政策、国家资本主义改造等方面的经济政策。沈志远指出,十月革命实现了革命劳工运动的重大目的:即推翻资产阶级政权,建立劳工阶级专政以及资本主义的私有财产的被剥夺。[①]

在经济政策方面,沈志远认为,十月革命后,俄国共产党实施的首要经济纲领,即是解决土地问题。它通过土地法令规定土地归人民所有,土地不再是商品,不能再自由买卖。这一经济政策消灭了土地私有制,同时也消灭了地主阶层,它使农民从封建剥削关系中解放出来。这一经济政策,使土地私有制的消灭,成为日后实行农业集体化的最根本的前提条件。在工业政策方面,沈志远认为,俄国共产党颁布了工人管制生产条例,这一制度是将全部企业收归国有的一个准备步骤。其目的是"在全国规模上实施精确而忠诚的计算和统制,生产品底生产和分配底工人的管制"[②],同时,俄共还颁布了对国家资本主义进行改造等经济政策。

沈志远阐述了苏联十月革命后采取的系列经济政策的重要意义。他指出,在十月革命后,苏维埃政权奠定了社会主义经济的基础,掌握了全国的经济命脉。在人类历史上首次建立以工业为基础的社会主义生产关系体系。十月革命后的经济政策,"消灭了土地私有制,银行和一切大企业的国有化,资本家一切主要财产被剥夺,——这是对国内地主资产者的致命打击。取消沙皇政府所缔结的一切外债,——这是对国际财团资本的致命打击,实行工人统制企业的制度和组织最高国民经济委员会,——这是达到一切工厂企业和一切重要生产手段之完全社会化(国有化)的第一步"[③]。所有这些经济政策,便是摧毁地主资产阶级的经济基础和奠定社会主义经济基础的重要的经济政策。

在军事共产主义时期,沈志远论述了苏共为保卫苏维埃政权所采取的

---

① 参见沈志远:《新经济学大纲》,生活·读书·新知三联书店 1949 年版,第 634 页。

② 沈志远:《新经济学大纲》,生活·读书·新知三联书店 1949 年版,第 635 页。

③ 沈志远:《新经济学大纲》,生活·读书·新知三联书店 1949 年版,第 638—639 页。

国家资本主义改造政策、工业政策及财政政策理论。沈志远指出,为要供养苏维埃政权之最可靠的支柱红军,"军事共产主义"的经济政策就成为一种必然。武装保卫苏维埃国家之整个经济设施体系,不外是组织合理的消费,加强对资产阶级的剥削,用没收和微发的手段,以毁灭国内敌对阶级的经济基础,并将国内现有的物资储备都集中到国家手中,以进行合理的分配,借此保障对国内外反革命势力的军事胜利。[①] 具体采取如粮食贸易垄断制、余粮微发制、普遍劳动义务制等措施。

在工业方面,则主张把全部工业的管理权集中于国家的中央机关,工业品和农产品的分配集中于国家之手以保证国家的防卫力。由大部分企业的工人统制过渡到全盘国有化的政策。其主要原因有二:第一是增加由国家直接支配的生产品数量;第二是在国内战争条件下,不让那些对苏维埃政府实行怠工的企业主掌握生产基础。

在财政方面,由于国防的需要,财政状况十分紧张。国家在给养红军士兵,在支付工资,在维持企业以及在其他一切消费上的支出增加。而国家的收入却因经济的普遍解体,因苏维埃统治区域的缩小而大大地减少,它远不能应付日益激增的支出。其结果是国家的预算发生巨额的赤字,由此发行了巨量的贬值纸币。

可见,沈志远对苏维埃政府在军事共产主义时期所采取的经济政策进行了具体分析,这些分析已有计划经济弊端的初步展现。

沈志远对新经济政策下经济恢复时期的经济状况也进行了分析,他指出,在20世纪初期,苏维埃国家在经历了4年帝国主义战争、3年国内战争之后,把原本基础薄弱的苏维埃国家的元气丧失殆尽,这些是新社会从旧社会腹中分娩出来的一番剧痛。[②]

而新经济政策实施之必要,不只是因为要恢复破坏了的国民经济才需要采取这种政策。"新经济政策之必要根本上是从劳工阶级革命底整个历史过程中产生出来的,它是社会主义革命建设之必经的途径。"[③]

沈志远具体分析了新经济政策下经济恢复时期所采取的经济政策及其积极意义,他指出:"合作社、合作计划在新经济政策中尽着极大的作用。"[④]合作社把小农私有经济跟社会主义的大工业结合起来。合作社从它的最简单的形式——消费、供给和销售方面的合作社,到高级类型的生产联合——

[①]　参见沈志远:《新经济学大纲》,生活·读书·新知三联书店1949年版,第639页。
[②]　参见沈志远:《新经济学大纲》,生活·读书·新知三联书店1949年版,第642页。
[③]　沈志远:《新经济学大纲》,生活·读书·新知三联书店1949年版,第642页。
[④]　沈志远:《新经济学大纲》,生活·读书·新知三联书店1949年版,第644页。

集体农场、劳动生产联合为止,才把小生产私有者逐渐引上集体农业的轨道。沈志远论述说,粮食税也是调动广大农民积极拥护工农联盟的重要措施,"粮食税取自然品形态的,这种自然形态的粮食税却有一定限额底规定,有一定的缴纳期,而税额也比余粮微发少得多。一切超过税额以外的剩余粮食,都留给农民手里,归他自己去随意支配,而农民就得到贸易这些剩余粮食的自由"①,这就能充分调动了小生产者对生产发生兴趣,让他们从切身利益上拥护劳工政权。

沈志远还阐述了他对商品交换政策的理解,他指出,苏维埃政权下的商品交换,是国家将社会主义工业生产品,经由国家机关或合作社直接卖给农民,农民也经过合作社把农产品出卖给国家,不再经由私人资本家、商人从中渔利。但要实现这样的商品交换,必须有一个条件,即国家工业要能够不断地供给大量工业品去交换农民的粮食和原料,而这就需要国家利用资本主义来增加商品生产以发展流通。由此,沈志远指出,苏维埃政权对于国家资本主义既予以经济上的和政治上严格的限制,同时又允许其适度的发展,但这种发展又是极有限度的。

总之,沈志远认为,新经济政策下的经济恢复时期是为着建设社会主义而必需的过渡时期,在这一政策下,苏联经济6年就恢复到战前水平,并且使苏联经济成分中的5种成分即社会主义的、国家资本主义的、私人资本主义的、小商品生产的和族长自然经济中的社会主义成分占据主导优势,使限制和排挤资本主义分子的任务成为现实,这也就使执行新经济政策的最终目的达到,"即创造了进一步实行社会主义改造的必要基础"②。

以史的发展脉络为线,沈志远还探究了第一次五年计划、第二次五年计划及第三次五年计划阶段之经济改造状况及经济计划。沈志远认为,国民经济改造之任务,第一,应当增加投资的总数;第二,新的大众投资应当主要地放在生产手段的重工业上;第三,大部分投资应当对刷新老企业和建设新企业两者并重。应当把高度工业化当成首要的任务。在这一基础上,借农村社会主义改造以实现工农联盟的新形式——生产联盟的形式。③

而第一次五年计划之新任务,首先是要把苏联由一个以农业占优势的国家,改造成为社会主义的工业国家;要改造全部国民经济的技术基础,借此以奠定社会主义经济之基础。④

---

① 沈志远:《新经济学大纲》,生活·读书·新知三联书店1949年版,第644页。
② 沈志远:《新经济学大纲》,生活·读书·新知三联书店1949年版,第649页。
③ 参见沈志远:《新经济学大纲》,生活·读书·新知三联书店1949年版,第650页。
④ 参见沈志远:《新经济学大纲》,生活·读书·新知三联书店1949年版,第650页。

　　沈志远具体阐述了苏维埃政权面临经济改造之现实困境,他指出,困难的根源在于"苏联从前代所遗留的落后的技术经济条件,异常零散细小的农民经济,对社会主义进攻作顽强反抗的资本主义残余成分,以及国际资本主义帝国主义的包围"①。农村经济的过分零散和落后,要求社会主义的高度工业化。因为只有大工业尤其是生产手段的重工业化,落后的农村经济的技术基础才有彻底改造的可能。②

　　因此,高速工业化的实行,就成为苏联国民经济社会主义改造初期的最主要一环。不只是为了克服工业本身的落后性,不只是为了从对资本主义世界的经济依赖关系中独立起来,而是为了实行农村社会主义改造,为了建立统一完整的社会主义经济基础。

　　沈志远总结了第一次五年计划经济改造的现实成效,并肯定了社会主义生产制度的优越性。他写道:"第一次五年计划的经济改造使许多生产部门不但实现了计划,且还超过计划很多"③。包括第一次五年计划时期,苏联在基础上已经重新改建了全国的重工业,从主要地生产农产品的农业国,跃升为工业国。在农业方面,使过去的诸种经济成分发生对比关系变化,"苏联农村经济底蓬勃兴旺,耕地底扩大,商品生产底激增,农民生活底富裕"④。在商业方面,强大的国营和合作社商业机构代替了私人商业的地位。基本的商品量已都掌握在社会主义商业之手,苏维埃商业是没有私人资本参加、没有中间人和投资者的有计划的直接国营的商业。

　　由此,沈志远认为,第一次五年计划的完成,使苏联的经济面貌发生了根本变化。这已充分证实了社会主义生产制度较之资本主义生产制度之绝对的优越性。

　　沈志远论述了第二次五年计划之任务及其现实成效,剖析了第一次五年计划与第二次五年计划之继承关系。沈志远指出,第二次五年计划的建设,它的一切基本任务都是决定于第一次五年计划所替它创造好的物质前提的。第二次五年计划的任务就在于,首先,"彻底消灭产生阶级区别和剥削的诸原因,消灭经济中和劳动大众意识中的资本主义残余,亦即完全剔除任何生产手段底私有制","借以建设无产阶级的社会主义社会"⑤,这些是第二次五年计划的重要任务。

---

①　沈志远:《新经济学大纲》,生活·读书·新知三联书店 1949 年版,第 650 页。
②　参见沈志远:《新经济学大纲》,生活·读书·新知三联书店 1949 年版,第 650 页。
③　沈志远:《新经济学大纲》,生活·读书·新知三联书店 1949 年版,第 652 页。
④　沈志远:《新经济学大纲》,生活·读书·新知三联书店 1949 年版,第 656 页。
⑤　沈志远:《新经济学大纲》,生活·读书·新知三联书店 1949 年版,第 658 页。

其次,发展农村经济的社会主义改造,使它成为完全机械化、科学化的大规模生产,即达到消灭城市与乡村之对立和消灭劳心与劳力之对立的目的,同时还要使全体农民转变为无产阶级的社会主义社会之自觉的积极的建设者。这便是第二次五年计划的基本任务。

沈志远总结了第二次五年计划之现实成效及其在苏联确立和巩固社会主义经济体系上的积极意义。沈志远指出,第二次五年计划之成效,在于在国民收入上,确立了"苏联底全部国民收入,是真正属于国民的,它取不同的方式,为劳动大众所有"①。在工业生产上,使工业和集体农业地蓬勃繁荣,使国民生活丰富化和国民收入激增。并扩大了生产手段的生产,这在保证全部国民经济的技术和增强国防上的意义是极端重大的。② 同时,沈志远还剖析了第二次五年计划在农村经济方面、商业方面及促进社会主义劳动组织斯达哈诺夫运动等方面的积极成效。

由此,沈志远肯定了第二次五年计划在确立和巩固苏联社会主义经济体系上的积极意义。沈志远指出,苏联"社会主义改革中最艰难的一个任务,改造千百万小农经济的任务,在这一时期大体完成。苏联底农村已最后地走上了社会主义的道路,走上了富裕的、文明的、集体经济生活底道路"③。生产手段的所有权在苏联,已经消灭了人对人的剥削的深刻原因和基础。剥削者阶级也完全消减了。"一切生产手段和工具在苏联均为全体劳动者自己所有"④,社会主义的经济体系在苏联已居于独占的统治地位。

沈志远还概述了"过渡到共产主义去的"第三次五年计划之重要意义及其基本任务。沈志远指出:"苏联底第三次五年计划,不只是苏联一国完成社会主义建设和转型为共产主义的计划,同时也是替全世界人类历史中开辟出一个自由幸福底更高阶段的计划。"⑤这一计划具有比前两次五年计划更崇高的意义,即在于客观上有对以掠夺为基础的腐溃的帝国主义以严重威胁,并给予一切被压迫者和为祖国的独立而与侵略者斗争的民族以莫大的鼓励。

沈志远从具体任务上介绍了第三次五年计划之内容,他写道,第三次五年计划首先应当保证国民经济一切部门的巨量发展,尤其是重工业和国防工业应当格外地加速发展,这是全部国民经济加速繁荣的必要前提。此外,

---

① 沈志远:《新经济学大纲》,生活·读书·新知三联书店 1949 年版,第 661 页。
② 参见沈志远:《新经济学大纲》,生活·读书·新知三联书店 1949 年版,第 657 页。
③ 沈志远:《新经济学大纲》,生活·读书·新知三联书店 1949 年版,第 657 页。
④ 沈志远:《新经济学大纲》,生活·读书·新知三联书店 1949 年版,第 657 页。
⑤ 沈志远:《新经济学大纲》,生活·读书·新知三联书店 1949 年版,第 671 页。

沈志远还提出了苏维埃政权在其他部门的计划,包括提升农业生产总值,发展铁路运输,增加新建设投资及提高劳动人民物质文化水平等。由此,沈志远认为,第三次五年计划就是"要生产十分丰富的物品,要做到按每一人口计算的工业生产量超过资本主义先进国家的地步"①。

这里,沈志远对三届五年计划之内容作了总结,因为第三次五年计划只实施了三年半,即被第二次世界大战的爆发所中断,由此,沈志远指出,经过三届五年计划之实施,"苏联实际上已经重新创造了自己的产业资财,完成全部国民经济底技术改造。其结果,苏联底工业在生产技术上赶上了先进资本主义的国家"②。

总之,沈志远对1932—1941年苏维埃政权实施的三届五年计划的历史成效进行了总结,并从细节上剖析了三届五年计划之具体任务,梳理了三届五年计划间的继承关系,并由此肯定了社会主义计划经济体制较之无政府状态的自由资本主义生产体制之优越性。这些分析,凸显了社会主义计划经济之"调控"作用,在当时是十分切中时弊的。

第三次五年计划实施了近三年半,却因希特勒法西斯进攻而被迫中断。保卫祖国的战争,要求苏联国民经济迅速转移到战时体制的轨道上去。在1949年解放版《新经济学大纲》第十二编"社会主义的经济形态"部分里,沈志远还阐述了苏联社会主义经济发展过程中一个特殊时期——战时经济时期的经济政策。

沈志远分析了苏联战时经济的基础,指出"苏联底战时经济是建立再生产手段底社会主义公有制之基础上的。全部主要的生产手段,都集中在苏维埃国家手里,这就保证了苏联国民经济迅速转入战时体制的轨道"③。苏联战时经济与资本主义各国经济之不同就在于:

第一,苏联的战时经济是以生产手段的社会公有制为基础的社会主义战时经济;美国的战时经济却是资本主义发展到垄断和腐朽阶段的战时经济。第二,体现全国劳动人民意志和代表他们利益的社会主义的国家机体,是苏联战时经济的"发动机"。而美国战时经济之"发动机"却是垄断资产阶级——少数财团。第三,苏联战时经济由于浩大的军费开支和多地遭受战争蹂躏,曾遭受巨大损失。然而它仍能迅速有效地发挥社会主义经济制度的优越性。资本主义美国战时经济的动力是以追逐利润和趁火打劫发战

---

① 沈志远:《新经济学大纲》,生活·读书·新知三联书店1949年版,第672页。
② 沈志远:《新经济学大纲》,生活·读书·新知三联书店1949年版,第674页。
③ 沈志远:《新经济学大纲》,生活·读书·新知三联书店1949年版,第679页。

争财富为唯一目的的大资产阶级。①

　　沈志远还具体分析了苏联战时国民经济的改造政策,并肯定了战时经济的伟大成就,他指出,苏联战时国民经济之改造任务,第一就是动员发展社会主义工业生产力,把部分企业改造成为军火生产,调整工业生产品的种类配比。第二是动员农产储备与集体农民劳动以保证前线与后方城市之需要。第三是动员运输能力以保证战时需要。第四是动员全国劳动力,大量训练新的生产技术干部,以代替应召参军的工人。第五是动员全国粮食储备,以便不断供应前线及后方城市。② 而苏联战时经济之伟大成就就在于,不仅恢复到了战前的生产力水平,甚至远超了它。

　　由上所述,沈志远总结了苏联社会主义计划经济体制在战时经济时期所表现出来的巨大优越性,即在"苏联战时经济之基础是生产手段的社会主义公有制",它保证了苏联国民经济的一切物力人力的集中,取得了卫国战争的胜利。"苏维埃经济底社会主义性及由此而产生的计划性,保证了国民经济之迅速改造成为战时经济,将生产力底重要部分迅速地转移到了后方东部地区,使战时经济不断地巩固和发展起来"③。由此,沈志远认为,社会主义对于法西斯的经济胜利,乃是苏维埃社会主义制度的伟大生命力和战争性的表现。

　　最后,沈志远还论述了战后经济复兴与发展的新五年计划。他指出,1950 年后国民经济复兴发展的新五年计划之目的,就在于要复兴被炮火破坏的各地区经济,恢复工农业到战前水平。而新五年计划之基本任务就在于:

　　(一)保证首先恢复并发展重工业及铁道运输;(二)发展农业与生产消费品的工业,并在国内造成丰富的消费品;(三)保证苏联国民经济一切部门的技术进步,增进生产与提高劳动生产率;(四)在一九四六年完成国民经济的战后改造;(五)保证继续提高苏联的国防力,并以最新军事技术装备苏联武装队伍;(六)保证高速度的基础投资,恢复企业与新建企业开工;(七)尽量发展、复兴与继续建设城市与乡村的事业,并增加国内的住宅房屋;(八)超过战前的国民收入水平与国民消费水平,大力发展苏联苏维埃商业;(九)在国民经济中增加国家的物质储备与积累;(十)稳固国民经济中的货币流通与信用关系,提高国民经济中的利润与经济责成制的意义;

---

① 　参见沈志远:《新经济学大纲》,生活·读书·新知三联书店 1949 年版,第 682—683 页。
② 　参见沈志远:《新经济学大纲》,生活·读书·新知三联书店 1949 年版,第 683—684 页。
③ 　沈志远:《新经济学大纲》,生活·读书·新知三联书店 1949 年版,第 685 页。

（十一）尽量发展加盟共和国在复兴与发展生产力方面的经济自助性，保证各共和国经济在苏联国民经济系统中的尽量稳固与增长。①

依据上述经济和政治的基本任务，战后新五年计划，将保证人民物质文化生活得到大幅度提高。而社会主义生产方式的基本特点，就在于社会物质生产力的迅速提高，必然伴随着人民物质文化生活水平的提高。通过规定系统地提高人民的生活与文化水平的举措具体包括：（一）不断降低物价和稳固卢布的购买力；（二）用一切方法增建房屋，以提高人民的物质文化生活条件；（三）随劳动生产率及工人熟练程度的提高而不断提高工资；（四）在集体市场中，对劳动日的报酬不断增加自然品的偿付，同时还须保证集体农场的公有基金的增加；（五）对于完成和超过国家建设计划的人员及科学发明人员，不断增加其奖励金。②

总体来看，沈志远对苏联从十月革命时期经由"军事共产主义"时期、新经济政策下的经济恢复时期、三届五年计划时期过渡到苏联战时经济、战后复兴经济的新五年计划时期的经济政策进行了梳理，记录了自 1917 年以来苏联 30 多年的国民经济发展实况，这对于要效仿苏联模式，走俄国十月革命的救国道路，并在理论上以奉苏联计划经济为正宗的中国无疑是起到了启示作用的。

第四节　对战后中国经济现状的对策研究

沈志远在对苏联社会主义计划经济理论及国民经济发展实况加以阐释的同时，也十分关注中国经济的现实发展问题。从 1943 年起，随着太平洋战争的爆发，美国参战，国际政治局势日益明朗化，中国经济学界研究的重心也逐渐转移到战后如何利用国际环境重建中国经济的问题上来。在讨论我国战后经济的恢复与重建上，1945 年前后，马寅初在重庆等地发表了引人注目的《论官僚资本》演说，指出国民党当局以所谓"国营的名义作掩护来发展官僚资本，扼杀民族资本"，"是一条害国害民的危险道路"，呼吁"要快快打倒官僚资本"。

几乎与此同时，沈志远也于 1944 年、1946 年先后出版了《民主与经济建设》《中国经济的现状和对策》（沈志远与千家驹合著）两部著作，就战后国内经济建设的工业化、民主化等问题发表了自己的独到见解。并列举了

---

①　参见沈志远：《新经济学大纲》，生活·读书·新知三联书店 1949 年版，第 686 页。

②　参见沈志远：《新经济学大纲》，生活·读书·新知三联书店 1949 年版，第 691 页。

可能推动国内经济重建的具体举措,包括节制私资与发展国资、计划经济与统制经济、推动重工业化发展、加速国防经济建设、土地改革与发展生产力等,为战后国内经济的复兴与民主建设献计献策,在当时具有极强的实效性和现实针对性。

沈志远在探讨新民主主义经济时,认为工业建设是发展社会生产力的重要举措,而这一举措的具体实施,既要遵循节制私人资本和发展国家资本的根本原则,同时也应结合具体的条件来进行,主张对"私人资本"应该有一定程度的培育。

在沈志远看来,发展工业建设必须与具体的经济条件相结合。他认为,发展"工业建设,首先即须遵循节制私人资本和发达国家资本这两大原则去进行。……运用那两大原则时,必须时刻注意到时间、空间和社会经济的种种具体条件"[1]。他解析当时的具体经济条件,是产业异常落后,生产力异常低微,缺乏大私人资本(当然指产业资本),国家资本在全部国民经济中所占比重小,物质缺乏,民生困苦等。因此,沈志远主张,处于这种条件之下的现阶段的中国,"要实行工业化,在实行之初,我们首先必须……尽力恢复原有的生产力,培养国民经济的'元气'。在这时我们要实施节制私资这一原则,就必须从扶持和培育的意义上去予私有企业以积极的调'节'和统'制',而不是从节制,这一名词的消极意义上去予以限制,更不可以实行钳制或压制"[2]。在提到发展国家资本时,沈志远提示应注意以下两点:一是发展国家资本不等于排斥私资,牺牲私资,乃至代替私资;二是发展国家资本必须防止私人之暗中操纵。

可见,沈志远指出在发展经济特别是进行工业化的同时,既要对私人资本有所调控,又要使私人资本在一定程度上有所发展,这是对国民党压制民族资本主义经济政策及大力发展官僚资本的有力批判。他强调工业化建设要以发展社会生产力为目标,对于恢复与发展战后国民经济,对于建设新民主主义经济,都是有积极影响的。

沈志远对传统经济学中的"计划经济"问题进行了新的阐释。他指出:从理论上讲,计划经济的完全实现,须具备两个必备的前提:一个是生产无政府状态和自发性市场法则的消灭;另一个是至少对国民经济有决定意义的一切经济命脉——银行、矿山、铁路、大工业等等必须国有国营。如果这两个前提不具备,"那末莫说整个国民经济的计划化不可能,即一部分国营

---

①   沈志远编:《中国经济的现状与对策》,峨眉出版社1944年版,第2页。

②   沈志远编:《中国经济的现状与对策》,峨眉出版社1944年版,第3页。

企业的生产销售的计划,也可能常常因自发性市场法则之不可抵挡的作用而遭破坏。再进一步说,假如国际上的无政府状态和市场的自发性作用不予消灭,则一国的计划经济也仍有多少被妨碍的可能”①。

可以说,沈志远在对社会主义计划经济学的探索中,指出了“计划经济”应建立的诸种条件,澄清了计划经济与社会主义之必然关系,这在当时是极富见地的。他在对“计划经济”建立诸条件的考察中,初步地意识到在国际社会中“市场自发作用不予消灭”及在国内存在市场法则的大背景下,一国单独实行“计划经济”的诸种困难,对未来社会主义“计划经济”体制的实施前景,作出了科学预测。

沈志远将其对社会主义计划经济学的研究,应用到战后中国社会经济建设的具体实践中,并指明了当时中国社会预实施计划经济的具体策略,从而在经济建设路线上坚持了辩证唯物主义的发展原则。他指出,当时“中国社会经济异常落后,由于高度集中的托拉斯式企业的缺乏,由于零散的小生产在国民经济中占绝对的量的优势,由于全国决定性的经济命脉尚未完全操纵于国家之手……”②我们要实现计划经济,只能按国营的、半国营的、统治的诸产业之计划化入手,然后随着国家资本的发展,国有国营事业的扩大,而逐渐推广计划化的范围与领域,到所有经济部门中去。简言之,就中国的实际情形来说,它的计划经济的实施,只能局部局部地发展,和由不彻底的、不周密的,逐步发展到比较彻底的和周密的,以渐进的方式实施计划经济。

在探讨新民主主义工业建设时,沈志远强调了“发展重工业”和“加强国防建设”两项中心任务的重要性。他指出,“发展重工业和加强国防建设两大项,是适应中国的特殊要求而成为决定性的任务,其他一切(任务)都是从属于它们的”③。针对发展重工业建设,沈志远主张,应坚持分阶段的局部推进原则,并在局部推进重工业建设的进程中,竭力培育整个国力和改善民生。为此,沈志远将当时我国推进重工业发展的具体进程划分为三个阶段:

第一阶段的任务是为了重工业化而恢复与尽可能发展被战争破坏了的、一切民族工业的生产力,尽可能改善农民、小生产者和一般劳动人民的生活,并发展其生产力,此时重工业本身,则仅能做到肇端和奠基的工作;第

---

① 沈志远编:《中国经济的现状与对策》,峨眉出版社1944年版,第8页。
② 沈志远编:《中国经济的现状与对策》,峨眉出版社1944年版,第10—11页。
③ 沈志远编:《中国经济的现状与对策》,峨眉出版社1944年版,第13页。

二阶段是重工业化建设的完全奠定及其逐渐发展的阶段,在这一阶段中,仍须继续发展与民生、福利有关的一般生产力;第三阶段,是借本国的重工业来实现全国民生经济技术基础之改造的阶段,亦即重工业建设高度发展的阶段。[①]

由此,沈志远认为,在我国战后经济水平异常落后和人民生活极度贫困的现实境遇下,推动重工业化建设,应以发展国力及改善民生为其现实基础,这主要是因为:其一,全面的重工业建设必须有一般民生工业和农村经济的相当的发展与之相配合,因此残破的经济、低落的生产力,必须予以快速恢复与尽可能发展;其二,重工业建设主要地要靠国营,而国营事业资金的主要来源,大半有赖于全国国民收入的提高;其三,人民生计之改善是鼓励人民积极投身于工业化建设的不二法宝。[②]

显然,沈志远在探索新民主主义工业建设的具体路径时,并未一味强调发展重工业化建设的积极作用,而是主张将推动工业化建设的具体实践与当时现实经济条件相结合,在发展国力与改善民生兼顾的基础上,来促进工业化建设的长足发展,这也体现了马克思主义之"辩证"的发展观原则。

沈志远依据马克思主义政治经济学的相关原理,对战后我国经济建设之土地问题进行了新的思考,并细节探讨了当时我国推进土地改革的具体策略。沈志远指出,当时我国土地问题之症结,主要集中在极度不合理的土地关系上,这种不合理的土地关系,主要表现在"土地所有权的高度集中和土地使用权的极度分散"[③]这一矛盾上,而这一社会矛盾又衍生出一系列直接恶果。

其一是农村经济的长期停滞落后,农业生产力的衰退及农民的日趋赤贫。这主要是由于在当时的土地关系中,土地所有权的高度集中和土地使用权的极度分化,使土地所有者(大地主阶级)满足于对土地使用者的利益剥削,而无志于改进生产技术。而土地使用者(佃农、雇农和小自耕农)则无经济能力改进生产技术,同时亦无力推动机械化生产,由此,造成了当时农业生产中机械化、科学化的长期匮乏及农业生产力发展的停滞落后;其二是由于土地为私人垄断,国民的大量资金被土地所吸住,农业不能走上资本主义大经营的坦途,这样农村的现代化就不可能实施;其三是由于农业停滞

---

① 参见沈志远编:《中国经济的现状与对策》,峨眉出版社 1944 年版,第 14 页。
② 参见沈志远编:《中国经济的现状与对策》,峨眉出版社 1944 年版,第 15 页。
③ 沈志远:《新中国建设与土地革命》,《中国建设》1946 年第 2 卷第 1 期。

在半封建的阶段上,农村长期凋敝,农民普遍赤贫,国家工业化就缺乏广大的市场做基础,工业化既无市场基础,亦就难以顺利实现。①

沈志远充分认识到了当时农村土地制度中的诸种弊端及对当时国家工业化发展的消极影响,他有针对性地提出,战后我国所需的土地改革及土地政策,应以孙中山先生的"平均地权"为基本原则,以"耕者有其田"为其主要目标,这是非常适合当时中国社会发展之迫切要求的。但同时,沈志远也强调,由于当时我国社会发展的局限性及特殊性,应从眼前和整个现阶段的实际情况出发,来有步骤地推进民主主义土地改革,沈志远将当时我国发展土地改革的具体化措施概括为以下几个方面:

首先,对敌寇、汉奸、贪污国贼的土地采取没收的办法,对从事封建性剥削而妨碍民主主义建设的大地主的土地,则采取国家发券征购的办法,并且鼓励那些地主们把资金投到工业化(包括机械化大农场)上来,对于无地和少地的农民,则规定最少限度的"份地",拿没收来和征购来的土地,充作这种"份地"之用;

其次,从这批没收和征购来的土地和由国家出资开垦的荒地中,拨出部分土地来举办国营农场和大合作农场;

再次,对租佃关系实行彻底的改革,即由政府立即颁布法令,规定最高限度之租额不得超过千分之三七五,立即取消一切苛刻的租佃条款,取消押金制及一切超经济的剥削,禁绝高利贷而由国家银行实行普遍的低利农贷;

最后,对于农民经营的土地,除低利贷放外,政府应当从水利、农具、防灾、种子等技术条件上,给予有计划的充分帮助。在组织方面,依据农民自愿的原则来领导他们组织农业合作社或合作农场。②

总体来看,沈志远在我国战后经济的恢复与重建问题上,充分认识到了农民土地问题在促进战后建设、在推动工业化发展中的重要性,并敏锐地察觉到当时中国土地制度中的诸种弊端。他对当时土地关系之症结的深刻总结,及为推进民主主义土地改革所提出的诸种建议,在当时对于国民经济的恢复与发展,对于深化推进新民主主义经济建设,都是有着积极影响的。当然,他对中国战后经济恢复与建设中土地问题的关注,也是深受苏联社会主义计划经济模式的影响。

---

① 参见沈志远:《新中国建设与土地革命》,《中国建设》1946年第2卷第1期。
② 参见沈志远:《新中国建设与土地革命》,《中国建设》1946年第2卷第1期。

第五节　对新民主主义经济之概论

在 1949 年版(新修订版)《新经济学大纲》的第十一编《新民主主义的经济政策》中,沈志远还对新中国成立后我国新民主主义经济理论问题进行了系统分析。在该编中,沈志远分析了中国的新民主主义和东南欧经济形态的异同,系统地解析了新民主主义的历史前提、经济性质以及新民主主义的经济构成、经济政策等内容,在很多方面都有着独创性的见解。该编于1950 年 6 月由三联书店以《新民主主义经济概论》为名出版了单行本,该单行本后被日本山下龙三翻译成日文,于 1952 年由青木书店出版发行。该书自问世以来,受到了学术界的广泛好评,日本经济学界曾评论该书"涉及到前人未涉及的领域",是迄今(1952 年)中国出版的少数这类书籍中最有权威的,而且是全文翻译向日本介绍的最早著作。

新中国成立前后,随着新民主主义经济建设的开展,对新民主主义经济建设理论的研究也达到了高潮。毛泽东在新民主主义的建设实践中,把马克思主义的经济学理论同中国的具体实践相结合,提出了新民主主义经济的一般轮廓、基本原则和政策方针等经济思想。与此同时,国内许多进步的经济学家也一直试图根据毛泽东的新民主主义经济思想框架从学理上来系统阐述新民主主义经济理论,如我国学者马寅初、沈志远、许涤新、薛暮桥、孟宪章等,他们皆试图结合我国当时经济建设的具体实际及东南欧新民主主义经济建设经验,来深入、系统地阐发新民主主义经济理论。

这一时期,集中反映这一学术倾向的著作有,沈志远的《新民主主义经济概论》、许涤新的《新民主主义与中国经济》、王海奇的《新民主主义经济》(上下册)、孟宪章的《新民主主义经济教程》等。论文有马寅初的《新民主主义的经济》、沈志远的《论新民主主义经济诸问题》《学习政治经济学与联系中国实际》《怎样认识当前工商业的困难和前途》、王达夫的《读"新民主主义的经济"——为〈新民主主义论〉发表 13 周年而作》等。其中,沈志远于 1950 年出版的《新民主主义经济概论》和许涤新 1948 年出版的《新民主主义与中国经济》堪称为当时国内最早的系统阐述新民主主义经济形态思想的理论著作。

在《新民主主义经济概论》一书中,沈志远对现实中存在的东南欧式和中国式的新民主主义经济做了对比分析。他认为,东南欧式和中国式的新民主主义经济在基本性质上是一致的,即都是帝国主义时代——资本主义总危机和无产阶级革命时代的资产阶级性民主革命,都"是以剔除帝国主义、封建势力和垄断性大资产阶级为目的的民主革命,而不是一般地消灭资本主义的社会主义经济",但它们之间也是存在着较大差异的,"它们的差异点,基本和主要地在于经济(生产力)发展水平底低高上,在于资本主义发展程度底参差上"①。

沈志远指出,中国经济发展水平相对于东欧国家来说是低的,因此在新中国成立之初在经济政策上就会与东欧国家有所不同。东欧国家在其建设初期采取了"限制和孤立资本"政策,新中国却要在一个相当长的时期"让私人和资本主义经济获得发展的便利"。中国的新民主主义建设,决不能完全脱离当时生产无政府性的客观现实,而只能在基本上控制这种无政府性,不能一开始就逐渐过渡到社会主义,而只能替这一过渡准备条件、创造前提。也就是说,首先是要集中全力克服经济的落后性,把凋敝残破的国民生产力恢复起来,替日后国家工业化奠定基础。②

显然,沈志远在探索新民主主义经济建设的具体路径时,并未一味地效仿东欧模式,而是主张将推动经济建设的具体实践与当时中国具体国情相结合,提出新民主主义"过渡阶级"一说,并要求在新民主主义"过渡阶段"应加快推动私人资本主义经济的发展,在大力恢复国民生产力的基础上,来促进国民经济建设的长足发展。

沈志远对东南欧式和中国式新民主主义经济进行了对比分析,在此基础上,提出了新民主主义经济从资本主义向社会主义过渡的"两个阶段"论观点。他指出,从资本主义向社会主义过渡,要经历两个发展阶段:"一个是替到社会主义的过渡准备物质前提的阶段",即以发展生产,繁荣经济,及奠定国家工业化基础阶段,这一阶段一定要让私人资本主义经济获得最大的发展便利;"二是直接过渡到社会主义去的阶段"。这一阶段,私人资本主义经济将被消灭,农民个体经济将被改造成集体经济,"当私人资本从经济领域中被完全消灭,社会主义经济统治了整个或至少绝对大部分的时候,国家已基本上跨进了社会主义的历史阶段"③。

但沈志远同时认为,新民主主义经济虽是"一个从资本主义走向社会主义的过渡性阶段",但却不是"一个独立的历史阶段或社会经济形态",这主要是因为:第一,新民主主义经济"没有一种代表性的生产方式",它是一个多样性的逐渐转化为社会主义的经济体制,社会主义性的国有成分虽处

---

① 沈志远:《新民主主义经济概论》,生活·读书·新知三联书店1950年版,第7—8页。
② 参见沈志远:《新民主主义经济概论》,生活·读书·新知三联书店1950年版,第11页。
③ 沈志远:《新民主主义经济概论》,生活·读书·新知三联书店1950年版,第97—10页。

于主动地位,但并非代表了新民主主义;第二,新民主主义经济不"具有全世界的普遍性",在这个意义上讲,新民主主义"不是一个独立的历史阶段",而只是一个过渡性阶段。①

可以说,沈志远在资本主义与社会主义社会之外对新民主主义过渡阶段所作的独立理解,及对新民主主义经济过渡阶段性质的界定,虽然是对马克思关于社会主义理论之发挥,但却与当下的"社会主义初级阶段说"有诸多相似之处,这一分析,是同中国共产党向社会主义过渡的最初构想基本吻合的。

沈志远对新民主主义经济的基本理论如经济成分、经济规律等问题给予了新的阐释。他认为,现阶段新民主主义国民经济主要包含五种社会经济成分,第一是国营经济,这是领导的成分;第二是合作社经济;第三是农民和手工业者的个体经济;第四是私人资本主义经济;第五是国家资本主义(这主要指国家资本与私人资本合作的经济)。这五种经济成分的比值关系是经常变动的,如在新民主主义的初级阶段,国家经济一定要比私人资本主义发展得更快,这才有可能过渡到高级阶段,以致最后顺利向社会主义过渡。

沈志远运用马克思主义的经济学原理,预测了国民经济中各种经济成分的发展趋势,这为新中国成立前后,我国新民主主义经济政策的具体制定提供了学理依据。

在探讨新民主主义的经济形态和经济规律时,沈志远认为新民主主义经济发展有其计划性,这是其经济规律的第一种表现。他强调,尽管在新民主主义的国民经济中,尤其是在它发展的初级阶段中,将包含着大量的私人资本主义和更大量的小商品经济,尽管盲目的市场法则仍将起一定的作用,但一般地和整个地说来,新民主主义经济基本上却将走上有计划发展的道路。

国民财富与大众福利的同时增进代替了资本主义的积累法则,这是新民主主义经济规律的第二种表现。沈志远指出,在新民主主义社会里,私人资本主义企业的资本积累当然还是依靠剩余价值的资本化,但是一般地和整个地看,新民主主义经济的积累法则,因为是遵循"公私兼顾,劳资两利"的方针去达到"发展生产,繁荣经济"的目的,所以也就变成创造国家财富和创造人民大众福利的法则。从国民收入分配上说,新民主主义不但要保障资本家的合法利润,同时也要限制资本家的过分剥削,尤其要使劳动人民

---

① 参见沈志远:《新民主主义经济概论》,生活・读书・新知三联书店1950年版,第22—23页。

在国民收入中所占的份额随全部国民财富的增长而不断提高。

第三种表现是直线式发展代替了通过危机的发展。沈志远认为,在新民主主义经济中,"生产的无政府性将逐渐地为生产底计划性所控制,并且将逐步地被克服,乃至消失下去"①。至于决定经济危机的原因——生产社会性与私人占有制的矛盾,虽在新民主主义发展的一定时期内尚将发生一定程度的作用,然而它将因决定性的国民经济命脉的社会化(尤其是国有化),和无产阶级领导下的新民主主义政权体系的积极作用而大大地缓和。并且将随社会主义性的经济成分(国营经济与合作社集体经济)的不断发展与扩大而日渐消灭。由此,新民主主义经济发展的路线(或方式),基本上是直线式的而非曲折性的,它无须通过由危机、萧条、复苏、繁荣等阶段所形成的周期性曲折过程而向前发展。

在沈志远看来,虽然新民主主义经济的发展是有计划的、无危机的直线式的发展,国民财富积累与劳动大众福利是同时并进的,但这一切方式的发展都并非平平顺顺,而必须通过坚强持久的自觉斗争才能达到。"斗争中求发展,并且是在自觉的斗争中求发展,这是新民主主义经济(乃至新民主主义政治、思想、文化)发展规律中最基本性的决定一切的契机。"②

可以说,沈志远有关过渡时期经济规律的总结,在当时是极富见地的,他是新中国成立初期针对这一问题的最早阐述者之一。他"有计划性地发展规律"的提出,指出了新民主主义经济在发展路径上基本是循着计划经济规律进行的,这就从学理上论证了新民主主义经济相对于资本主义经济形态的优越性。而这一理论预测在新民主主义的建设实践中也得到了印证。新中国成立后,新民主主义经济成功地抑制了通货膨胀,克服了财政困难,并从 1953 年起实行了第一个五年计划,取得了重大成就,这都显示了"计划"体制在新民主主义条件下的重要作用。但沈志远同时也提出,"价值规律在新民主主义条件下由于有计划经济的存在而逐渐消失"的观点,现在看来则是有其局限性的,在这里,沈志远根本否定了市场体制下价值规律的客观存在性,而将价值规律支配下的"市场"与"计划"体制做绝对对立的理解,是有失偏颇的。

沈志远对新民主主义社会的内部矛盾,也从经济学角度给予了自己的理解。沈志远指出,新民主主义社会的内部矛盾主要有两种:"一种是工人阶级为代表的社会主义性质的国家经济与以资产阶级为代表的资本主义经

---

① 沈志远:《新民主主义经济概论》,生活·读书·新知三联书店 1950 年版,第 28 页。
② 沈志远:《新民主主义经济概论》,生活·读书·新知三联书店 1950 年版,第 28 页。

济间的矛盾;另一种矛盾是现代化集中的社会主义性大生产与落后的分散的农民小商品生产间的矛盾。"①第一种矛盾本质上是工人阶级同资产阶级的关系,是不可调和的,但在新民主主义经济建设的初期则必须采取"保护兼斗争"的措施。这种斗争主要是以市场调节为主,行政手段为辅。第二种矛盾本质上是工人和农民的阶级关系,是可调和的,解决这种矛盾方法是领导农民、帮助农民和逐步改造农民。②

　　沈志远认为,由于新民主主义社会中存在着多种经济类型,它既不会形成一种单一的生产方式,也不是一个独立的社会经济形态。所以,生产力与生产关系的矛盾表现,在新民主主义社会里,自然就不会像资本主义或封建社会那样地单一。在新民主主义社会里,还有一种生产力与生产关系的矛盾,那就是存在于私人资本主义成分中的矛盾。私人资本主义成分,只有在新民主主义社会的初级阶段内,容许它有一个时期的发展。经过了一定的时期以后,私人资本主义的生产关系,显然将不能适应新民主主义社会生产力迅速发展的要求,前者与后者势必发生不可调和的矛盾。只有当国家逐渐限制和排挤私人资本的政策,而且事实上私人资本主义在国民经济中的比重确已日益缩小下去时,这种矛盾才会逐渐消失下去。

　　总体看来,沈志远以历史唯物主义的基本方法为指导,分析了中国新民主主义条件下生产力和生产关系的内在矛盾,并指出了解决这些矛盾的具体办法是通过国家逐渐采取限制、排挤私人资本主义政策和推动农民的集体化道路等,这一系列主张后被社会主义的改造实践证明基本上是科学的。但由于受时局所限,沈志远当时的某些思想观点也不免有失偏颇之处,如认为"价值规律在新民主主义条件下由于有计划经济的存在而逐渐消失"、将价值规律支配下的"市场"与"计划"体制做绝对割裂的理解、对南斯拉夫的一些经济措施做了不公正的评价等,都是有其局限性的。

---

① 沈志远:《新民主主义经济概论》,生活・读书・新知三联书店 1950 年版,第 29 页。
② 参见沈志远:《新民主主义经济概论》,生活・读书・新知三联书店 1950 年版,第 31 页。

第六章　对中国社会现实问题之解析

沈志远重于对基础理论的研究,但他又并未止步于此。他研究基础理论问题并非是为了追求一种纯粹学院式的"学理",更不是为了埋头于故纸堆里以求一种精神满足,而是意在纷繁复杂的社会现象中来摸索一种规律,在对理论的解构中来挖掘解决社会问题的方法,在对社会的反思中来探寻解决现实问题的路径。

20 世纪三四十年代的中国处于急剧的转型时期,各种社会矛盾层出不穷,社会现象险象环生。在这一特定的历史语境下,沈志远在革命的实践活动中,灵活地运用马列主义于中国国情,运用历史唯物主义和唯物辩证法的基本观点、方法来解析中国社会所提出的系列现实问题,如社会性质问题、民族问题、农民问题、分配制度问题等,唯物而辩证地诠释了中国社会现状。他把马克思主义与中国具体实践的结合推向了新的理论高度,同时也在关于中国社会现象和社会问题的解析中形成了一套自己的独到见解。

第一节　关于中国社会性质的论战

20 世纪 30 年代初,是中国现代思想史上一个思想流派纷呈的重要时期。随着社会政治形势的发展,人们试图从各自不同的立场出发,对当时社会所提出的"中国向何处去"的现实问题来加以解答和说明。现代思想史上著名的中国社会性质论战、社会史论战就发生在这一时期。而就哲学发展来看,这也是一个思想交锋的重要阶段,自五四运动以来传入中国的各种西方哲学理论,包括资产阶级哲学和马克思主义哲学,经过一段时期的准备和酝酿,最终形成了一次全面的理论交锋,这就是新哲学论战①,这也是五四时期马克思主义与反马克思主义的斗争在革命深入阶段的继续与发展。20 世纪 30 年代思想战线上的三次论战,是马克思主义与中国革命实践结合过程中发生的重大理论交锋,也是中国近代政治倾向上的古今中西之争在新的历史条件下的延续,通过论战,唯物史观和唯物辩证法理论在中国得到了深化发展,马克思主义的本土化进程也得到了极大推进。马克思主义

---

① 参见刘文英主编:《中国哲学史》(下),南开大学出版社 2012 年版,第 870 页。

正是在同形形色色的反马克思主义、假马克思主义思潮的论辩中,为中国人民所熟知和接受,并在中国得到了广泛传播。

1930年代前半期,在中国思想界掀起了关于中国社会性质的论战。当时关于这个问题的争论,实际上是共产国际和联共(布)内关于中国问题的争论以及中共与托陈取消派的政治思想斗争在中国思想界的扩大和延伸,看似一场理论争议,实则弥漫着浓郁的政治硝烟。

1926年底至1927年春,当时中国国民革命正处于高潮阶段,在共产国际和联共(布)内展开了关于中国社会性质和革命性质的争论。当时以托洛茨基为代表的少数派认为,中国已经是一个资本主义社会,资本主义生产方式已覆盖整个农村,从而极力否认封建势力在中国农村的残存。托洛茨基认为,"中国封建制度之崩坏","比欧洲任何国家都早","商品的生产与消费及货币经济,连穷乡僻壤都达到了,自然经济已扫荡殆尽","资本主义的作用及其特有的矛盾形态,不但占领了城市,而且深入了乡村"①,资本主义经济关系在中国已经占据"绝对优势",中国已进入稳定的资本主义发展时期。他们同时认为,经过辛亥革命和国民革命后,资产阶级在政治上也"已经掌握政权",因此,农民革命斗争与其说是反对封建残余,不如说是反对资产阶级,帝国主义只是控制了中国的海关,中国革命的任务是对内反对资产阶级和富农,对外争取关税自主。

此观点受到了共产国际多数派的批评,他们指出,托洛茨基等人"不懂得中国革命的意义和性质"。中国国内压迫的主要形式是封建残余及其全部军阀官僚上层建筑,斯大林写道,中国"封建残余及其全部军阀官僚上层建筑是中国国内的压迫的主要形式",所以中国的革命是土地革命,土地革命是资产阶级民主革命的基础和内容。同时,他们也认为,在中国,封建残余力量又是受到帝国主义的扶植和利用的,"帝国主义及其在中国的全部财政的和军事的力量,乃是支持、鼓舞、培植和保存封建残余及其全部军阀官僚上层建筑的力量"②,因此,中国革命的性质是资产阶级民主革命,中国革命的任务是推翻封建势力和帝国主义。"中国并没有从帝国主义之下解放出来","地主阶级的私有土地制度并没有推翻,一切半封建余孽并没有肃清",国民党反动统治"是地主、军阀、买办、民族资产阶级的国家政权"③。

---

① 任建树主编:《陈独秀著作选编》第4卷,上海人民出版社2009年版,第438页。

② 《斯大林全集》第9卷,人民出版社1954年版,第259页。

③ 中共中央文献研究室中央档案馆编:《建党以来重要文献选编　一九二一——一九四九》第5册,中央文献出版社2011年版,第377页。

以上斯大林等多数派关于中国社会性质、革命性质的分析,虽然没有明确指出中国是半殖民地半封建社会,且其将民族资产阶级列入反动统治阶级阵营也有不妥之处,但它基本肯定了中国的社会性质自鸦片战争以来并没有改变,中国革命的任务也并没有完成,这样的分析在当时是基本符合中国国情的,这种观点在当时的苏联思想界也占据着主导地位。

共产国际和联共(布)内关于中国社会性质和革命性质的争论,直接影响了党内对中国社会问题的认识。大革命失败后,革命形势陡转直下,中共中央面临着进一步认清革命形势及作出战略调整的任务。1928年7月,中国共产党在莫斯科召开了第六次全国代表大会,会上通过《政治决议案》,分析了大革命失败后的政治革命形势,并根据苏联思想界对中国社会性质的分析,指出,"中国没有从帝国主义铁蹄下解放出来",地主阶级土地私有制度并没有被推翻,中国革命的性质依然是资产阶级民主革命,革命的任务是推翻帝国主义和国民党统治,进行土地革命,革命的力量主要是依靠工农,方法是采用武装斗争,这些观点基本沿用了共产国际在中国社会性质及中国革命性质问题上的认识。

然而,中共六大以后,陈独秀、彭述之等人因受苏联回国的托派分子影响,变为取消主义者,他们和国际上的托洛茨基分子一起,极力贩卖托洛茨基关于中国社会问题的主张,大力宣扬与中共六大根本对立的观点。陈独秀于1929年8月至10月间,给中共中央多次去信,信中指出,自大革命失败后,中国社会性质已发生了根本变化,资产阶级已经取得了胜利,南京国民政府已经实现了对国家的统治,封建势力受到打击,失去了和资产阶级相对立的地位,成了"残余势力之残余"。现在中国正处于资产阶级革命和无产阶级革命两个革命高潮间的"过渡时期",在过渡时期内,只能进行合法的斗争,即"为召集代表民众自身利益的国民会议而奋斗,以民主的组织运动来对抗国民党政府的军事独裁"[①]。这种观点实际上已陷入了取消革命论的泥潭中。

陈独秀的信在当时挑起了中共中央和"托陈取消派"关于中国社会性质和革命性质的争论。再加上党外代表国民党统治阶层的"新生命派"陶希圣等人,他们通过创办杂志《新生命》,先后发表论文《中国社会到底是什么社会?》《中国之商人资本及地主与农民》,极力否认中国半殖民地半封建社会的性质,攻击中国共产党的新民主主义革命路线和革命纲领,他们指出,中国是一个"为封建思想所支配的初期资本主义";"帝国主义经济势力

---

① 任建树主编:《陈独秀著作选编》第4卷,上海人民出版社2009年版,第409页。

的渗入，不是扶植中国的封建势力，而是发展中国的资本主义"①，从而全面否定了我党关于中国社会性质的分析和中国是半殖民地半封建社会应坚持民主革命的论断。此后，1930年，任曙、严灵峰等中国托派分子又以《动力》杂志为舆论阵地，发表了大量歪曲中国历史和社会现状的反马克思主义的文章、著作。这些思想从根本上否定了中国共产党革命路线和革命纲领的合理性，否定了中国革命的现实意义，在当时迫切需要从理论上予以回击。

　　1931年沈志远回国后，在江苏省担任中共省文化工作委员会委员和中共中央文委委员。当时，关于中国社会性质的论战正进入高潮。国民党查封了党的理论刊物《新思潮》，而同年出版的严灵峰、任曙等人所著的《中国经济研究绪论》和《中国经济问题研究》代表"托陈取消派"的书，又极力贩卖改良资本主义的荒诞论调，这些理论在当时颇具迷惑性，产生了极坏的社会影响。沈志远身为党中央的文委委员，为了捍卫中共六大关于中国社会性质、中国革命性质的正确主张，同"托陈取消派"的谬论进行了针锋相对的斗争。从1932年初至1934年6月间，沈志远先是在社科联机关报《新文化》《研究》担任主编，以杂志为舆论阵地，积极宣传各种进步言论。此后，1935年沈志远又撰写了批判取消派的长文《现阶段中国经济之基本性质》（新中华1935年第3卷），该文严厉地驳斥了托派分子认为中国已经资本主义化、鼓吹华洋资本合作从而取消民主革命的反动思想，在当时对于广大群众认清中国社会的性质，明确革命的任务和革命的对象，起到了积极作用。

　　当时的托派分子认为，帝国主义的入侵，实则是打破了中国的封建经济，推动了资本主义的发展的，"帝国主义在中国是绝对地破坏封建制度的基础，要推动中国整个社会向着资本主义过程发展和扩大"。"帝国主义底侵入促进了中国商品经济底发展，而商品经济的发展，就是资本主义底发展"②。从而认定当时的中国已是资本主义社会，主张发展商品经济，实行华洋资本合作，这种理论，实则是赞美帝国主义侵略，效忠国民党的。

　　针对托派分子改良资本主义的荒谬论调，沈志远在《现阶段中国经济之基本性质》一文中驳斥道，托派分子认为，中国已没有封建主义了，但"军阀、豪绅、地主、商业资本、高利贷等等阶层，正是前资本主义或封建生产关

---

　　①　高奇等编：《走进中国哲学殿堂》，山东大学出版社2014年版，第337页。
　　②　沈骥如：《卓越的马列主义传播者——沈志远传略》，转引自《经济日报》主编：《中国当代经济学家传略1》，辽宁人民出版社1986年版，第195页。

系的代表者","地主、豪绅、高利贷、商业资本等等的封建残余,他们是靠半封建式的榨取来维持生活的……"①,因为参加这种生产关系的两对立方,"不是占有生产工具而靠占取剩余价值为目标的资本家与毫无生产资料专靠出卖劳动力以获得工资为活的工人……"②所以,中国存在封建的生产关系这"是毋庸怀疑"的。

关于托派分子把帝国主义的入侵,看成是对中国封建经济的破坏及对资本主义的发展,沈志远指出,"这是一种把外力看作是发展的根本原因的机械论"观点,"现阶段中国经济发展到何种程度,就是由现阶段中国社会内在的生产关系,为一切社会之基础的生产关系来决定的"③,不是一切商品经济都是资本主义,帝国主义在中国发展的商品经济只是帝国主义变中国为其供滋养分的附庸的一种表现,中国是帝国主义宰割下的中国,它的侵入中国,目的是在使中国殖民地化,"推销商品、吸收廉价原料和燃料、投放资本占有势力范围",中国是世界财政资本帝国主义体系上的一个供给滋养分的附庸物。具体而明白地说,"中国是帝国主义的商品市场、原料产地和投资场所——这是帝国主义养施殖民地的三个基本经济政策"④。沈志远进一步解释道,同一美国资本,输出到德、法只会产生债务关系,而输出到中国,则会使中国殖民地化。

沈志远深化阐述了帝国主义和封建主义间的内在联系问题,他指出,帝国主义实则是在维持和巩固中国的封建关系,这主要表现在三个方面。其一,帝国主义在中国为自己培养了一个受它直接指挥的买办阶级,并由这个买办阶级去跟中国的商业资本家、高利贷者、地主等发生经济联系。封建的剥削方式不但不因帝国主义及其代理人买办阶级的剥削而遭到毁坏,事实上反而在得到巩固和扩大。其次,"帝国主义维持中国封建势力的另一个表现就在它造成和维护中国军阀的割据局面"⑤,中国政治上从军阀政客起到豪绅、地警、地保为止这一半封建的体系,是帝国主义竭力维护的,通过他们以保障自己在中国的势力范围。再次,关于帝国主义维持和扩大中国封建关系的第三方面的事实就是因帝国主义的侵略直接破坏和压倒了的民族资本,民族资本家不得不改弦易辙把工业中的资本转投到土地、高利贷和其

① 沈志远:《现阶段中国经济之基本性质》,《新中华》1935 年第 3 卷第 13 期。
② 沈志远:《现阶段中国经济之基本性质》,《新中华》1935 年第 3 卷第 13 期。
③ 沈志远:《现阶段中国经济之基本性质》,《新中华》1935 年第 3 卷第 13 期。
④ 沈志远:《现阶段中国经济之基本性质》,《新中华》1935 年第 3 卷第 13 期。
⑤ 参见沈志远:《现阶段中国经济之基本性质》,《新中华》1935 年第 3 卷第 13 期。

他投机失业中去，以实行半封建式的剥削。① 这样，很明显的，帝国主义的侵略又间接地扩大了中国的半封建关系。

沈志远由此认为，托派分子在中国的社会性质问题上，实际上是抹杀了"帝国主义破坏中国生产力、维持和扩大内地的半封建剥削关系及帝国主义仅仅把中国变成它自身体系上的附庸的事实"。帝国主义"不但不深入中国内地去破坏封建关系，而且事实上各方面在维持和巩固这些关系"②，帝国主义为了自己的利益，培养买办资产阶级，来维护中国军阀的割据局面，维持中国的封建关系，进而破坏和压制民族资本，迫使民族资本家把工业中的资本转投到土地和高利贷投机事业去，通过这些方法来阻碍中国资本主义的独立发展。

因此，"帝国主义在中国所发展的商品经济只是帝国主义变中国为其供滋养分的附庸的一种表现"，中国的经济是帝国主义统治下的半封建经济，它带有半殖民地和半封建的两重性，而中国的商品经济在当时的社会条件下，"决没有发展到资本主义商品经济底前途"③。

这些观点，和当时以潘东周、王学文为代表的新思潮派对托派的批判是完全一致的，对于广大民众认清帝国主义及其在中国的代理人的本真面目，认清中国社会的性质及明确革命的对象，无疑是起了积极作用的。

总体来看，在 20 世纪 30 年代初关于中国社会性质问题的论战中，沈志远所写的《现阶段中国经济之基本性质》一文对于揭露托派分子歪曲近代中国社会性质、反对和破坏中国革命的反动实质，及进一步明确中国社会是半殖民地半封建社会，中国革命的基本任务仍是反帝反封建的民主革命，是发挥了重要作用的。尤其是在当时白色恐怖的时局下，公然宣传马克思主义理论基本上是不可能的。而在关于中国社会性质问题的论争中，借学术讨论与学术争鸣形式，进一步明确了中国社会的社会性质，扩大了马克思主义的社会影响，这对引导中国革命的开展和马克思主义的系统传播，都是具有重要的历史意义的。正如沈志远在该文中所言，"现在你随便拉住一个稍稍留心中国经济问题的人，问他中国经济底性质如何，他就会毫不犹豫地答复你：中国经济是半殖民地性的半封建经济"④。这段话生动地说明了这场论战的重大理论成果在文化界所产生的广泛影响。

---

① 参见沈志远：《现阶段中国经济之基本性质》，《新中华》1935 年第 3 卷第 13 期。
② 沈志远：《现阶段中国经济之基本性质》，《新中华》1935 年第 3 卷第 13 期。
③ 沈志远：《现阶段中国经济之基本性质》，《新中华》1935 年第 3 卷第 13 期。
④ 沈志远：《现阶段中国经济之基本性质》，《新中华》1935 年第 3 卷第 13 期。

第二节　对近代中国社会现实问题之阐释

沈志远对近代中国社会发展中遇到的诸多现实问题也十分关切,他于20世纪40年代先后撰写了《大众社会科学讲话》(1942年)、《社会问题》(1949年)等多部著作,唯物而辩证地诠释了中国社会发展现状。

1937年后,随着抗日战争的全面爆发及中国革命形势的变化,马克思主义哲学在中国的传播逐步经历了由最初的通俗化、大众化向中国化、现实化的逻辑转向。中国的马克思主义理论研究,以唯物史观为指导,也加强了对中国社会现实问题的解读,以探寻中国社会发展的具体道路。当时,一批探究社会发展路径的论著相继问世,如1934年严景耀的《中国犯罪问题与社会变迁的关系》、1936年许德珩的《社会学讲话》、1941年姜君辰的《社会学入门》等。这些理论著作多以中国社会的现实问题为研究对象,注重马克思主义社会学理论与中国社会的具体实际相结合,重点研究中国社会变革问题。诚如我国学者袁方在《社会学百年》中对20世纪30年代学术研究走向所评述的那般:"从20世纪20年代以李大钊、瞿秋白等为代表的唯物史观社会学,主要阐明社会学的基本理论和研究社会问题,到30年代陈翰笙、李达、许德珩、李剑华、冯和法等,运用唯物史观从生产关系入手,对中国社会及社会问题进行认识,并论述改造中国的道路。"①

1942年沈志远出版的《社会问题》②一书,也是他这一时期出于寻求改造和变革中国社会现状的一种思考。该书原是《大众社会科学讲话》第六至十分讲,后由三联书店作为"社会科学基础读本"之六于1949年10月在上海出版发行。在该书中,沈志远运用马列主义的基本观点,重点就民族问题、农民土地问题、劳动问题、妇女问题四个社会热点展开了论述,系统而深入地阐述了当下社会发展中的现实问题。

沈志远指出,对"民族"范畴的解析,是理解民族问题的基础。在中华民族运动空前高涨时期,尽管民族二字已是深入人心,但是人们对"民族"范畴的理解却是相当模糊的。沈志远从民族范畴入手,展开了对马克思主义民族理论的阐述,并重点分析了资本主义及帝国主义时期国内的民族革

---

① 袁方主编:《社会学百年》,北京出版社1999年版,第6页。

② 《社会问题》系沈志远著的《社会科学基础读本》六套丛书之一,该书于1949年8月由生活·读书·新知三联书店三联书店出版,《社会问题》是这套丛书中的最后一套,前五套分别是:《社会科学的哲学基础》《新社会学的基本问题》《社会形态发展史》《资本主义经济之剖视》《新政治学的基本问题》。

命问题,为中华民族的民主革命运动提供了理论依据。

沈志远认为,"民族就是在历史上形成起来,结合成为一个有共同语言,共同居住地,共同经济生活和共同精神生活的一个固定的人众集团"[1],它的形成需满足以下五个条件:第一民族是在久长的历史中形成起来的一个固定的人众集团;第二民族需具有共同的语言形式;第三民族中的个体要长期地居住在一个共同的地区内;第四特定的民族需有相互的经济联系和共同的经济生活;第五民族要有共同的精神生活,包括共同的风俗、习惯、信仰、民族精神乃至共同的文化生活等。

可以说,沈志远对"民族"范畴的界定,应是一定意义上借鉴了苏共对"民族"概念的解读。这里,沈志远在苏共"民族"范畴的基础上,进一步细化了民族生成的五个必要条件,并强调了民族不仅是一般历史的范畴,而且是某一时代之历史的范畴,这就在新的历史语境下,延伸了对马克思主义"民族"范畴的理解。

沈志远既就一般"民族"问题立论,同时又将其对理论的分析与社会形势紧密地结合起来,对不同社会制度下的民族问题进行了学理考证。沈志远认为,在资本主义的不同阶段,民族问题是具有不同的意义的。在新兴资本主义阶段,"资产阶级必须根本打破封建的割据和分裂,才能有自由发展的可能;要打破封建的割据和分裂,就必须发动民族统一的运动"[2],在这个历史阶段上,资产阶级的民族政策是产生过积极影响的。但是,在资本主义制度确立以后,由于民族之间阶级关系的分化,使得大民族中的少数资产者,为了自己争取市场,扩大剥削对象而实行对异民族的压迫,资产阶级的民族政策随即丧失其进步的革命态度,而转化为对内(即本民族内部)压迫无产阶级、对外(各民族之间)强制异己民族的国家主义政策。

而到了帝国主义阶段,沈志远认为,民族问题已转变为"被压迫民族底解放问题,它不是局部的国内的,而是一般世界的;不是改良的形式的,而是革命的实际的"[3]。因此,帝国主义时代的民族问题具有了不同于资本主义时代的特质,主要表现为:其一,它主要地是殖民地附属国家的被压迫民族的解放问题;其二,帝国主义时代的民族问题已经突破了国家的界限,变成一个整个的国际问题;其三,现时代被压迫民族的解放问题,必须是一个世界性的反帝的革命问题,是世界革命问题中的一个重要的组成部分;在导致

①　沈志远:《社会问题》,生活·读书·新知三联书店 1949 年版,第 71 页。
②　沈志远:《社会问题》,生活·读书·新知三联书店 1949 年版,第 75 页。
③　沈志远:《社会问题》,生活·读书·新知三联书店 1949 年版,第 80 页。

帝国主义时期的殖民地民族问题的根源上,沈志远认为,是由于帝国主义时期"以独占性的财团资本为基础的经营方式和建立在这种经济基础之上的对外政策"①所致。

沈志远阐述了民族问题在不同历史阶段所具有的特殊性,说明了民族解放运动与无产阶级革命运动联合的必要性以及殖民地民族解放的基本原则。他认为,殖民地民族解放的关键,即在于实现彻底的民族自决,"这种民族自决必须是真实的不是欺骗的,是革命的不是改良的,是实质的不是形式的"②。它的实现需满足以下三个基本原则:第一,殖民地和附属国被压迫民族的反帝国主义的革命斗争,是他们摆脱剥削的唯一道路;第二,被压迫民族的真实的自决权,必须用革命的运动来推翻帝国主义才能获得;第三,被压迫民族的解放运动,要与全世界劳工阶级反资本主义的革命运动结合起来,反对共同的敌人——帝国主义。因此,为打倒帝国主义而形成的被压迫阶级革命与殖民地革命之间的联合,是不可避免的,二者必然形成"世界革命的国际联合战线"。

显然,沈志远针对民族问题的相关阐述,既就一般民族问题立论,同时也对资本主义及帝国主义阶段的民族革命问题进行了深入解析,它为研究广泛的民族问题提供了马列主义的视角,为中华民族的民主革命实践提供了学理依据,有着极强的现实针对性。

沈志远在《社会问题》中还极为重视对中国农民土地问题的研究,他通过对农民"阶层"的角色分析,指出了农民在中国革命战争时期及在社会主义建设时期的重要作用,并深化分析了中国传统土地制度中的诸种弊端及近代农村土地改革之迫切性和必要性。

其实,早在1934年沈志远出版的《新经济学大纲》中,他即有过对农村问题的早期论述。此前,沈志远通过对小农经济的考察,指出中国农村是以"小农经济"为主导的半殖民地半封建农业经济。关于"小农经济",沈志远认为,"小农经济或农民经济,就是用自己的劳动经营自己所领有的一小块土地,借出卖自己的劳动生产物以维持生活的小农单纯商品经济。"③"这些小农只要他们所收获的价值,除去补偿其生产成本外,还有余额足以维持其最低限度的生活时,是要耕种土地的"④。沈志远对个体的小农经济状况的分析,有力地说明了近代中国农村是以小封建性的农业经济占主导地位,从

①　沈志远:《社会问题》,生活·读书·新知三联书店1949年版,第81页。
②　沈志远:《社会问题》,生活·读书·新知三联书店1949年版,第89页。
③　沈志远:《新经济学大纲》,北平经济学社1936年版,第493页。
④　沈志远:《新经济学大纲》,北平经济学社1936年版,第496页。

而为论证中国农村经济的半封建形态提供了学理依据。

而在《社会问题》中，沈志远则深化延伸了对中国传统"小农经济"为主导的农村经济制度的诸种弊端及近当代农村土地改革的迫切性阐述。沈志远指出，"农民问题底核心是土地问题"，这是因为土地集中在少数大地主和大富农手里，而大多数农民是无地或少地，于是封建半封建剥削的租佃制就特别盛行。

> 租佃制底盛行，一方面造成了土地所有与土地使用底矛盾，另一方面则不断地扩大和加强封建半封建的剥削关系。其结果是农村生产力停滞着不易发展，农民大众底生活则在封建加上帝国主义的重重剥削之下，不断地恶化。……所以要解决农民问题，必先解决土地问题。①

沈志远强调，实行彻底的土地改革，即根本消灭封建半封建的土地制度，消灭地主阶级的土地所有权而将它转移到农民手里，实行土地农有或耕者有其田，这是今天中国和一切落后国家所必须实行的重大改革。

沈志远依据马克思主义唯物史观的基本原理，还深刻考察了中国近代社会体制下的妇女、劳动等社会问题。谈及妇女问题，沈志远指出，主要是指私有财产制下的男女不等问题。简单地说，妇女之所以受男子的压迫，"其根源即在于私有财产底成立。社会有了私有财产制，就有了阶级的割分，同时也就发生妇女受压迫的现象"②，当前社会体制下的妇女问题就集中体现在就业、劳动、参政、教育、婚姻、娼妓等几个方面。沈志远由此号召广大妇女同胞，要积极地投身政治革命，争取从根本上改造现存的社会经济制度，争取妇女经济地位的完全独立。关于劳动问题，沈志远认为，在资本主义的现代社会内，最基本的社会关系就是资本家和雇佣劳动者的生产关系，因此，"劳资对立是这种社会内最基本的对立"。当时要彻底地解决国内劳资矛盾问题，只有彻底地消减资本主义的剥削制度才能得以实现，"劳动问题底彻底解决，就是劳动者根本摆脱资本底剥削，彻底解除工钱奴役底地位，而自己晋升为生产手段（或生产关系）底集体的主人翁"③。

总体看来，沈志远运用马克思主义唯物史观的基本原理于中国社会

---

① 沈志远：《社会问题》，生活·读书·新知三联书店1949年版，第16页。
② 沈志远：《社会问题》，生活·读书·新知三联书店1949年版，第49页。
③ 沈志远：《社会问题》，生活·读书·新知三联书店1949年版，第23—24页。

现实问题的解析,从而明确了社会学的研究对象和研究内容,并对现实社会所存在的系列问题,提出了许多独到的见解,在当时具有较强的现实针对性。

第三节　论中国革命形式之历史特点

民主革命时期,社会革命成为中国社会的焦点问题,沈志远以理论家兼革命家的角色,关注中国革命,尤其重视对革命理论的探讨。

沈志远重视系统完整的研究问题,反映在对革命理论的思考上,他提出由对中国社会性质的解析入手,来深化阐述中国社会的革命问题。

沈志远深刻地阐述了中国传统封建社会的阶级性质问题。他指出,中国的社会从周秦以来一直到鸦片战争的三千多年都是处在封建的历史阶段。而封建社会的特点是,"它的主要阶级关系是地主农民的关系,也就是地主剥削农民的生产关系"①。

基于对中国社会三千余年封建结构的研究,沈志远分析了近代中国社会性质的变化。一方面,中国渐渐退去封建的外衣,而步入初期资本主义阶段;另一方面,中国近代社会的变化,又是在外力压迫下而产生的,中国近代社会在变革的过程中,越来越被帝国主义所控制,从而加深了中国的殖民地化程度。沈志远明确提出,中国近代以来的社会性质是半殖民地半封建社会,"中国农民的直接剥削者是地主、官僚资本,间接剥削者就是帝国主义,农民要受到国内国外的双重压迫和双重剥削,这一点也反映了中国社会半封建半殖民地的性质"②。

而中国半封建半殖民地这两个"半"字,说明封建的性质和殖民地的性质不是相互独立而是互相有密切联系的。"半殖民地是帝国主义的统治,半封建是地主的统治,帝国主义与地主二者又是勾结在一起的。这种勾结具体的表现就是帝国主义对中国反动势力的扶植"③。

其实,早在1935年沈志远发表在《新中华》上的《现阶段中国经济之基本性质》(载于第3卷第13期)一文中,他即有过对中国近代社会性质的早期阐述。当时,针对托派分子企图"将近代中国社会定位为资本主义社会"的改良资本主义论调,沈志远反驳道,"现阶段中国经济发展到何种程度,

---

① 沈志远等:《论中国革命的历史特点》,展望周刊社1951年版,第1页。
② 沈志远等:《论中国革命的历史特点》,展望周刊社1951年版,第4页。
③ 沈志远等:《论中国革命的历史特点》,展望周刊社1951年版,第3页。

是由现阶段中国社会内的生产关系……来决定的"。他指出,帝国主义"不但不深入中国内地去破坏封建关系,而且事实上各方面地在维持和巩固这些关系",帝国主义为了自己的利益,通过培养买办资产阶级,维护中国军阀的割据局面,破坏和压制民族资本,迫使民族资本家把工业中的资本转投到土地和高利贷投机事业去等方法,来维持中国的封建关系,实则阻碍了中国资本主义的独立发展。沈志远的结论是:"中国的经济是帝国主义统治下的半封建经济,它带有半殖民地和半封建底两重性,不过这两重性不是各自分立而是相互联系着、统一着的。"①

而在《论中国革命的历史特点》一书中,沈志远则详细探讨了近代帝国主义侵略对中国近代半殖民地半封建社会的影响。他指出,帝国主义的侵略实则造成了两个层面的后果,一方面帝国主义破坏了自然经济,但却破坏得并不彻底,它同时又在扶植地主,维持着封建的经济关系;另一方面,帝国主义虽创造了资本主义发展的有利条件,但同时它又摧残着中国资本主义的萌芽。② 而近代中国社会之民众即面临着来自地主、官僚资本及帝国主义的双重压迫和双重剥削。

沈志远对中国近代社会性质的考察可谓既是历史的,又是现实的,这不仅展现了他对近代中国社会实际的透彻了解和中国社会形势的真知灼见,而且也表现出其立足于中国社会实际、试图探索中国民主革命道路的现实研究取向。

沈志远通过对近代中国社会性质的历史考察,揭露了帝国主义对中国政治、经济侵略的方式,分析了中国社会问题的特殊性。沈志远认为,当时阻碍中国人民生产力和中国历史发展的就是帝国主义和封建地主这两种力量,这两种力量是相互联系着而不是彼此独立的,"封建势力是帝国主义侵略中国的社会基础,反过来,帝国主义又是中国封建势力的外部支持者"③。因此,沈志远号召,近代中国革命的主要任务即是反帝反封建主义运动,打倒帝国主义的侵略,清除封建势力和封建制度。

在此要特别指出的是,沈志远还特别强调,以蒋介石为代表的官僚资本亦是革命的主要对象之一,由于中国资产阶级的上层分子总是同帝国主义相互勾结,所以打倒大资产阶级即官僚买办资产阶级亦是革命的主要任务。不过,这里沈志远所指的大资产阶级并非一般的民族资产阶级,而是特指官

---

① 沈志远:《现阶段中国经济之基本性质》,《新中华》1935 年第 3 卷第 13 期。
② 参见沈志远等:《论中国革命的历史特点》,展望周刊社 1951 年版,第 3 页。
③ 沈志远等:《论中国革命的历史特点》,展望周刊社 1951 年版,第 6 页。

僚买办资产阶级,对于一般民族资产阶级,沈志远解释道,我们还是要加以团结保护的。

结合对中国革命对象及任务的分析,沈志远诠释了中国革命的动力及领导权问题。沈志远认为,当前中国社会共有六种不同的社会力量,分别是地主阶级、买办资产阶级、小资产阶级、民族资产阶级、工人及农民阶层。其中地主阶级和买办资产阶级是革命的对象。剩下其他四个阶层工人、农民、小资产阶级、民族资产阶级皆都是革命的动力了。中国的工人阶级由于其所处的社会地位较为低下,所受的压迫和剥削较为沉重,所以能成为革命的主导力量。农民及包括知识分子、手工业者、小商人在内的小资产阶级,由于受到帝国主义和地主的双重剥削,革命性也很强,特别是农民中的贫、雇农阶层,他们是中国工人阶级最可靠的同盟军。而中国的民族资产阶级,他们一方面受帝国主义和官僚资本的压迫,具有一定的革命性;另一方面却又和封建势力官僚资本相互勾结,这就决定了他们在政治上同时又是一个动摇妥协的阶级。这一阶级可以在无产阶级的领导之下争取成为一个革命的同盟者,但是绝不可能成为一个革命的领导者。

而在这四种革命力量当中,沈志远明确指出,只有工人阶级能够担当革命的领导者。这是因为,农民固然受压迫重,人最多,但是他们生产的小私有制和生活方式的分散性,决定了他们不能成为革命的领导者。而中国资本主义的历史发展又相对较短,所以革命的领导者重担只能由工人阶级担当。有了工人阶级的领导,工农联盟为基础,再联合小资产阶级和民族资产阶级,完成革命的任务也就有了保障。

这种思考,尽管没有提及以农村为革命根据地的长期的武装斗争的形式,但沈志远根据中国的现实国情,提出要采取"工农联盟",强调了联合农民的重要性,亦是十分切中肯綮的。

由对中国社会性质的解析入手,沈志远还诠释了中国社会革命的性质问题。沈志远指出,中国的社会革命要分两个步骤走:第一步是要完成资产阶级性的民主革命;第二步是完成无产阶级社会主义革命。在第一个步骤中,中国革命的任务是反帝反封建,要消灭帝国主义和封建势力,这就要求我们"必须动员资产阶级来一起把生产发展起来,客观上为资本主义的发展扫清障碍"[1]。而在第二个步骤中,则是要通过对资产阶级的社会主义改造,顺利过渡到无产阶级领导的社会主义社会,以进行长期的和平建设阶段。

---

[1]　沈志远等:《论中国革命的历史特点》,展望周刊社 1951 年版,第 8 页。

由此可见,沈志远对中国社会革命特点的总结可以概括为以下几个方面:第一,在革命的动力上,它是由无产阶级领导,以工农联盟为基础,联合其他民主阶级;第二,在革命的任务上,它是要打倒帝国主义和封建势力而不是一般地消灭资产阶级,相反,它是要保护正常的民族工商业;第三,它也不允许让资本主义发展成为垄断的资本主义,而是要通过种种政策(主要包括加强国营和合作社经济,扩展公私合营经济以及推进合理的税收政策,等等)给社会主义创造条件;第四,资本主义又是世界无产阶级社会主义革命的一部分。

总之,沈志远既从中国社会的半殖民地半封建的性质出发,说明了中国民族民主革命的性质;同时,又从世界进化的潮流出发,肯定了中国未来社会主义革命之必然性。他通过对中国社会现实境遇的深入考察,从理论上阐述了中国社会的性质和中国革命的性质、对象、任务、前途以及中国革命与世界革命的关系等一系列中国革命的现实问题,正面地解答了中国向何处去的现实困惑。

第四节　关于中国社会分配制度的论争

沈志远晚年,也一以贯之了实事求是的严谨态度,旗帜鲜明地指正了党在认识问题上的各种主观唯心主义倾向,为理论上的正本清源进行了难能可贵的努力。1958年,在全国社会主义改造基本完成以后,党领导全国人民开始进入全面的社会主义建设阶段。但在"左"的错误路线影响下,开始了"大跃进"和人民公社化运动等系列违背客观规律的举措,在城市取消了奖金和计件工资,在部分地区还准备取消工资制,实行供给制,这股风被部分人鼓吹为"共产主义萌芽",并准备在全国范围内推行向共产主义过渡。另外,张春桥在1958年9月上海《解放》杂志第6期发表了《破除资产阶级法权思想》一文,提出把革命战争时期延续下来的供给制改为工资制是错误的。并认为实行工资制、贯彻按劳分配原则扩大了资产阶级法权,"实际上就是要用资产阶级等级制度的礼、法来代替无产阶级的平等关系",提出按劳分配"并不是刺激起了生产的积极性,而刺激了争名于朝、争利于市的积极性",为否定社会主义按劳分配原则制造了"理论依据"。1958年10月13日《人民日报》加"按语"转载这篇文章,从而在全国范围内掀起了否定按劳分配的高潮。

这种观点也引起了人们思想上的混乱,当时围绕着按劳分配体现的资产阶级法权问题,争论延续到了20世纪60年代初期。当时有人提出,"按劳取酬"的口号,"仅仅是为了对付懒汉、怠工者、过去的剥削者"①。有人撰文宣传,"按劳取酬"也是"资产阶级式的法权",因为"按等量劳动取得等量报酬来说,这是平等的,但是,不相等的人们领得相等的报酬(指分享"报酬"的家庭人口的不相等),这就意味着享受上的不平等"②,还有的教科书上说,"按劳分配的平等权利还没有跳出资产阶级的框框,这些弊病是资本主义得以再产生的土壤和条件"③。为了澄清这一认识上的误区,并肃清在实践中的不良影响,1962 年 8 月 30 日,沈志远在《文汇报》上发表了《关于按劳分配的几个问题》一文,直言不讳地对"左"的经济思潮提出了反对意见。

在该文中,沈志远根据列宁在《国家与革命》和马克思在《哥达纲领批判》等文中关于"分配制度"的阐述,并结合当时中国的特定国情,主要就按劳分配的几个原则问题提出了看法:第一,按劳分配具有相对稳定性,因为这一经济规律是在整个社会主义历史阶段内部起支配作用的分配规律。第二,按劳分配关系所体现的是按资分配,不劳而获,一端无所有,另一端无所不有的资本主义分配关系所体现的资产阶级法权的对立物——无产阶级法权。第三,按劳分配所保留的形式平等而实际不平等,是原则上的资产阶级式的法权,却不是本质意义上的资产阶级法权。第四,正确贯彻按劳分配原则,本身就是政治挂帅的一个重要方面。否则,政治挂帅就会落空。④ 这些经济学观点,在当时是符合生产力发展内在要求的理性总结,是遵循了生产力发展水平制约着分配制度的经济规律,在 20 世纪 60 年代初期提出这些关于"分配"问题的观点,是需要勇气的,也是颇具见地的。

沈志远首先肯定了在整个社会主义历史阶段内"按劳分配"这一经济规律具有相对的稳定性原则。他指出,按劳分配原则,是社会主义政治经济学的一个基本理论问题。它的正确解决,对于顺利地进行社会主义建设,具有重大的实践意义。按劳分配"在社会主义阶段是具有巨大优越性的唯一合理的分配制度。它是唯一合理的,就因为它体现着社会主义的客观经济规律;它符合生产关系一定要适合生产力性质的规律"⑤。按劳分配是谁也无法躲避、改变或违抗的社会主义客观经济规律,它是经济规律,因为它出现于历史舞台,是客观上具备了一定物质条件的结果,而不是以人们对它的

---

①　俞文伯:《安烈鹰.革命队伍中改行"工资制"是倒退》,《安徽日报》1958 年 10 月 27 日。

②　吴传启:《从人民公社看共产主义》,《人民日报》1958 年 10 月 1 日。

③　张问敏:《中国政治经济学史大纲 1899—1992》,中共中央党校出版社 1994 年版,第 561 页。

④　参见沈志远:《关于按劳分配的几个问题》,《文汇报》1962 年 8 月 30 日。

⑤　沈志远:《关于按劳分配的几个问题》,《文汇报》1962 年 8 月 30 日。

喜欢与否、认为它够理想与否为转移的。而重要的事情是,"它之所以是工人阶级党和社会主义国家关于个人消费品分配的政策、方法、原则和制度,就因为它是社会主义社会的经济规律"①。

沈志远反对那种"过分强调按劳分配的过渡性,而把事情说成仿佛从社会主义存在的第一天开始,按劳分配规律作用的范围逐步缩小,按需分配法律作用的范围逐步扩大"②的观点,从而反驳了当时"左"的错误思潮,主张在社会主义阶段必须坚持按劳分配原则。

在沈志远看来,按劳分配,也与社会主义生产方式本身一样,具有相对的稳定性。其在我国,"由于我们经济'穷',和文化'白',它还具有长期的相对稳定性"。而明确这一点是十分重要的。"过去有的同志过分强调了按劳分配的过渡性,特别是强调它具有'资产阶级法权'性质等等缺点;从而强调现在就该'积极培育按需分配的萌芽',而把事情说成仿佛从社会主义社会存在的第一天起就开始了按劳分配规律的作用范围逐步缩小、按需分配规律的作用范围逐步扩大的过程。这种看法是值得商榷的。"③实际上,按劳分配这一经济规律是在整个社会主义阶段内(它在中国是一个相当长的时期)都起支配作用的分配规律,即使到了直接向共产主义过渡时期,我国社会性质基本上仍然是社会主义社会,在消费品分配方面仍将以按劳分配为主。在这样一个长久的历史阶段内,我们的按劳分配制度势必经历一个不断完善、不断巩固和发展的过程。因为在社会主义历史阶段内,"只有这样的一种生产关系……才是最适合于社会主义社会生产力的性质和水平"④。

沈志远的这番话,在现在看来,似乎并没有什么新奇的,然而在人们还没有普遍认识到社会主义是一个长期历史阶段的 20 世纪 60 年代初期,提出这个观点实属是难能可贵的。尤其是后面指出按劳分配亦要"经历一个不断完善、不断巩固和发展的过程",表明了按劳分配的"相对性",强调了按劳分配规律的实现,也要经历一个不断深化发展的辩证过程,这种理解在当时是有着很强的现实意义的,很深刻地指出了按劳分配制度在当时社会主义初期阶段的运行是一个带有长期性和曲折性的历史过程。

其次,沈志远强调了按劳分配制主要体现的是无产阶级法权问题。在当时主流的观点依然是认为按劳分配是具有资产阶级法权属性的。如徐崇

---

① 沈志远:《关于按劳分配的几个问题》,《文汇报》1962 年 8 月 30 日。
② 沈志远:《关于按劳分配的几个问题》,《文汇报》1962 年 8 月 30 日。
③ 沈志远:《关于按劳分配的几个问题》,《文汇报》1962 年 8 月 30 日。
④ 沈志远:《关于按劳分配的几个问题》,《文汇报》1962 年 8 月 30 日。

温认为,按劳分配把劳动这个同一的标准应用于工作能力、家庭负担等方面各不相同、各不相等的人们,因而在原则上它仍然是在形式上平等而在事实上不平等的资产阶级法权,"如果我们是从法权所具有的特性上来谈论法权,那么,按劳分配在原则上就仍然是资产阶级的法权,而不具有什么与资产阶级法权'相异方向'的所谓无产阶级法权的属性"①。吴敬琏则认为,资产阶级法权是建立在商品等价交换原则基础上的法权关系,既然在社会主义按劳分配的经济关系中存在着等价交换的某种残余,也就可以说,这里存在着资产阶级法权的残余。还有人认为"按劳分配"是资产阶级法权,按劳取酬与资产阶级法权一样,是保护私有财产、保护特权等级、保护个人主义,要求取消"按劳分配",实现供给制。以上如徐崇温、吴敬琏等学者的思想在主张按劳分配原则具有资产阶级法权属性的观点中较具有代表性。

在当时特定的思想氛围下,沈志远并没有盲从,而是坚持认为按劳分配原则体现的是无产阶级法权,他指出,"过去有人一谈到按劳分配,就首先强调它是资产阶级法权,指摘它的种种'缺点',把它说得一无是处。这当然是一种误解"②。按劳分配的制度,首先和主要的是无产阶级式权利,因为它所体现的,恰恰是"按资分配""不劳而获"的资本主义分配关系所体现的资产阶级法权的对立物。

按劳分配既是由社会主义生产方式所决定的,是生产资料公有制的产物,它就不能不体现对一切劳动者的平等权利。生产资料公有制意味着全体劳动人民都平等地摆脱了剥削和奴役,平等地共同掌握生产资料,平等地按各人的能力从事劳动(劳动权),从而也就平等地按照各人向社会所提供的劳动量取得报酬,同工同酬、多劳多得、少劳少得、不劳动者不得食。③ 从这里可以看出,沈志远深刻地指出了按劳分配的本质,反驳了那些把按劳分配理解为"资产阶级法权",并同滋长个人主义相混淆的观点。

第三,沈志远指出了按劳分配所保留的形式平等而实际不平等,是原则上的资产阶级式的法权,却不是本质意义上的资产阶级法权。大多数主张按劳分配具有无产阶级法权属性的同志,也都认同了按劳分配具有原则上的"资产阶级式的法权",但并非本质意义上的"资产阶级法权",在肯定按劳分配是整个社会主义时期的分配原则,肯定它的积极作用的同时,都强调指出它的历史局限性。在这方面,沈志远的观点具有一定的代表性。

---

① 项启源等:《社会主义经济理论的回顾与反思》,江苏人民出版社 1988 年版,第 152 页。
② 沈志远:《关于按劳分配的几个问题》,《文汇报》1962 年 8 月 30 日。
③ 参见沈志远:《关于按劳分配的几个问题》,《文汇报》1962 年 8 月 30 日。

　　沈志远指出,按劳分配的历史局限性在于它所体现的权利平等,仅仅就其与资本主义剥削制度下的分配关系相比较而言;若从共产主义的要求来看,它还不是真正的、彻底的平等,它还不是人类在分配问题上的最高理想。而那种真正彻底的平等,即如按需分配所表现出的那种平等,那种平等意味着任何阶级差别的消灭,即阶级本身的消灭,这样的条件在社会主义社会是不存在的,因而不可能实现真正彻底的平等。①

　　由此,在社会主义阶段内,由于生产力还没有发展到极高的程度,社会产品还不够丰富及其他等,这种实际上的不平等是不可避免的,而反映这种形式平等而实际不平等的按劳分配制度,在原则上也就体现出了资产阶级式的法权,但并非本质意义上的资产阶级法权。这里,沈志远明确地界定了"资产阶级法权"和"资产阶级式的法权"的区别,他指出:所谓"资产阶级法权"是资本主义生产关系的产物,主要指的是私有财产权,即生产资料私有权的神圣不可侵犯和剥削自由、竞争自由等权利②;而"资产阶级式的法权",则是对"资产阶级法权"基本特点的反映,即形式平等掩盖下的实际不平等。

　　最后,沈志远还强调了正确贯彻按劳分配原则。沈志远则提出,"片面地强调政治挂帅而忽视群众的物质利益,也会影响群众的积极性,即使可能在一个时期内把群众的干劲鼓舞起来,但如果不同保证物质利益的一定制度(如一定的工资制、奖励制、福利基金制等)密切结合起来,那么群众的积极性也是无法持久的""若不重视'按劳分配'原则,不重视群众的物质利益那个政治就会落空"③。很显然,这个观点在现在看来也是正确的。

　　总体来看,沈志远在其对按劳分配制度的理解上,他把按劳分配看成是社会主义这一长期的历史阶段中的质的规定性,他在明确按劳分配制度的过渡性同时,更强调它的相对稳定性原则;在认识按劳分配还保留有资产阶级式的法权的同时,更强调按劳分配是作为"不劳而获"的资产阶级法权的对立物而存在的唯一合理的分配制度;在重视政治思想教育的同时,更强调政治挂帅只有通过物质利益原则才能实现;沈志远的这些理论观点,在当时是对主张在社会主义阶段必须坚持按需分配原则的一种驳斥。在 20 世纪 60 年代初期提出这种关于分配制度的理论,是难得的,也是需要勇气的。

---

① 　参见沈志远:《关于按劳分配的几个问题》,《文汇报》1962 年 8 月 30 日。
② 　参见沈志远:《关于按劳分配的几个问题》,《文汇报》1962 年 8 月 30 日。
③ 　沈志远:《关于按劳分配的几个问题》,《文汇报》1962 年 8 月 30 日。

第七章　对人生观的阐发

沈志远一贯关注青年成长，重视青少年的思想启蒙教育。他在教育界工作多年，并在多所院校任教授课，他的著作中蕴含了丰富的人生哲学思想，其见解值得我们借鉴。

沈志远在宣传马克思主义的过程中，为引导中国青年读者树立科学的人生观，解除旧式伦理对广大青年的束缚，先后撰写了多部人生观著作，如《新人生观讲话》(1946年)、《革命人生观》(1950年)，论文有《怎样做一个新新疆的新青年》(1940年)、《泛论所谓人生哲学》(1941年)等，这些理论著作与其同时代艾思奇所著的《从哲学所见的人生观》(1935年)、胡绳的《新哲学的人生观》(1937年)、陈唯实所著的《新人生观与新启蒙运动》(1939年)等，都是国内较早地向中国民众系统阐述马克思主义人生哲学的理论著作。这些理论著作在当时对于帮助青年树立革命的人生观，掌握科学的方法论，正确地观察社会及明辨是非等，都发挥了积极的导向作用，并引导许多青年读者走上了革命道路。沈志远的著作在一代人心中产生了深远影响，正如我国新闻学家徐铸成同志在《回忆沈志远》一文(1980年7月24日香港《文汇报》)中所评述的那般，"从三十年代起，他的译著先后在生活书店等出版，成为当时知识界特别是青年人喜爱的精神食粮。他在这方面的贡献，大概不下于艾思奇吧。……志远的译著，在一代人中，至少是起过启蒙作用的。曾有不少青年，因看了他的书而开始走上光明的道路"[①]。

第一节　对复古人生观及现代西方
人生观思潮的批判

自20世纪20年代中期发生了"科学与玄学"论战后，人生观问题逐渐引起了思想界的重视。加之抗战期间，国难当头，如何将个人的命运、人生的选择和国家的前途加以协调，就成为一代哲人思考的重心问题。当时，哲学家们大体沿着两个方向展开，一是积极阐释人生观哲学，包括冯友兰、金岳霖、胡绳、沈志远等人，都从不同视角对人生观问题进行了反思与探索。

---

① 徐铸成：《报人六十年》，学林出版社1999年版，第352页。

但另一方面,一批反映国民党反动当局意志的文人、政客又极力鼓吹各种"复古"思想及现代西方人生观哲学,如民生哲学、力行哲学、唯生论哲学、宿命论、唯意志论、奴才主义、个人主义等思想甚嚣一时,在理论界产生了极为消极的影响。

抗日战争时期蒋介石集团的唯生论与力行哲学,就是中国现代资产阶级哲学的一个重要流派。当时,以陈立夫和蒋介石为代表的国民党当局充分意识到哲学对人生观的巨大影响,他们认为"没有革命哲学作基础,人生观不确定","所以思想和信仰很容易动摇,所以没有革命哲学作基础的人来革命是一定危险的"①。为此,20世纪30年代初陈立夫、蒋介石先后抛出了唯生论哲学和力行哲学作为国民党当局的官方哲学。他们所炮制的唯生论与力行哲学,就是以蒋介石、陈立夫为代表的大地主大资产阶级对外卖国求存、对内麻痹和对抗中国民众的一套反动理论。

由于蒋介石集团以唯生论与力行哲学作为其坚持卖国、独裁、内战的反动政治纲领的哲学基础,同时竭力鼓吹中国固有的封建伦理道德及资产阶级人生观思想,因而在当时造成了极为消极的社会影响。当时在党和毛泽东的指导下,周恩来、艾思奇、沈志远、胡绳、齐燕铭、范文澜等一批党内外理论工作者们撰写了大量文章对该学说进行了针锋相对的驳斥,他们深刻地揭露了唯生论和力行哲学的反动内容及其实质。

对唯生论与力行哲学的批判,是抗日战争时期,思想文化战线上的一场重要斗争。这场思想文化战线上的论争,撕破了蒋介石假道学的伪善,揭露了国民党当局借以维护其统治的思想体系反人民、反科学的本质,进一步扩大了新哲学的理论阵地,有力地促进了广大民众的思想文化觉醒。

20世纪40年代,沈志远也先后撰文《新人生观讲话》和《泛论所谓人生哲学》对当时盛行的各种复古人生观思潮及现代西方人生观思潮进行了有力批判。沈志远针对人生观问题的相关阐述,既就一般人生观问题立论,同时又从唯物史观的视角,具体地解析了当时在中国青年中流行的各种不良人生观思潮。为研究广泛的人生观问题提供了马克思主义的视角,同时也凸显出马克思主义强烈的现实批判性原则。

1946年沈志远出版了《新人生观讲话》一书,该书是其当时写给青年读者的一部宣讲马克思主义人生哲学的励志文集,最初于1941年分11期连载于张铁生主编的《青年知识》周刊,后经作者汇编成册,于1946年6月作为《青年自学丛书》由生活书店出版发行。该书以一种现实主义的人生观

---

① 许全兴等:《中国现代哲学史》,北京大学出版社1992年版,第469页。

视角，从积极的、实践的方面说明了人生的价值和意义，宣传了马克思主义的人生观哲学，批评了当时青年中各种错误有害的人生观思想，如"唯生的人生观""复古的人生观""宿命论""英雄主义""奴才主义"和"个人主义"等，是当时一部很有分量的宣传马克思主义人生哲学的普及读物。

《新人生观讲话》初次在《青年知识》上连载后，即受到了广大进步青年的好评。据1941年《青年知识》第9期由张铁生主编刊登的一份民意调查显示，在回答"对本刊哪一篇文章最喜欢看"的49封读者来信中，有19人选择了沈志远的《新人生观讲话》，而选择其他文章的都仅在5人或5人以下，可见该文在当时的受欢迎程度。

此外，1941年7月14日，沈志远还在邹韬奋主编的《大众生活》①周刊上发表了《泛论所谓人生哲学》一文，该文以犀利、大胆的语言形式，直指蒋介石集团在政治上推行对外卖国求存、对内反共反人民的封建法西斯主义路线的哲学基础，深入解析了国民党当局推行"武化"之外的"文化"，进行"力行哲学"和"服务的人生观"理论宣传的目的和将会产生的后果。

沈志远指出，腐败没落的统治者，主要的是利用自己掌握的政权机构，即用"武化"来对付文化。但单纯"武化"钳制，也有其局限性。具体表现在，第一因为国际观感攸关，做得太疯狂有碍于争取外援，因为中国对外宣称"正在向民主政治之大道迈进"②。第二因为理性和知识终究还是思维领域内的东西，虽可用"武化"政策去对付，但是究竟禁阻不了广大人民脑筋里的活动。"第三因为在中华民国某些部分的领土内，理性——民主和知识——科学，这两把照耀历史大道的火炬，其光芒已经从遥远偏僻的地方，透过了盛行于大部分中国的新专制主义的腐朽藩篱，照射到全中国的每一个角落里来"③。于是，"武化"之外的"文化"，直接摧残之外的思想麻痹，就成为没落的统治者向理性和知识、民主和科学进攻的法宝。"历史上凡是托命于业已失去'存在理由'的旧制度的那些没落阶级，总要杜撰出或拼凑出一套思想体系或哲学理论来，作为挽救自己统治的精神支柱和进步革

---

①　《大众生活》周刊是以推动解放运动为主的时事性周刊。1935年11月16日在上海创刊，由上海时代书店大众生活社出版，邹韬奋任主编，系综合性月刊。1936年2月遭国民党政府封禁而被迫停刊，出至十六期。1941年5月17日在香港复刊，为新一号，同年12月6日出至新三十号，因太平洋战争爆发停刊。在香港复刊后的《大众生活》新一号至新十号下设11个分类专栏，包括社论、周末笔谈、论文、生活修养、通讯报告、文艺作品、散文杂感、书评、信箱、漫书木刻地图、其他，共收录文章合计162篇。

②　沈志远：《泛论所谓人生哲学》，《大众生活》1941年新十号。

③　沈志远：《泛论所谓人生哲学》，《大众生活》1941年新十号。

命势力斗争的思想武器。"①

　　这里,沈志远剖析了蒋介石集团为了维护和加强其封建买办法西斯主义统治所采取的两种策略,其一是政治上的"武化",即利用手中所掌握的政权机构强化其封建法西斯主义的国家机器作用;其二是思想上的"文化",即竭力杜撰或拼凑出一套官方意识形态话语,力图用思想麻痹来加强对人民大众的管控。

　　沈志远具体分析了今日中国之顽固集团的精神武器力行哲学和服务的人生观思想的形成及其理论基础。沈志远指出,半殖民地半封建的统治者不可能建立起一个独立完整的思想体系。"它们有的只是从古代腐烂的封建思想里掏出一些来,又从近代西洋反动思想家那里捡它最反动的抄袭一些来,七拼八凑地糅合出一套'理论'。"②这一精神支柱的塑造者,主要"是由当权者直接雇佣,由屠夫们经常圈养的一批鹦鹉八哥式的无耻文人"③构成。他们是受着主子们的委托,按照着主子们所预定的政治目标,迎合着主子们的脾胃和口味,专门从事于主子们的"定货"的制造。

　　而顽固派、新专制主义者反动政治纲领的哲学基础"行的哲学"之理论基础有三。其一便是尼采的超人哲学。沈志远认为,行的哲学的尼采臭味,就在于它超人的领袖观和羔羊的群众观,又在于它暗暗地鼓励独裁政治,其把思想看做少数"先知先觉"的超人之"专政",而人民大众只许绝对地信仰,盲从地行动。这种新专制主义者所鼓吹的行为只是本能的活动而非理智的实践。他们最怕大众依据客观的认识去从事改变世界的实践,只希望人民遵守其独断教条去作盲从的行动。其二即新黑格尔主义最恶劣的修正者——墨索里尼的雇佣哲学家秦梯尔的"行动主义"④。沈志远认为,行的哲学的基本精神,又与黑衫首相的御用哲学者秦梯尔的新黑格尔主义(行动主义)相类似。秦氏把黑格尔的辩证法解释为纯主观的自由行动,指出其"行动自由"的原则,亦即是"我"的自由行动,以此剥夺了人民大众的自由原则,这也是新专制主义封建法西斯统治的哲学根据。其三便是国货的"民可使由之,不可使知之"的专制哲学。关于国货的"民可使由之,不可使

---

①　沈志远:《泛论所谓人生哲学》,《大众生活》1941年新十号。

②　沈志远:《泛论所谓人生哲学》,《大众生活》1941年新十号。

③　沈志远:《泛论所谓人生哲学》,《大众生活》1941年新十号。

④　秦梯尔(G.Centre),新黑格尔主义的代表,以秦梯尔为代表的行动主义"进攻派"把主观唯心主义发展到极端地步。他否认一切离开意识而独立存在的客观实体,认为在精神以外什么也不存在,以此把客体消融于主体中。在秦梯尔看来,现实是永远的绝对主体,存在就是认识,认识就是存在,思维是绝对的,独立的,它不需要任何的体现者。

知之"的专制主义的愚民政策,沈志远认为,对于家天下的专制皇帝确是绝对需要的,但对于口口声声宣称"民治、民有、民享"和"正在向民主政治大道迈进"的现中国,显然是绝对违背建国精神的。

可见,顽固派、新专制主义者所鼓吹的行之哲学,主要地便是提倡反理性的非理性主义、反科学的神秘主义、专制独断主义及愚民主义。他们极力主张复古近代西方反动哲学和封建伦理文化,就是力图为其大地主大资产阶级的一党专政和封建法西斯主义统治来寻找理论依据。

顽固派、新专制主义者的另一种人生哲学即是所谓服务的人生哲学。服务的人生哲学的建立者①,将人之"生"的内涵概括为"生之维持,生之延续,与生之广大"②,并具体解析了服务的人生观的意义及特质。沈志远指出,服务的人生观的第一层意义就是鼓励青年去希圣希贤,就是要教青年背朝现实,面对古代。他们提倡复古,"只是想驱使青年大众葬身到古人坟墓里去,要把青年变成完全隔绝现实和毫无思想的活僵尸,而让他们来自由驾驭现实,稳固自己的宝座"③。服务人生观的另一重大意义在于其根本反对"人间斗争",沈志远指出,顽固派、新专制主义者宣称"世界人类与文明之大敌曰争","争"的原因在于"人口之繁衍,天产之供给不能相配应,于是支配成为问题"④。以此,在面对"寡"与"不均"的状态时,顽固派、新专制主义者以老板、大亨口吻,劝人们勿要争,而要乖乖地努力服务,埋头苦干,"人人以服务为心,人人以创造为事","争与夺,死道也!"⑤

沈志远由此指出,顽固派、新专制主义者表面上反对斗争而爱好和平,而他们所谓的反对斗争,只是反对民众于他们的斗争,而自己却要利用掌握中的国家机构以拼命地从事斗争。"他们只是要教被统治者们和平地被他们统治和奴役,而不允许有一点反抗;他们自己却诉诸一切最残酷的手段来维持他们所谓的和平。"⑥而顽固派、新专制主义者所谓的"革命的服务人生观",即是曰"创造的,劳动的,节约的和奋斗的"人生观。沈志远指出,从上述四点特质上看,"一点也看不出革命的意味来。这实在堪称之为不要革命的'革命'人生观。"⑦

---

① 所指陈立夫。
② 沈志远:《泛论所谓人生哲学》,《大众生活》1941年新十号。
③ 沈志远:《泛论所谓人生哲学》,《大众生活》1941年新十号。
④ 沈志远:《泛论所谓人生哲学》,《大众生活》1941年新十号。
⑤ 沈志远:《泛论所谓人生哲学》,《大众生活》1941年新十号。
⑥ 沈志远:《泛论所谓人生哲学》,《大众生活》1941年新十号。
⑦ 沈志远:《泛论所谓人生哲学》,《大众生活》1941年新十号。

可见,顽固派、新专制主义者所谓的"革命的服务的人生观"都是有其具体的阶级内容的。蒋介石、陈立夫所谓的"爱好和平、反对斗争"实际上只是"反对民众于他们的斗争",他们极力鼓吹"革命的服务的人生观"之"创造的,劳动的,节约的和奋斗的"特质,就是要人民自觉遵从当下的政治规范,为其封建法西斯主义统治效劳卖命。并试图以此道德说教,来作为其统治人民和控制其党羽的思想理论武器。

总之,沈志远认为,今日中国统治集团中的顽固派所进行的思想绞杀工作,有一个基本的特点是值得警惕的:这就是在全国民众和全世界潮流的压迫之下,"他们是躲在民主的旗帜之下来实行专制,躲在科学幕布之后来偷运神秘主义和提倡盲从,以及借革命的空喊掩蔽反革命的行动"[1]。

在 1941 年,分 11 期连载于《青年知识》周刊上的《新人生观讲话》一书中,沈志远也从唯物史观的视角,对当时在青年中盛行的各种错误有害的人生观思想,具体包括"唯生"的人生观和"复古"的人生观、宿命论和英雄主义人生观、奴才主义和个人主义人生观思潮进行了批判。

关于"唯生"的人生观和"复古"的人生观思潮,沈志远指出,所谓"唯生"的人生观或生物的人生观,即是从"生物学"视角对人做绝对机械的理解,认为人生的意义与目的即在于一是保存个体的存在,二是维持种族的绵延。吸取营养,满足食欲,是维持个体生命的方法;男女交欢,满足性欲,是继续种族生命的手段。[2] 生物的人生观的危害即在于,其一,皆在为两种有害的反动思想即封建思想和法西斯思想护航。其二,这些"生物的人生观"的信徒们,在指出性欲和传种的"重大意义"的同时,又特别强调了血统种族的可贵和保存血统种族斗争的重要。并由此得出结论,"为血统种族而进行战争是天经地义的"[3]。沈志远认为,这种"唯生的人生观"对"种族"做了绝对抽象的理解,没有看到种族内部有少数一部分人的生存,正建筑于多数的另一部分人的饥寒交迫以致死亡之上;前者是剥削者,后者是被剥削者。世界上有少数的种族,其全人口只有几万万,而其生存则建筑于多数的种族,即全人口共有几十万万的诸种族的困苦或灭亡之上;前者是帝国主义,后者是殖民地半殖民地民族。[4] 生物的人生观思潮否认了种族内部的阶层分化及种族间侵略与被侵略的实质,对"种族"做了超阶级、超历史的理解,这也进一步暴露了该资产阶级人生观思潮愚民哲学的实质。

①　沈志远:《泛论所谓人生哲学》,《大众生活》1941 年新十号。
②　沈志远:《新人生观讲话》,生活书店 1946 年版,第 27 页。
③　沈志远:《新人生观讲话》,生活书店 1946 年版,第 29 页。
④　参见沈志远:《新人生观讲话》,生活书店 1946 年版,第 30 页。

　　而复古的人生观①思潮，则主张青年应知如何"立德、立功、立言"，应学习希圣希贤，知礼义廉耻和实行忠孝节义，一切遵照所谓民族固有道德去做，埋头服务，不管闲事，这才算是"革命的"人生。在沈志远看来，以上两种人生观理论，"其唯一的目的，是要补充拘捕屠杀之不足，企图从思想上把纯洁青年大众葬送到古人坟墓里去"②。以此达到统治集团自由驾驭现实，稳固自己宝座的目的。

　　关于宿命论的人生观思潮，沈志远指出，传统宿命论人生观即主张"一切听天由命，任由环境摆布，而不知改造环境和跟环境奋斗的人生观"③。现在思想界流行的新式宿命论即历史的宿命论，则用"历史"代替了"天"和"命运"，主张"听史为命"。所谓历史宿命论，即肯定历史发展的必然性，认为历史决定一切，人只能听命于历史，"人类历史的发展必然是从黑暗到光明的，我们不必着急，光明的社会是必然要到来的"④，由此把人及人的活动完全排除在历史之外。

　　沈志远认为，人类社会发展的历史，确实是有其必然性的，承认历史发展的必然性本身并无错误，而问题在于人（个人和人民）的主观力量、人的奋斗，是应该被包括在历史必然性进程以内的。历史进程中如若抽去了人和人的活动，历史便变成了一个空洞的概念，变成了一种捉摸不住的抽象幻觉。⑤ 因此，真正科学的历史观，"虽然承认历史的必然性，但同时尤其承认大多数人民的活动和奋斗，是历史必然性的决定力；大多数人民的活动和奋斗，决定着历史发展的必然趋势"⑥。历史宿命论主张"听史由命"，任历史摆布，主张做历史的奴隶，这种历史宿命论的人生观其实是一种懒汉宿命论的人生观。

　　而针对另一流行的人生观思潮——英雄主义人生观，沈志远则指出，英雄主义人生观虽强调了人在历史中的活动和作用，但却同样滑向了另一个极端，即片面夸大了某些个体、英雄人物的个人意志。该学派主张，人们是历史的主宰者，人可以随心所欲地创造历史，英雄主义的人生观把英雄看作超历史、超民众的"半神"或"超人"，认为历史是可以依照少数英雄"超人"的意志，任意创造任意改变的。英雄主义人生观的第一要义，就在于强调英

---

①　复古的人生观即服务的人生观。
②　沈志远：《新人生观讲话》，生活书店 1946 年版，第 32 页。
③　沈志远：《新人生观讲话》，生活书店 1946 年版，第 33 页。
④　沈志远：《新人生观讲话》，生活书店 1946 年版，第 35 页。
⑤　参见沈志远：《新人生观讲话》，生活书店 1946 年版，第 36 页。
⑥　沈志远：《新人生观讲话》，生活书店 1946 年版，第 36 页。

雄创造历史,从而在历史的演化进程中彻底否定了历史发展的客观规律性
存在。英雄主义人生观的第二要义,就是认为英雄、领袖应当任意驾驭民
众,任意鞭策民众。对此,沈志远认为,真正英雄的伟大,就"在于他能认识
客观的历史法则,紧紧地把握这种法则,预见到历史发展的远景,然后顺应
着这种法则,去领导大众走向光明幸福之境"①。真正的英雄决不能存任意
创造历史的妄想。同时,真正的英雄是产生于民众,依托于民众,跟民众在
一起,并为民众的利益而奋斗的。英雄主义的人生观,正是以压迫人民为能
事的希特勒、墨索里尼、日本军和我们国内的一些法西斯打手的思想
根源。②

关于奴才主义和个人主义人生观思潮,沈志远则认为,奴才主义的人生
观即是那种根本无独立人格可言、无任何廉耻心可言,一切以他人的意志为
意志,以他人的好恶为好恶的人生观;这种人生观理论,在沈志远看来,根本
是缺乏个体独立意志、缺乏个体独立人格的"狗生"人格;而与此相反的个
人主义的人生观,则过分追求个人利益、强调个人的意志,缺乏集体主义的
奉献精神,同样是值得批判的。

总之,这一时期,沈志远深刻地批判了当时在青年中流行的各种形而上
学的人生观思潮,为引导广大知识青年自觉抵御一些错误有害的人生观思
想,树立革命的人生观,掌握科学的方法论等都发挥了积极的导向作用。

第二节　对新人生观的科学阐发

在 1946 年出版的《新人生观讲话》一书中,沈志远除了批驳当时青年
中盛行的各种错误有害的人生观思潮外,该书还以一种现实主义的人生观
视角,从积极的、实践的层面说明了新时代人生观的价值和意义、人生的态
度及目的等一系列问题,广泛地宣传了大时代新人生观思想。

在沈志远看来,"所谓人生观,就是对于人的生活的一种看法,同时又
是根据这种看法所得出来的一些做人的道理,做人的方法"③。之所以要研
究人生观问题,是因为"人生观是完全在人们所处的生活环境中养成的,是
一个习惯性的人生观。生活的环境和习惯,迫使他们对人生不能不作如是
观"④。由此,随着时代的变迁,人生观也即由旧的不断地转变为新的人生

---

① 沈志远:《新人生观讲话》,生活书店 1946 年版,第 40—41 页。
② 参见沈志远:《新人生观讲话》,生活书店 1946 年版,第 41 页。
③ 沈志远:《新人生观讲话》,生活书店 1946 年版,第 5 页。
④ 沈志远:《新人生观讲话》,生活书店 1946 年版,第 8 页。

观,现代的青年,即应遵照一个自觉的前进的适合时代趋势的人生观,积极地去创造生活、引领实践。

由于哲学的人生观亦即人生哲学,是从有关人生的各个具体问题的研究中归纳起来的基本看法,在沈志远看来,凡是对于做人的意义或价值,做人的态度,人生的目的,以及与人相关的各个具体的人生观问题,都应归纳入人生观哲学的研究范围内。"所以研究哲学的人生观,就是要研究关于人生的意义、价值、目的及做人的态度和方法的一些原则性的根本知识"[1],研究关于人生的种种基本问题。

显然,沈志远在对"人生观"立论时,既充分考察了人生观之本体论属性,将人生观视之为"做人的意义和价值,做人的目的和态度",同时也凸显出它的方法论原则,强调了"人生观"在引导人们做人行事、解决现实生活中种种具体问题的方法论意义。

沈志远依据唯物史观的基本原理在对人生观问题加以考察时,也论证了人生观的两大基本特征。在沈志远看来,特定历史时期的人生观是具有"时代性"和"阶级性"双重特征的,"某种人生观,在某一时代是很盛行的,具有支配势力的,到了另一时代却成为'过时货'成为时代的糟粕或渣滓而被人们所唾弃,代之而起的是另一种完全簇新的人生观"[2]。由此,时代性是人生观的首要基本特征;同时,人生观也是具有阶级属性的,它是以一定的社会基础为其基本前提的,并反映着某一社会集团(或某几个社会阶层)的阶级利益。

这里,沈志远所强调的人生观具有的阶级属性,所指并不仅限于阶级意识层面,即对特定阶层、利益集团阶级意志的反映,更侧重强调的是人生观作为"社会集团的思想武器"所兼具的批判功能和政治斗争功能。他指出,人生观"是进行社会斗争或民族解放斗争所绝不可少的武器"[3],"当作思想武器看的新人生观的战斗意义,只有当它事实上成为思想武器的时候,才充分地表现出来"[4]。

沈志远认为,现阶段一种正确的人生价值导向应是一种新型的民主主义的人生观,这种新型的民主主义的人生观有三个特点。第一,它是战斗的。必须要有坚决反对各式各样的专制和独裁,反对各式各样的侵略和压迫,要同国内外各种恶势力作斗争的意识。第二,它是科学的。要坚决反对

---

[1]　沈志远:《新人生观讲话》,生活书店 1946 年版,第 14 页。
[2]　沈志远:《新人生观讲话》,生活书店 1946 年版,第 20 页。
[3]　沈志远:《新人生观讲话》,生活书店 1946 年版,第 22 页。
[4]　沈志远:《新人生观讲话》,生活书店 1946 年版,第 23 页。

生活中的迷信、武断、盲从、教条主义,要尊重理性,拥护真理,把握科学的方法和工具。第三,它是大众的。要以大众的幸福为自己的幸福,这是新型的民主主义的人生观的中心思想。①

在这里,沈志远深刻地评述了人生观的两层基本特征,并突出强调了新时代人生观该具备的战斗的、科学的、大众的三大特质,为引导广大知识青年自觉抵御一些错误有害的人生观思想发挥了积极作用。

此外,沈志远还深入解析了人生之本真要义,具体论述了新时代人生观的价值和意义、人生的态度及人生的目的和方向等一系列问题。

关于人生的价值和意义,沈志远强调,必须要把"人"和"生"联系起来来理解,即在人的生活实践中,来找寻人之所以为"人"的真正主要的决定性特质,而从生活视角来理解人生观问题,则必涉及以下两个层面的内容。

从自然人的层面来看,新时代人生观即表现为,自觉地征服自然,积极地改造环境,从自然的奴隶晋升到自然的主宰,人类不断地战胜自然,也就是不断地走向自由。因为,人就是靠自己所制造的工具,生产自己所需要的一切物质资料,以维持其生活的一种动物。人类靠着不断进步的生产工具之助,不断地征服自然,改造自然,同时也改造了人类自身,这反映了人与自然的斗争关系。而从社会人的层面来看,我们还必须生活到被压迫的大众中去,站在大众的立场,代表大众的利益,以大众的意志为意志,去消灭人类中的毛贼,然后争取达到人类彻底平等自由的幸福之境②,这反映了人与人的斗争关系。沈志远认为,人与人发生着各种复杂的相互关系,人与人的一定的相互关系是进行社会生产的必要前提,人是社会中的人。作为"社会一分子"的我们,要为人类谋最大的自由和幸福,就要站在最大多数人的立场,为最大多数人的生存要求,跟社会中少数妖魔阶级吸血阶级做斗争,在当下这种斗争就表现为同一切法西斯反动分子的斗争。③ 人同自然的斗争关系和人同人的斗争关系两者相辅相成,是新时代人生观之最根本的意义,也就是人生之最崇高的价值。

可以说,沈志远从人之"生"的外部环境入手,分析了人作为"自然人"和"社会人"的"生"之要义,并从主、客两个维度具体解析了人与自然的斗争关系和人与人的斗争关系,系统而深入地诠释了新时代人生观之崇高的价值和意义。

---

① 参见沈志远:《新人生观讲话》,生活书店 1946 年版,第 19—20 页。
② 参见沈志远:《新人生观讲话》,生活书店 1946 年版,第 74 页。
③ 参见沈志远:《新人生观讲话》,生活书店 1946 年版,第 72 页。

关于人生的态度,沈志远总结了树立正确人生态度应坚持的五个原则:

其一,是时代的、前进的原则。所谓人生的态度就是做人的方法,做人的道理。革命的人生观要求我们永远站在时代的最前列,要坚决反对"开倒车",坚决反对任何堂皇动听的借口之下的复古阴谋。为毁灭法西斯主义及其一切公开或隐秘的残余,创造民族间的平等、自由、和平而斗争的大时代而奋斗。

其二,是实践的、非空谈的原则。所谓空谈,是"指随心所欲,不顾实际情形的乱说"。实践"是从客观现实出发,根据客观现实的形势、条件和要求而做适当的活动,顺应着客观现实发展的法则去改变现实,推进时代"①。而"唯行论"的行,是劝大家不问是非地去力行⋯⋯,我的意志,就是你们"行动"的唯一指南针。这样的"力行哲学"是和大独裁者希特勒的"理论"如出一辙的。②

这里,沈志远强调要注重实践,但不是"唯行论"的行,而是呼吁要坚决反对这种法西斯主义的盲行。强调要以科学的、正确的、前进的理论作为指南,去积极地参加实践,不倦息地从事推进历史、造福人类的实践。这种实践,既反对空谈,又反对盲行。

其三,是战斗的原则。所谓战斗精神包含着"奋斗"和"斗争"两种成分。战斗的人生只有跟正确的、革命的人生意义密切地联系起来,才是有价值的。故沈志远认为,"只有为人类的自由幸福,为大多数人的解放利益而战斗的人生,才是我们所要努力学习努力实行的人生"③。

其四,是大众主义、集体主义的原则。大众主义的人生观认为,历史是由大众创造的,大众是历史法则的决定因素,因为只有大众的集体利益的要求,才与历史发展的客观趋势相符合,认为大众的力量创造历史,但又不是任意地创造历史,而是顺应着客观的历史法则去创造和改变历史的。站在大众的立场,跟大众打成一片,为大众的福利而奋斗,同时坚决地反对少数特权集团对大众的压迫和剥削。

其五,是科学的原则。科学的人生观认为,客观的世界具有一定的规律,客观世界及其规律都是可以认识的。人们用科学的思想方法,根据正确的社会科学的基本原理,去认识客观世界的规律,然后根据这种认识去从事各种活动,在改变世界的同时又改变了人类自身,为自身的命运而奋斗。

---

① 沈志远:《新人生观讲话》,生活书店1946年版,第83页。
② 参见沈志远:《新人生观讲话》,生活书店1946年版,第85页。
③ 沈志远:《新人生观讲话》,生活书店1946年版,第90页。

　　总的来看,沈志远有关人生态度的五个重要原则的梳理,基本精神是符合马克思主义哲学原理的,其从辩证唯物论的视角加强了对人生观的学理解析,呼吁民众树立新时代的、实践的、战斗的、大众的、科学的人生态度,以期达到改造旧思想、建立新人生观的目的。

　　沈志远还论述了人生之目的、方向及人生之历史任务等问题。他指出,正确的人生方向是以大多数人的利益为趋势的,合乎客观历史法则的,不断前进的方向;正确的人生目的是为全人类谋最大自由和最大幸福的目的。而现阶段的历史任务是消灭一切反人民的法西斯专制主义,在和平、民主、团结的基础上,建设独立、自由、统一、富强的新国家。

　　沈志远指出,"原理原则只有通过实际具体问题上的灵活运用,才不至于变成空谈,才能显出它的可贵;反之,对于人生观种种实际具体问题的处理,只有根据人生一般的原理原则去进行,才能获得正确合理的解决"①。要根据所谈的种种人生基本原理,来解决人生的种种具体的实际问题。故此,沈志远还理论联系实际地解析了现实生活中存在的各种具体的人生观问题,如学习问题、事业和就业问题、男女关系问题、家庭问题、政治态度问题等。

　　关于学习问题,沈志远指出,"学习问题不是狭义的求学或求知问题,更不是更狭义的读书问题"②。学习的范围和含义要比求学、求知宽广得多。学习不一定限于书本,学生产,学做事,学待人接物,学参加政治运动等无不在学习之列;同时,学习也不是人生某一段时期内做的事情,而是应该终身不间断去进行的。至于该如何学习,沈志远总结了三点。第一,学习必须和实践打成一片。学习重要的是要把理论融化到实践中去,并根据实践的经验去充实理论、发展理论。第二,应从客观的真实情况出发,对我们所研究的事物和现象,作系统性的周密的客观考察。第三,要回避"自以为是""好为人师"的学习态度。

　　关于事业和就业问题,沈志远建议应尽量去找符合自己志趣的职业,但是如果一时没有合意的事情而自己又非立即谋生不可,那么只要不是根本违背自己的做人立场,只要不和自己的志愿太相反的,实在什么工作都是可以做的。

　　关于男女关系问题,沈志远建议在选择配偶时第一个必要的条件就是要做人的基本方针大体相同。具体一点,就是要在生活目的、为大众服务的

————————
　　①　沈志远:《新人生观讲话》,生活书店1946年版,第106页。
　　②　沈志远:《新人生观讲话》,生活书店1946年版,第108页。

志向上,大体一致。其次,一个很重要的条件是身体的健康,"健全之精神,寓于健全之体格"。第三,就是思想和个性相统一。最后,针对维持两性爱的方法问题,沈志远建议既要互相尊重、互相体贴,同时,两人也要共同投入改造社会的事业中去。①

关于政治态度问题,沈志远指出,处在政治黑暗的国家中,不过问政治是不可能的。"所谓过问政治,就是第一要时刻注意到国内外局势的动向,并需努力求得这种动向的正确认识;第二,应坚持一贯的正确的政治主张,并且尽可能传播这种政治主张;第三,参加必要的政治行动。"②至于过问政治的基本原则,首先是要根据一定的政治原则,根据一定的政治立场,从客观的现实,具体的实际情势出发,去对整个的客观局势作冷静的全面考察和分析。然后依据这种考察和分析所得到的结论,去做正确的行动。第二,对于政治的基本立场,应该是为大众的立场,一切均需以人民大众的利益为依据。最后一个重要的方针是在行动前,我们应坚持一条正确路线。

总之,沈志远有关新人生观思想的相关阐述,既以一种现实主义的人生观视角,系统而深入地解析了新人生观的价值和意义、人生的态度及人生的目的和方向等一系列问题,广泛地宣传了马克思主义的人生哲学;同时,也紧密地联系人民群众特别是广大知识青年的思想现状,深刻而有力地批判了当时青年中各种错误有害的人生观思潮。这些思想理论在当时发挥了极大的思想启蒙作用,有力地促进了广大知识青年的文化觉醒,同时,也为引导他们积极地投身于无产阶级革命运动打下了坚实的思想基础。

第三节　对革命人生观思想的通俗宣传

1951 年,沈志远还出版了《革命人生观》一书。该书深化阐释了革命人生观的基本理论,解析了革命人生观的性质、建立革命人生观的几个基本要点及革命人生观与以往旧人生观哲学的根本区别等问题。号召广大青少年要树立"合乎历史规律的""为全人类谋取最大幸福和自由"的辩证唯物主义人生观,并积极投身无产阶级的民主革命运动,该书在当时的进步青年中亦广为流传。

沈志远指出,所谓革命的人生观,是指被压迫者、被剥削阶级的一种具体的做人的道理。建立革命的人生观,就是用马列主义的理论体系,为了实

---

①　参见沈志远:《新人生观讲话》,生活书店 1946 年版,第 119 页。
②　沈志远:《新人生观讲话》,生活书店 1946 年版,第 122 页。

行为人民服务,为了进行当前的革命斗争,为了从事新民主主义的建设工作,为了开辟到共产主义的道路所使用的一种思想武器。

沈志远从批判宗教信徒那种救济的、慈善的救世情怀入手,提出建立革命的人生观问题,首先就是要进行思想改造的问题。因为革命的人生观不是先天所有的,每个人都是从旧社会生长出来的,人们要把那种旧的思想、旧的观念,洗刷掉,因此建立革命的人生观,本身就是一个思想的斗争,自我的思想斗争。所谓改造我们的思想,是改造我们头脑里可能残存的、资产阶级的、地主的、小资产者的各种各样思想的残余,我们要改造它,原因是我们从过去家庭里、社会上、学校教育,以及两三千年来封建社会有意无意地接受下来的影响,改造思想,就是要消灭这些思想细菌,真正为人民服务,最终实现解放全人类。建立革命的人生观,要把握为人民服务的方法,就是要站在人民自己的立场,站在劳动者的立场,自己成为劳动人民队伍里的一分子,用革命的态度、方法深入群众,做到从群众中来,到群众中去。①

其次,建立革命的人生观,就是要根据"共同纲领",建立新民主主义的中华人民共和国的政权,即工人阶级、农民阶级、小资产阶级和民族资产阶级的联合政权。沈志远指出,我们要真正地为人民服务,建立革命的人生观,必须要先把自己的头脑无产阶级化、马列主义化,因为历史赋予无产阶级以消灭人剥削人、创造社会主义、更进一步的创造共产主义这一伟大的历史使命。这使命只有无产阶级能够负担起来,只有无产阶级能够领导人类走上这条道路。② 就世界问题来说,在无产阶级的带领下,当前我们的迫切任务,就是要争取世界范围内的人民民主,争取全世界范围内的持久和平。中国在推翻三个反动势力以后,要积极建设一个独立、自由、民主、统一、富强的国家,建设一个真正人民民主的国家。在全世界上建设一个人民民主的世界,以便进一步在全世界上逐渐走向社会主义,乃至共产主义。创造一个无剥削、无压迫、人人平等自由、幸福的世界人类大家庭。这就是全世界人类的总路线。③

再次,建立革命的人生观,还需要学习辩证法唯物论、历史唯物论和社会发展史三门学科理论,并把它们跟实践联系起来,掌握建立革命人生观的几个基本观点,具体包括:

第一,建立革命的人生观,首先要确立劳动观点。所谓劳动观点,"就

---

① 参见沈志远:《革命人生观》,展望周刊社 1950 年版,第 4 页。

② 参见沈志远:《革命人生观》,展望周刊社 1950 年版,第 6 页。

③ 参见沈志远:《革命人生观》,展望周刊社 1950 年版,第 8 页。

是要自己的思想,以至于自己的生活态度,都要和劳动者一样,要自己变为劳动人民队伍里的一分子,坚定地站在劳动者的立场上,把自己的利益和劳动人民的利益打成一片,这样才算是具有了劳动观点"①。把握劳动观点,首先是要认清劳动创造世界,劳动创造历史,这是劳动观点最基本最中心的内容。所谓劳动创造世界、劳动创造历史,有两种意义,其一是指劳动创造人类社会的物质财富;世界是劳动创造的,劳动者在生产过程中创造了一切生产资料和生活资料,全世界的物质财富都是劳动创造的。历史发展的根本原因就是生产力的发展,而生产力中最基本的要素就是劳动力。其二是指劳动大众起来和剥削阶级斗争,推翻旧制度,创造新制度,使得旧的生产方式,被新的更高级的生产方式所代替。生产的劳动者所进行的阶级斗争,推动了社会由某一种形态上升到另一较高级的形态,这样的一个一个社会形态的更替发展,其决定的动力就是阶级斗争,是被压迫者、劳动大众向剥削阶级、压迫阶级的革命斗争,阶级斗争是社会发展的动力。由此,劳动力是最革命的因素,它不但创造世界的物质财富,而且推动社会革命,促进社会发展。其次,把握劳动观点,还要掌握劳力和劳心的关系问题。劳心和劳力的划分是和阶级的划分相关联的。只有在生产力发展到了有剩余生产物的阶段,才有了剥削、阶级的划分。"因为有了剩余生产物,剩余生产物为谁保管,为谁支配,谁就成了一个阶级。于是劳心和劳力的界限就形成了"②。劳动创造世界,劳力是决定劳心的,因为知识的来源,是从劳动生产实践中得来的,从实践中得到了经验,把它整理起来,就成了所谓的科学知识。科学知识,就是人类对于客观世界的认识。由此从发展的过程来看,先有劳力,后有劳心,先有劳动,后有知识,劳动是基本的,劳心是劳动的产物。辩证法唯物论同时又认为劳心反过来可以大大地影响劳力。③

沈志远以此批判了两种反动的劳动观点,其一是"改良主义的劳动观",即统治阶级"自己站在高高在上的地位,来同情或怜悯被剥削阶级的那种劳动观点"④。沈志远认为,这种改良主义的劳动观点是极其虚伪的,统治阶级表面上对于被剥削者赐些小恩惠,实则是为掩盖其剥削劳动者的罪恶,这种改良主义者的手段,其根本的目的是为稳固统治阶级的阶级利益。其二是"反动的劳动观",沈志远指出,统治阶级提倡"劳动神圣",自己却不从事劳动,并用这种口号来麻醉劳动者,以便榨取更多的剩余价值,这

---

① 沈志远:《革命人生观》,展望周刊社 1950 年版,第 9 页。
② 沈志远:《革命人生观》,展望周刊社 1950 年版,第 12 页。
③ 参见沈志远:《革命人生观》,展望周刊社 1950 年版,第 13 页。
④ 沈志远:《革命人生观》,展望周刊社 1950 年版,第 9 页。

亦是十足的"反劳动"观点。

第二,建立革命的人生观,要确立阶级观点。阶级的观点包含两个中心要点,其一是站在阶级的立场来看社会,看历史,依据阶级的立场来看国家,看民族,以及人类的意识。沈志远指出,"人与人的关系在阶级社会的历史时期内,总是有阶级性的。人与人的财产关系,人与人的思想、道德关系,都是有阶级性的,不同的阶级性的思想表现于不同的人生观和世界观"①。其二是我们观察现象,决定行动方针时,必须从无产阶级的观点出发,明确地说,必须依据社会发展史、历史唯物论的观点出发,建立无产阶级的阶级观点,要用无产阶级的观点,站在无产阶级的立场上来说话,来看问题。② 而要建立阶级观点,就是要真正掌握无产阶级的世界观和人生观,从无产阶级的立场出发,根据无产阶级的纲领来奋斗。

第三,建立革命的人生观,要确立群众观点。社会发展的历史就是劳动生产者的历史,是千千万万劳动群众的历史。要掌握群众观点这个原则,就是要在行动上和思想上依靠群众,和群众打成一片,真正做到从群众中来,到群众中去。

第四,建立革命的人生观,要确立历史观点。人类社会发展的历史是有其规律的,这些规律是客观存在的,不以人的意志为转移。社会发展的规律基本有以下几点:(一)社会的发展,是以物质的生产方式作基础的,因此社会的发展,首先的原因在于生产力的发展,因为生产力是生产方式的内容,是主导性的东西;(二)这个生产力是在一定的生产关系的形式下发展的,生产力和生产关系是有矛盾的,在阶级社会中,采取了阶级斗争的形式,阶级斗争表现着生产力和生产关系的矛盾;(三)当生产关系和生产力发生冲突的时候,促使生产力突破了旧的生产关系,发展到新的历史阶段。③ 生产力对旧的生产关系的突破是阶级斗争的作用,最重要的是劳动大众起来推翻了拥护旧生产关系的统治阶层。

这里,沈志远还具体解析了中国现阶段即社会主义过渡时期的经济策略问题,这是对新民主主义经济纲领的进一步扩展。沈志远指出,由于社会历史的发展是客观的,我们就既不能落后于历史潮流,也不能超越历史潮流。"中国现阶段是发展到人民民主主义的阶段,因而中国今天要做的,并不是消灭一切私有财产,而仅仅是消灭独占的官僚资本主义,因为中国生产

---

① 沈志远:《革命人生观》,展望周刊社1950年版,第13页。
② 参见沈志远:《革命人生观》,展望周刊社1950年版,第14页。
③ 参见沈志远:《革命人生观》,展望周刊社1950年版,第15页。

力今日还是很低的,应该鼓励工商业者起来努力恢复生产和发展生产。"①

第五,建立革命的人生观,要确立国际主义和新爱国主义的观点。无产阶级的世界观、人生观,同时也是国际主义的人生观。全世界无产阶级为了要用联合行动对付共同的敌人——国际资产阶级,为了彻底地解放全人类,要组织建立联合阵线。站在国际主义的政治立场上,在当前,就具体的战斗任务而言,全世界劳动人民就是要反对帝国主义侵略,争取全世界持久的和平,争取人民民主,为的是将来实行全世界的社会主义。从这个立场出发,国际主义者必须是热烈的忠诚的爱国主义者。②

总之,沈志远在该书中深入浅出地阐释了革命人生观的基础理论,具体解析了建立革命人生观的三个基本要求及须坚持的五个基本观点,即劳动观点、阶级观点、群众观点、历史观点、国际主义和新爱国主义观点。该书是当时广大知识青年学习无产阶级革命理论较好的入门书,在当时的进步青年、学者中产生了广泛的启蒙影响。

---

① 　沈志远:《革命人生观》,展望周刊社 1950 年版,第 16 页。
② 　参见沈志远:《革命人生观》,展望周刊社 1950 年版,第 16 页。

第八章　对毛泽东哲学思想的
解读与宣传

新中国成立以后，马克思主义哲学在中国的地位发生了根本转变，从被围剿的"反动学说"变为居于主导地位的国家学说。马克思主义哲学地位的转变，使其在中国的传播形式也发生了根本变化。一场场自上而下的、有组织的马克思主义哲学启蒙运动在全国范围内逐步开展起来，空前地普及了马克思主义哲学基础理论知识。

1951 年 10 月 12 日，由中共中央毛泽东选集出版委员会主持选编的《毛泽东选集》（第一卷）出版发行。此前不久，《人民日报》也于 1950 年 12 月单篇发行了《实践论》一文。1951 年 1 月至 3 月，《人民日报》接连发表了题为《学习毛泽东同志的〈实践论〉》《〈实践论〉开辟了我们学术革命的思想道路》和《学习〈实践论〉，提高新中国的学术水平》的社论，为新时期中国学界的哲学研究提供了新的指向。社论指出，"毛泽东同志这个战斗的著作，完整地分析了认识运动或认识过程的规律，是一部发展马克思列宁主义的杰出的逻辑科学，是工人阶级长期战斗在思想上的结晶，是中国哲学界的一个全新的革命"①，号召全党及全国人民要认真学习《实践论》之革命的方法论。1952 年 4 月，再版后的《矛盾论》单行本问世，同年 4 月，《学习》杂志社在该刊 1952 年第 4 期上发表了编辑部文章《学习〈矛盾论〉，克服教条主义与党八股的作风》，将学习毛泽东哲学思想与改造人们世界观紧密结合起来，形成了新一轮学习马克思主义唯物辩证法的理论热潮。

几乎与此同时，大批哲学工作者们也发表了诸多解读和宣传毛泽东"两论"思想的理论著作。1951 年，李达在其撰写的《〈实践论〉解说》一书中，把毛泽东的《实践论》分解为二十四个段落，并结合哲学史、科学史和中国革命史等社会科学知识，对原著进行了详尽的解读。文中写道，"只有实践才是认识的真理性的唯一标准，除此之外再没有别的标准"②，并指出，"《实践论》是毛泽东运用马克思列宁主义认识论的根本原理，总结了中国人民革命的经验，解决了半封建半殖民地人民革命实践中所发展的矛盾和

---

① 《学习毛泽东同志的〈实践论〉》，《人民日报》1951 年 1 月 29 日。

② 《李达文集》第 4 卷，人民出版社 1988 年版，第 30 页。

问题,克服了教条主义和经验主义、右倾机会主义和'左'翼冒险主义的偏向,并把辩证唯物论的认识论做了系统的严密的分析和独立的光辉的补充"①。李达充分肯定了《实践论》的历史地位及其现实指导意义,指出《实践论》是毛泽东思想的理论基础,并强调了《实践论》对于马列主义认识论的发展。李达的《〈实践论〉解说》一书刊出后,得到了毛泽东的高度评价,并受到了广大理论工作者和人民群众的欢迎。1951年艾思奇在其撰写的《毛泽东同志发展了真理论》一文中,从四个层面对《实践论》的真理问题进行了分析和阐述:一是真理的问题是对于革命成败攸关的重要问题;二是实践之作为真理标准的原理;三是接近客观真理的辩证法道路;四是真理的相对性和绝对性。文中,艾思奇还重点阐述了《实践论》中真理的绝对性与相对性之辩证关系问题,并强调了毛泽东真理观的方法论意义。艾思奇写道,"认识真理之过程是永不停歇地向前推移和发展的过程",而我们学习毛泽东的《实践论》,就是要"更善于在马克思主义的绝对真理的长河中游泳,更善于担当认识世界和改造世界的任务,使中国人民的革命运动和中国的学术界在不久的将来获得更光辉更伟大的胜利"②。艾思奇的《毛泽东同志发展了真理论》在当时的理论界产生了较大影响,对于帮助广大干部和群众掌握和研究毛泽东哲学思想起了很好的导向作用。此外,李达的《〈实践论〉——毛泽东思想的哲学基础》《〈矛盾论〉解说》、艾思奇的《关于〈实践论〉的学习方法的一些问题》《〈实践论〉与关于哲学史的研究》《从〈矛盾论〉看辩证法的理解和运用》、陈唯实的《〈实践论〉——马克思列宁主义哲学的伟大贡献》、胡绳的《马克思主义辩证法的科学性和革命性——学习〈实践论〉笔记》、顾荣实的《〈实践论〉与〈矛盾论〉学习提纲》、潘梓年的《新哲学研究的方向》、李琪的《〈实践论〉解释》和《〈矛盾论〉浅说》等理论著作,也在学习和宣传毛泽东哲学思想的理论热潮中发挥了积极影响,把研究和普及毛泽东哲学思想体系推向了新的理论高度。

这一时期,沈志远研究工作的一个重要内容也是对毛泽东思想的阐释。由于沈氏译著《辩证唯物论与历史唯物论》(上册)曾在毛泽东"两论"思想的形成过程中起到了较大作用,所以,他对毛泽东思想也有着自己的理解,他是毛泽东思想的较权威阐释者,并以严谨的态度对待毛泽东思想,维护毛泽东思想的科学性,为毛泽东思想的普及与传播作出了贡献。

---

① 李达:《〈实践论〉解说》,生活·读书·新知三联书店1952年版,第107页。
② 艾思奇:《毛泽东同志发展了真理论》,《人民日报》1951年3月2日。

第一节　《实践论》的阐释与宣传

1950 年 12 月,《人民日报》单篇发表了《实践论》,为了帮助广大干部和群众更好地理解《实践论》的精神实质,沈志远对《实践论》进行了通俗化解说。

《〈实践论〉解释》写于 1951 年上半年,由展望周刊社于 1951 年 6 月出版发行。在这部解说中,沈志远依据其深厚的马列主义理论功底及其较强的研究能力,对原著思想作了通俗且较为精准的解读,并对其中的一些重要理论观点给予了补充和说明。同时,他还紧密联系马克思主义哲学发展史和中国共产党的革命经验,从总体上说明了《实践论》的历史地位及其对现实的指导作用。

沈志远对于《实践论》的解说,还不仅限于纯粹的文本说明,还将其对《实践论》的理解融于对经济学研究及经济工作的实际指导,于 1951 年 6 月撰写了《〈实践论〉与经济学及经济工作》一书,该书对广大干部群众在当时学习掌握《实践论》的基本观点和方法,并运用于实际工作,起了很好的导向作用。

在《〈实践论〉解释》开篇,沈志远即对毛泽东的《实践论》给予了高度评价和充分肯定,他认为,《实践论》是毛泽东思想的哲学基础,毛泽东思想是中国革命的长期实践和长期认识不断反复发展的产物,而《实践论》就是"中国共产党领导中国革命的长期斗争经验中提炼出来的科学总结(哲理科学的总结)"[1]。"毛泽东思想是中国化的马列主义,《实践论》便是中国化的辩证唯物论的认识论。"[2]

沈志远依据不同的历史语境,强调了《实践论》在民族革命时期及新民主主义建设时期之不同的指导意义。沈志远指出,在抗日战争时期,中国人民走到了一个历史的转折点,中国人民为求国家的独立和民族的自由而跟日本帝国主义的侵略者作生死斗争,当时毛泽东写作这篇杰出的哲学著作,正是为了克服主观主义、教条主义和经验主义等认识论倾向,以澄清革命的思想战线,让中国人民得到真正创造的马列主义的思想领导。在新民主主义建设时期,尽管社会任务发生了根本改变,转变为"对外要反抗美帝侵略,保障国家的独立安全,争取世界的持久和平;对内要从事新民主主义的

---

[1]　沈志远:《〈实践论〉解释》,展望周刊社 1951 年版,第 1 页。

[2]　沈志远:《〈实践论〉解释》,展望周刊社 1951 年版,第 2 页。

国家建设"①,但我们同样需要学习《实践论》的基本精神,来提供我们以最正确、最科学和最革命的思想方法与工作方法。《实践论》的基本精神就是理论须为实践服务,认识依赖于实践。

沈志远对于《实践论》思想内容的解说,既坚持了系统性原则,又突出了重点,他将毛泽东《实践论》的基本要点鲜明地概括为以下几个方面:

第一,认识起源于实践,实践是认识的基础。也就是说,我们对客观世界的一切事物、一切现象的认识,都是起源于我们的实践。我们参加了社会运动,从运动中取得经验,再从经验的积累中,获得和充实我们对于社会运动的认识。毛泽东将经验概括为"个体亲身的经验"和"间接经验",沈志远解释道,尽管事实上多数的知识都是间接经验的东西,但人类的直接经验对于人类的整个认识来说是最基础的认识。由此,从实践中获得经验,由经验的积累而产生认识,所以认识来源于实践,实践为认识之基础。

第二,认识的内部必须符合于客观事物的真象,即客观事物发展的客观规律性。沈志远把握了毛泽东认识论的精神实质,十分强调能动的"反映论"原则。他认为,依据辩证法唯物论的反映论,认识就是反映,认识的内容必须和客观事实的实质相符合,"认识本身,就是客观世界在我人意识的反映,主观的认识决定于客观的存在,认识是通过实践而把客观真理反映到我们头脑中来"②。

由此,沈志远指明了认识应是对客观事物及其规律的真实反映,即对客观真理的把握。所以,认识内容必须和客观事实的实质相符合,是客观真理世界在"我人意识"中的反映,主观的认识决定于客观的存在,认识是通过实践而把客观真理反映到我们头脑中来的。

第三,正确的认识要在实践中受到考验,得到证明,实践是认识真理性的标准。沈志远指出,检验真理的标准只能是实践,认识错误,实践就会失败,认识正确,实践就会成功。在实践的过程中,可以使不正确的认识,改变成为正确的认识,"实践成为认识真理性的标准,成为认识正确性的保证"③,这也间接印证了毛泽东在《实践论》中所引列宁"实践高于认识"的观点。

第四,认识的任务在于改变世界。这是依据毛泽东的"理论的基础是实践,又转过来为实践服务"来解读的。沈志远指出,认识是为了实践,为

① 参见沈志远:《〈实践论〉解释》,展望周刊社1951年版,第2—4页。
② 沈志远:《〈实践论〉解释》,展望周刊社1951年版,第9页。
③ 沈志远:《〈实践论〉解释》,展望周刊社1951年版,第11页。

了改变客观事物的现状。但改变世界又不是随心所欲的,而是要根据客观事物的发展规律去改变它。沈志远对毛泽东关于认识"能动"作用的强调,既坚持了客观的"唯物论"原则,又坚持了辩证的"反映论"原则,这就从根本上把握了毛泽东认识论的精髓。

在此要特别强调的是,在具体的解说过程中,沈志远还始终贯彻了理论联系实际、深入浅出的原则,对原著中的一些重要理论观点会结合社会科学知识、中国革命实践等方面的例证,作出通俗而透彻的说明。如,在阐述《实践论》关于"认识的任务在于改变世界"的观点时,沈志远就引用了中国革命实践中的大量事实和古今中外的一些经典名言"知行合一""言而有信、行不由径"等,充分地论证了毛泽东的这一理论观点。

在解说《实践论》关于认识的发展过程时,沈志远十分强调能动的反映论原则,他认为,认识是一个由感性认识向理性认识的辩证发展过程,他强调了感性认识对于整个认识的初始意义,指出"基于实践所产生的认识,首先是感性阶段的认识,是感觉和印象的阶段"①,但经由实践的发展,认识必然由感觉、印象上升为概念、判断和推理的高级阶段,也即理性认识阶段。感性认识是理性认识的基础,理性认识是感性认识的深化。人类对客观世界的认识,即是一个从感性认识到理性认识的发展过程。

沈志远不仅在认识的初始阶段强调反映论,而且认为"认识"本身亦是一个循环往复、无限发展的辩证过程,他将认识之演进过程勾勒成一个"实践—认识—实践"的循环反复过程。沈志远写道,"我们对于某一事物的认识,从感性发展到理性认识的阶段,这是认识的辩证运动,但认识并不停止于此,认识世界是为了改变世界","从感性认识到理性认识,从理性认识到指导革命的实践。从实践到认识,又从认识回到实践,然后是再实践,再认识和从再认识到再实践。这样不断前进,至于无穷"②。沈志远对于辩证唯物主义的认识论过程的阐释,是对毛泽东"实践、认识、再实践、再认识,这种形式,循环往复以至无穷"思想的通俗化解说。

在解析《实践论》关于认识过程中理论与实践的辩证统一关系时,沈志远不仅说明了理论对于实践的指导作用和实践对于检验理论和发展理论的重要意义,而且也强调了毛泽东认识论的方法论意义。他写道,"要掌握马列主义的科学理论,来把它当做工作的指导和思想的指导,最重要的是毛泽东指示我们的必须坚持科学的态度,就是'实事求是'的态度,'有的放矢'

① 沈志远:《〈实践论〉解释》,展望周刊社1951年版,第14页。
② 沈志远:《〈实践论〉解释》,展望周刊社1951年版,第20页。

的态度"①,来避免实际工作中的教条主义和经验主义错误。

为了帮助人们学习《实践论》,沈志远还撰述了《〈实践论〉与经济学及经济工作》一书,在这部小册子里,他高度评价了学习《实践论》对经济工作者的指导意义,论述了《实践论》的基本观点以及主观主义与经济学和经济工作的关系。沈志远指出,"我们学习《实践论》,是要根据《实践论》的原则精神,在我们的经济工作的实践中,不断地吸取经验,不断地完善和发展我们的经济理论,使我们的经济工作能够做得更好,创造经济战线上的更大胜利"②,从而突出强调了《实践论》对经济工作和经济学的"伟大的指导作用",号召人们要在经济工作中坚持一切从实际出发,运用科学的思想方法和工作方法来解决经济工作中遇到的实际问题。

第二节　《矛盾论》的解读与宣传

继《实践论》出版后不久,1952 年 4 月《人民日报》单篇发表了《矛盾论》,同年 6 月,沈志远又撰写了《〈矛盾论〉解说》,对毛泽东的《矛盾论》思想进行了通俗化解说。沈志远认为,《矛盾论》和《实践论》一样,也是毛泽东哲学思想的理论基础,"是一个创造的马克思主义的杰出典型,是反对教条主义和主观主义错误思想的有力武器"③。沈志远同样采取了通俗易懂的语言形式,在不偏离原著的基础上,较为精准地解释了《矛盾论》的内容,且同样有所补充和发挥。

沈志远指出,学习《矛盾论》,首要的是要把握这一哲学著作的主要特点。毛泽东的《矛盾论》第一具有高度杰出的创造性;毛泽东根据唯物辩证法的一般原理,结合中国革命的丰富经验,全面地、异常深刻地发展了对立统一律和辩证的发展法则,因而把马、恩、列、斯的唯物辩证法学说大大地向前推进了。④ 第二,《矛盾论》是反对主观主义,尤其是教条主义的战斗性文件,它是反对这些错误思想的有力武器。

沈志远在解说"两种宇宙观"时,说明了辩证法和形而上学的思想源流,概述了两种宇宙观在看待事物发展、变化、运动形式上的内在差异,阐述了内因与外因的辩证关系,批判了种种形而上学发展观特别是所谓革命外因论的错误思想。沈志远指出,形而上学宇宙观"是把世界上的事物或现

---

① 沈志远:《〈实践论〉解释》,展望周刊社 1951 年版,第 20 页。
② 沈志远:《〈实践论〉与经济学及经济工作》,展望周刊社 1951 年版,第 2 页。
③ 沈志远:《〈矛盾论〉解说》,上海文汇报馆 1952 年版,第 1 页。
④ 参见沈志远:《〈矛盾论〉解说》,上海文汇报馆 1952 年版,第 1 页。

象看成是各自孤立的、片面的、静止的东西"①,形而上学的宇宙观根本否认事物的运动和发展,认为事物如果有变动,也仅仅是量的扩大与缩小。同时,形而上学宇宙观又认为事物变动的根源不在于事物内部而在于外部,因而否认事物本身的矛盾是事物发展的动力。而辩证法的宇宙观则认为,事物及现象是相互联系的,且是不断变动的。一切形式的运动,其根本原因都是事物本身的内部矛盾,事物的内在矛盾,规定它的本质与运动的根源。外部条件只能帮助或阻挠事物的运动,也就是说,只是辅助的原因。显然,这里沈志远把握了"两种宇宙观"在认识论上的根本差异,强调一切事物的运动都是以事物内部的矛盾作为其根源的。

"矛盾的普遍性与特殊性"是毛泽东《矛盾论》的核心内容,沈志远认为,这部分内容,"是毛泽东关于矛盾法则之天才创造的杰出表现,他在这里大大地发展了马列主义的唯物辩证法"②。关于"矛盾的普遍性",沈志远认为,毛泽东理解的普遍性具有两方面意义:其一,矛盾存在于一切事物的发展过程中;其二,每一事物的发展过程中都存在着自始至终的矛盾运动。关于"矛盾的特殊性",沈志远则概述了毛泽东在《矛盾论》中所论及的矛盾特殊性的四种情形。他指出,第一是"各种物质运动形式中的矛盾,都带有特殊性",不同性质的事物,具有不同的特殊的矛盾,"这种特殊的矛盾,就构成了一事物区别于他事物的特殊本质"。第二是"不同质的矛盾,只有用不同质的方法才能解决"。第三是一个大的事物,在其发展过程中包含着许多的矛盾,同一过程中的各个发展阶段亦各有其矛盾的特殊性。第四,要对具体事务和具体矛盾情况作具体的分析,坚决反对主观主义的千篇一律和主观性、片面性及表面性。③ 显然,这里沈志远既说明了矛盾特殊性原理的多样性与复杂性,又突出强调了矛盾特殊性原理在特定历史语境下的方法论意义。

在研究矛盾特殊性问题的时候,沈志远还特别强调:"毛泽东发展马恩列斯的辩证法的最大成就是他强调事物内部矛盾的多样性、复杂性。"④如矛盾具有对抗性矛盾和非对抗性矛盾、主要矛盾和次要矛盾等多种形式。沈志远深化阐述了毛泽东关于对抗性矛盾和非对抗性矛盾的理解,他指出:(一)在阶级社会里,必然有对抗性的矛盾,在社会主义和共产主义社会里,就没有对抗性矛盾;(二)并不是一切阶级矛盾都是对抗性的矛盾;(三)对

---

① 沈志远:《〈矛盾论〉解说》,上海文汇报馆 1952 年版,第 2—3 页。
② 沈志远:《〈矛盾论〉解说》,上海文汇报馆 1952 年版,第 10 页。
③ 参见沈志远:《〈矛盾论〉解说》,上海文汇报馆 1952 年版,第 10 页。
④ 沈志远:《〈矛盾论〉解说》,上海文汇报馆 1952 年版,第 13 页。

抗性矛盾和非对抗性矛盾在不同的时期可以相互转化。应当说,沈志远对于矛盾多样性的概括说明,既简约又通俗,他强调的这些基本点也十分必要。

同撰写《〈实践论〉解释》相类似,沈志远在对《矛盾论》的解说过程中,也同样贯彻了理论联系实际、深入浅出的原则。如,在对《矛盾论》关于"矛盾的特殊性"观点进行解说时,沈志远就引用了中国新民主主义革命与18世纪法国大革命及苏联十月革命不同的革命道路为例,来充分论证毛泽东这一理论观点。

此外,沈志远还探讨了"主要矛盾与次要矛盾""矛盾的主要方面与次要方面"及"矛盾的同一性和斗争性"等辩证法问题。关于主要矛盾和次要矛盾,沈志远指出,"主要的矛盾的存在与发展,规定或影响着其他矛盾的存在与发展","次要的矛盾处于服从的地位",同时二者在一定条件下也可以相互转化。[①] 关于矛盾的主要方面与次要方面,沈志远认为,矛盾一般情况下总一面是主导的,一面是服从的,而且是主要矛盾的主要方面决定着事物的性质。但矛盾的主要方面和次要方面在一定条件下可以相互转化。针对"矛盾的同一性和斗争性",沈志远解释道,即是指矛盾的两个方面都是以对方的存在为条件、为前提的,同时二者又是相互斗争的,矛盾的斗争性是绝对的、无条件的。

沈志远在解说《矛盾论》关于矛盾形式的多样性、复杂性时,不仅说明了矛盾的特殊性与普遍性、矛盾的主要方面与次要方面、主要矛盾与次要矛盾等基本理论,同时也强调了毛泽东《矛盾论》的方法论意义,他指出,我们学习《矛盾论》,"就是要学习正确地掌握马克思列宁主义的思想方法的核心——唯物辩证法的最根本的原则"[②],来避免实际工作中的主观主义和教条主义错误。

为了帮助人们学习《矛盾论》,沈志远还把对毛泽东《矛盾论》的阐发同经济学的学科建设紧密联系起来,撰写了《〈矛盾论〉与经济科学》一文,说明了《矛盾论》对于经济学学科建设与发展的指导意义。沈志远指出,《矛盾论》"是具有高度严密性和精确性的杰出的科学著作,是我们新中国学术研究工作的最可靠的科学方法。而《矛盾论》里所阐述和发挥的一切原理和法则,对于经济科学来说,也都是百分之百有效的;而且为使马克思、列宁主义的经济科学能够日益发展和丰富,我们的经济学者必须依据《矛盾论》

---

① 参见沈志远:《〈矛盾论〉解说》,上海文汇报馆1952年版,第24页。
② 沈志远:《〈矛盾论〉解说》,上海文汇报馆1952年版,第34页。

（以及《实践论》）里所阐发的一切原理和法则作为指针，去研究新中国经济领域中'那些尚未深入地研究过的或者新冒出来的具体事物'和具体的问题"①。

此外，沈志远还运用《矛盾论》中的唯物辩证法原理，具体分析了人类社会发展进程中的两对基本矛盾，即生产力和生产关系、经济基础和上层建筑的矛盾运动，以及新民主主义经济体制中各经济成分的地位及其相互依存关系。

总之，沈志远的《〈实践论〉解释》和《〈矛盾论〉解说》以深入浅出、通俗易懂的语言形式，相对精准地解说了毛泽东两部著作中的核心内容，科学地论述了毛泽东对于马克思主义哲学的发展，同时也发挥了他本人对于"两论"的一些独到见解。虽然他的这两部解说存在着个别拔高的提法，但从总体看来，评价依然是科学的、中肯的。沈志远的"两论"解说在当时成了人们学习和研究毛泽东思想，尤其是毛泽东"两论"思想的重要读物，在全国推动学习毛泽东思想的热潮中发挥了积极影响。不仅如此，沈志远还将其对"两论"的理解融于对经济学研究，尤其是经济工作的实际指导，这对于当时广大干部群众学习和掌握《实践论》《矛盾论》的基本方法，并运用于实际工作，发挥了很好的导向作用。

第三节　对毛泽东革命思想的阐释与宣传

新中国成立初期，沈志远不仅撰写了"两论"解说，而且对毛泽东的其他文献也结合当时的历史背景进行了阐释与宣传。其中，他重点论述了毛泽东的中国革命思想，强调了这些经典文献在毛泽东思想体系中的重要地位。

1951年10月12日，由中共中央毛泽东选集出版委员会主持选编的《毛泽东选集》（第一卷）出版发行。该书的问世，是我国思想文化业上的一件盛事。它使我党和广大人民有了新的马克思主义之强有力的思想武器，是关于我国革命经验总结性的经典文献。

《毛泽东选集》（第一卷）共收录了毛泽东在第一次国内革命战争时期和第二次国内革命战争时期的重要文献16篇。其中，第一次国内革命战争时期（1924—1927年）的文献2篇，分别为《中国社会各阶级的分析》和《湖南农民运动考察报告》。第二次国内革命战争时期（1927—1937年）的文

---

① 沈志远：《〈矛盾论〉与经济科学》，经济周报社1952年版，第4页。

献 14 篇,分别为《中国的红色政权为什么能够存在?》《井冈山的斗争》《关于纠正党内的错误思想》《星星之火,可以燎原》《必须注意经济工作》《怎样分析农村阶级》《我们的经济政策》《关心群众生活,注意工作方法》《论反对日本帝国主义的策略》《中国革命战争的战略问题》《关于蒋介石声明的声明》《中国共产党在抗日时期的任务》《为争取千百万群众进入抗日民族统一战线而斗争》《实践论》等。这些经典文献是毛泽东正确运用马列主义基础理论于中国国情,并应时解决中国革命问题的经验总结,是中国人民取得革命胜利的伟大记录。

为了便于广大读者学习这些经典文献,领会这部著作的精神实质,沈志远于 1952 年初撰写了《创造性的马克思列宁主义的杰出典范》一文。该文最初发表于《新建设》月刊(第五卷第一期)上,后被新建设杂志社于 1952年底收录到《学习〈毛泽东选集〉第一卷》一书中。

在该文中,沈志远以毛泽东经典文献为主要依据,重点阐述了毛泽东的中国革命思想及其历史经验,具体包括中国革命的统一战线论、革命根据地和武装斗争等内容。同时,他还紧密联系马克思主义哲学的发展史和中国共产党的革命经验,从总体上肯定了《毛泽东选集》(第一卷)的历史地位及其对现实的指导作用。

在《创造性的马克思列宁主义的杰出典范》开篇,沈志远即对《毛泽东选集》(第一卷)给予了高度评价和充分肯定,他认为,毛泽东思想是列宁所称为创造性的马克思主义的杰出典范。而《毛泽东选集》正是"中国革命的指导思想底结晶产物,是胜利的中国人民革命底思想武器"①。毛泽东的著作完全证明他并不把马克思、列宁的理论视为一成不变和神圣不可侵犯的东西,证明他是最善于拿中国革命运动的新经验、新原理和新结论去丰富马克思主义;他是最善于根据马克思列宁主义的精神实质,结合中国革命实践诸问题,来独立地、创造性地发展马克思、列宁的理论,并且从各方面——从建立新民主主义革命的理论体系方面,从革命民主统一战线的策略思想方面,从建立农村革命根据地、由农村包围城市然后夺取城市及达到全国革命胜利的战略路线方面,从以"武装的革命反对武装的反革命"的人民革命战争的全部军事思想方面,从布尔什维克化的党的建设原理方面,从辩证法唯物论方面、特别是认识论方面,以及从为工农兵服务的文艺思想等等方面——都把这一科学(马克思列宁主义)向前推进了。②

---

①　沈志远等:《学习毛泽东选集第一卷》,新建设杂志社 1952 年版,第 17 页。
②　参见沈志远:《学习毛泽东选集第一卷》,新建设杂志社 1952 年版,第 18 页。

可见,沈志远中肯地评价了毛泽东思想之独特的历史地位,同时也具体地指出了毛泽东思想在认识论、唯物辩证法、革命理论等多个层面对于马克思主义思想体系之发展。

沈志远依据其深厚的马列主义理论功底及深刻的革命经历,从唯物史观的视角具体地阐释了毛泽东有关统一战线论、革命根据地和武装斗争等革命思想。

关于人民民主革命中的统一战线问题,沈志远认为,民主革命统一战线对于革命能否取得最终胜利是有着决定性的意义。革命民主统一战线理论主要涉及三个层面的问题:即工人阶级的领导权问题,与农民联盟的问题及对待资产阶级的态度问题;从中国革命的历史演进来看,是否建立、巩固革命统一战线及把握革命的领导权问题是关系着革命最终成败与否的关键问题。

结合当时特定的历史语境,沈志远对两篇文献《中国社会各阶级的分析》和《湖南农民运动考察报告》的主要内容和历史价值,作了通透的评述。

沈志远指出,在《中国社会各阶级的分析》一文中,毛泽东对社会各阶层依其经济地位和政治态度进行了角色划分。他认为,民族资产阶级的政治矛盾决定了他们参加革命的可能性和领导革命的不可能性并存,民族资产阶级所倡导的"实现民族资产阶级阶级统治的国家"的企图是完全行不通的,仅是一个幻想。[①] 中国革命的领导力量只能是工业无产阶级,农民则是革命的可靠同盟军。毛泽东分析了中国革命的"对象"和"力量",提出了工业无产阶级必须联合多数反对少数的战略思想,也就初步形成了关于无产阶级领导的人民大众的新民主主义革命思想。而在《湖南农民运动考察报告》一文中,沈志远则认为,毛泽东进一步肯定了农民在中国革命中的重要作用,他指出建立农民政权和组织农民革命武装的必要性,主张放手发动群众、组织群众和依靠群众的革命策略,这也就建立了工农联盟的理论基础。

由此,沈志远将毛泽东对于马克思主义革命理论之发展总结为以下三个方面:第一,他用马克思列宁主义的基本观点和方法,针对中国社会的特殊情况,确定了中国民主革命中布尔什维克的统一战线基本方针,即以无产阶级为领导、以广大农民为同盟军、联合小资产阶级、对民族资产阶级实行又团结又斗争的统一战线方针;第二,在这两篇著作中形成了"无产阶级领导的、以工农联盟为基础的人民大众的反帝反封建的新民主主义革命"的

① 参见沈志远等:《学习毛泽东选集第一卷》,新建设杂志社 1952 年版,第 23 页。

根本思想,后来毛主席即将以这一根本思想所建立的革命政权称为"工人阶级领导的、以工农联盟为基础的人民民主专政";第三,毛主席的统一战线思想和整个新民主主义革命的基本原理和方针,归根结底又是以他对中国社会各阶级的经济地位和政治态度之马克思列宁主义的科学分析为根据的。毛泽东是第一次对这个半殖民地半封建中国的社会阶级构成和阶级诸关系作了具体的科学分析的人;特别是他对中国农民阶级的分析,对农民的革命作用的极端重视,以及他对中国民族资产阶级的两面性及对他们采取又团结又斗争的政策方针的规定,这证明毛主席是创造性地丰富了和发展了马克思列宁主义的阶级理论。[1]

可见,沈志远在对毛泽东革命统一战线思想的阐述中,既从唯物史观的视角,结合当时特定的历史语境,分析了两篇文献中的主要内容及核心观点,同时又科学地总结了毛泽东对于马克思革命思想理论之发展,这也就印证了毛泽东是"创造性的马克思列宁主义的杰出典范"这一立题。

此外,沈志远还阐述了毛泽东关于人民民主革命中的革命根据地和武装斗争问题。沈志远认为,毛泽东关于革命根据地和武装斗争思想的提出,是与第一次国内革命战争失败后,国内特殊的革命形势密切相关的。当时,面对第一次国内革命战争失败后的残局,如何保存革命的有生力量,重新建立革命根据地,是中共面临的重要问题。在这种情况下,毛泽东把革命失败时所必需的有阵地的退却与可能的有阵地的进攻结合起来,领导中国共产党和革命武装向国民党力量较薄弱的农村进军,并提出了"依靠工农革命武装、建立农村革命根据地、由农村包围城市、然后夺取城市、达到全国的革命胜利的革命路线"[2]。

在这部分内容的具体阐述中,沈志远采取了摘要解说的方式,即引入原著中的核心观点,加以解释分析,这种方式有利于抓住原著中的要点。比如沈志远在例证毛泽东灵活地运用辩证法于建立和发展革命根据地问题上,援引毛泽东的原话,"中国政治经济发展不平衡——微弱的资本主义经济和严重的半封建经济同时存在,近代式的若干工商业都市和停滞着的广大农村同时存在,几百万产业工人和几万万旧制度统治下的农民和手工业工人同时存在","中国是一个大国——'东方不亮西方亮,黑了南方有北方',不愁没有回旋的余地"[3]等,充分地论证了毛泽东运用唯物辩证法于中国革

---

[1]　参见沈志远:《〈实践论〉解释》,展望周刊社 1951 年版,第 24—25 页。
[2]　沈志远:《〈实践论〉解释》,展望周刊社 1951 年版,第 24—26 页。
[3]　沈志远:《〈实践论〉解释》,展望周刊社 1951 年版,第 28—29 页。

命实践的这一观点。

　　总体看来,沈志远对毛泽东有关中国革命思想的阐述,既尊重了原著,又突出了重点。他以当时特定的历史语境为背景,以毛泽东的文本著作为依据,概述了毛泽东有关中国革命的基本理论和经验,并对其中的一些重要理论观点如中国革命的统一战线论、革命根据地和武装斗争论等给予历史唯物主义的方法论解读,具有一定的理论深刻性。虽然他在具体的阐述过程中依旧存在着个别拔高的提法,但从总体来看,评价依然是客观的、相对公允的。沈志远的《创造性的马克思列宁主义的杰出典范》是当时人们学习和研究毛泽东革命理论的重要文献,在全国推动学习毛泽东思想的热潮中发挥了积极影响。

结语　沈志远传播马克思主义的贡献

20世纪上半叶,马克思主义在中国的发展渐呈蓬勃之势,渐成中国思想界的主流学说,给中国的思想启蒙以极大的推动,同时,也给中国整个社会的发展带来了巨大的变革,其影响是当时其他学说所无法比拟的。马克思主义既是政治思想,又是理论学说。马克思主义传入中国并与中国革命实践深度融合,成为中国化的马克思主义,这一过程,既与引领社会变革的政治家密切相关,又与辛勤耕耘的学者息息相关,两者相得益彰。"面对一个民族的启蒙,仅仅靠个别领袖人物是远远不够的,它需要一大批信仰坚定而又具有扎实的理论功底的学者进行诲人不倦的广泛民众动员"①。沈志远即是这一时期在哲学的大众化运动中成长起来的马克思主义者,他的马克思主义理论研究与传播之路,就是20世纪30年代的马克思主义者将马克思主义理论大众化、中国化的一个缩影,而其学术思想则是当代中国马克思主义发展史中的重要一环。

作为我国现代史上一位颇具影响的学术大家,沈志远不但为马克思主义在我国的传播作出了重要贡献,其人生在20世纪知识分子中亦颇具代表性。无论是大革命时期加入中国共产党,还是抗战后作为民主人士为中国之前途奔走,他始终都在探索救国救民的道路,始终坚持把对哲学的研究同国家的命运、民族的解放、大众的生活紧密结合起来,把宣传与阐述马克思主义作为其毕生的使命。

列宁曾经说过,"判断历史的功绩,不是依据历史活动家没有提供现代所要求的东西,而是根据他们比他们的前辈提供了新的东西"②,以历史之境遇为线,大致可以把沈志远一生的学术贡献概括为以下几个方面:

首先,较早地向国内引入及传播了苏俄马克思主义,并译介了20世纪30年代苏联"第一部最完备的新哲学和新社会学底教科书"——《辩证唯物论与历史唯物论》,在国内传播了苏联思想界研究马克思主义的一些最新理论动向。30年代初期,沈志远从苏联留学归国后,在上海积极地从事

---

① 彭继红:《李达马克思主义哲学中国化之路的当代价值》,《马克思主义哲学研究》2006年第3期。

② 《列宁全集》第2卷,人民出版社1984年版,第154页。

着苏俄马克思主义理论的研究与宣传工作。当时,他译介了苏联米丁著的
《辩证唯物论与历史唯物论》(上、下)两册,撰写了《哲学底社会性和苏联底
哲学》《苏俄哲学思潮之检讨》《苏联与资本主义各国之关系》《革命以来的
苏联哲学》等多部论著,从哲学、经济学、政治学等多维视角对苏联社会主
义经济建设理论及哲学研究动向进行了深刻解读。其中,在我国思想史上
影响较大的有以下几部论著:1933 年沈志远依据苏联哲学词典和哲学著作
资料所编著的《新哲学辞典》,该书是我国首部由国人自主撰写的马列主义
专科辞典,它为我国早期马克思主义哲学概念和范畴的规范化和系统化做
了最初的铺垫,"它结束了现代中国马克思主义传播与发展过程中没有辞
典的历史,具有里程碑意义"①;1934 年,沈志远又依据苏联社会主义计划
经济建设的理论与实践,将马列主义的基本原理应用于对苏联一国社会主
义计划经济学的研究,撰写了《新经济学大纲》,这是我国最早涉足社会主
义计划经济学研究的论著,它打破了以往经济学研究仅局限于资本主义经
济学内容的传统模式,开启了社会主义计划经济学研究的先河;1936 年至
1938 年,沈志远译介的苏联米丁著的《辩证唯物论与历史唯物论》(上、下两
册),该书是 20 世纪 30 年代我国能够看到的最完整、最系统地介绍马列主
义哲学体系的教科书,它在当时我国的思想界产生了重大影响,其理论框架
体系,基本保存至今。可以说,沈志远早年对苏俄马克思主义的研究与阐
释,不仅较早地向国内引入了一些苏俄思想界研究马克思主义的最新理论
成果,同时也为其打下了坚实的马列主义理论基础,这为其日后学术思想的
形成及在 30 年代投身哲学的通俗化、大众化运动提供了学理支撑。

　　其次,投身马克思主义哲学的大众化运动,对哲学基本原理进行了符合
我国国民语汇特征的通俗化、大众化改造。沈志远重视系统完整的把握问
题,反映在对哲学基础理论的研究上,是他把马克思主义哲学作为一个整体
来加以解读。他较为系统地阐发了辩证唯物主义的基本原理,并将其与对
历史唯物主义的介绍相结合,奠定了我国无产阶级革命理论的基础。1932
年,沈志远在上海先后出版了《黑格尔与辩证法》《现代哲学的基本问题》
《近代哲学批判》等多部著作;1936 年后,他又撰写了《妇女社会科学常识读
本》《新社会学底基本问题》《新政治学底基本问题》等多部社科类综合读
物,从本体论、方法论、认识论到唯物史观等方面对马克思主义基础理论进
行了全面而系统的阐述。

　　理论的宣传绝不等于理论的简单复制,在积极从事哲学理论探究工作

---

① 　胡为雄:《沈志远与中国首部马克思主义哲学辞典之编著考略》,《哲学动态》2014 年第 1 期。

的同时,沈志远还力图将学理探索与学术普及相融合,对马克思主义基本理论做了符合我国国民语汇特征的通俗化、大众化改造。这从他的著作中不难发现,他的很多著作都具有通俗化、大众化的特色,其中较具代表性的有《现代哲学的基本问题》《通俗哲学讲话》《革命人生观》《辩证唯物论与历史唯物论》(译著)等几部论著。在《现代哲学的基本问题》一书中,沈志远曾明确指出,"哲学在今日,已经不是少数大学教授、学术家和特殊知识分子的'专利品'了,一切靠做活吃饭的大众,也有自己的新哲学,……这种哲学,就是新唯物论的哲学"[1],从而直指出,当下哲学通俗化、大众化传播的现实意义。而其另一部以通俗化笔调所译介的《辩证唯物论与历史唯物论》(上下两册)一书,则被罗瑞卿[2]力荐给广大军队干部,他写道:"军队干部应该读几本哲学书,根据我个人的经历,首先推沈志远所译之《辩证唯物论与历史唯物论》,比较通俗易读容易懂。"[3]应当说,正是在沈志远等一批先进知识分子的不懈努力下,才使马克思主义理论能够在国内传播之初更易为中国民众所接受和理解。

再次,运用马克思主义的世界观和方法论于中国社会的具体实践,探索及回答了一系列重大的经济、现实问题。沈志远是我国最早涉足社会主义计划经济学研究的经济学家,也是国内较早地系统阐述马克思主义经济学基础理论的学者之一,正是基于其在经济学领域的精深造诣,沈志远能够灵活地运用马列主义经济学理论于中国国情,并为中国经济的现实发展献计献策。如沈志远在20世纪30年代中期,对我国农村经济性质的考察、对我国农村小农经济下"超额生产物"的深刻阐述,都反映了其经济学研究对中国现实经济问题的深刻考察。可以说,沈志远在其经济学领域的研究中,善于以社会所亟待解决的现实经济问题为素材,善于将经济学研究的方向与社会经济发展的需求联结起来,因而不是那种书斋式的学者,而是带着强烈的改造中国经济发展的学术使命。除此以外,沈志远还灵活地运用马列主义于中国的社会学、政治学研究,运用历史唯物主义和唯物辩证法的思想观点来解析中国社会所提出的系列现实问题,如民族问题、农民问题、妇女问题、劳动问题等,唯物而辩证地诠释了中国社会现状,把马克思主义与中国具体实践的结合推向了新的理论高度。

最后,运用马克思主义原理,对中国现代史上几场著名的论战作出了科

---

[1] 沈志远:《现代哲学的基本问题》,光华书店1948年版,第3页。

[2] 罗瑞卿(1906年5月31日—1978年8月3日),四川南充人,中国工农红军、中国人民解放军、中华人民共和国重要领导人之一;

[3] 罗瑞卿:《关于军队中在职干部的教育问题》,《八路军军政杂志》1939年第2期。

学的总结与评析,并对一些反马克思主义、假马克思主义思潮及党在指导思想上的"左"倾错误,进行了深刻的反思及有力的批判,不仅捍卫了马克思主义,坚持了正确的马克思主义,而且进一步加大了马克思主义在中国的影响。如在20世纪30年代对以叶青为代表的中国托洛茨基派哲学的批判,新中国成立后对党在指导思想上"左"倾错误思潮的指正等,在中国的思想理论界都引起了极大的震动,都给人们以新的启迪。

总之,沈志远一生,始终致力于把自己融入党的文化事业及革命事业,始终致力于孜孜不倦地探索及专研马克思主义的理论真谛,并最终尽瘁于马克思主义的传播事业之中。他为马克思主义在国内的通俗化、中国化传播,为推进马克思主义理论在中国的引入与发展,作出了不可磨灭的历史贡献,在我国马列主义传播史上占有着令人崇敬的一席。

本书仅对沈志远一生的学术历程及其学术思想做了一个粗略的考察,还是远远不够的。作为我国马克思主义传播史上的重要一员,沈志远不但为马克思主义在中国的普及与传播作出了重要贡献,其人生在20世纪知识分子中亦颇具代表性。正如楚图南所述,"沈志远的一生,是不断追求进步,追求真理的一生。他对马列主义哲学在中国的传播所做的努力,在我国学术界占有重要的地位"①。因此,本书仅作一个开端,希望能初步廓清沈志远的人生轨迹,把握他的学术思想,还原一个中国知识分子毕生从事马克思主义传播事业的人生历程。

---

① 楚图南:《宣传马列主义四十年如一日　纪念沈志远同志》,《中国盟讯》1986年第1期。

附录　沈志远年谱及著论年表

　　沈志远,原名沈会春,又名沈观澜、沈任重、王剑秋,浙江省萧山人。我国著名的马克思主义理论家,经济学家,社会活动家。在其一生的学术历程中,沈志远为马克思主义理论在中国的引入与传播、为推进马克思主义学说在中国的体系建构和本土化进程作出了重要贡献,是我国现代思想史上的重要人物。现将沈志远的主要活动经历及著作、论文年表整理如下,仅供研究者参考。

　　一九零二年·诞生

　　出生于浙江省萧山昭东长巷村一个旧学家庭。

　　一九零六年·四岁

　　随父举家迁至钱清镇,在当地就读七年私塾。

　　一九一三年·十一岁

　　前往杭州,插班入读浙江第一师范附属模范小学四年级。

　　一九一六年·十四岁

　　因成绩优异,顺利升至浙江省立一中初中。后因参与五四运动抵制日货的示威游行活动,而被"劝告退学"。

　　一九一九年·十七岁

　　转至上海,以年级第六的优异成绩考入交通大学附中。

　　一九二二年·二十岁

　　交大附中毕业后,因无钱继续攻读大学,而无奈选择暂停学业。后受其叔父沈肃文之召赶赴绍兴一中任初中英语教师。

　　一九二四年·二十二岁

　　应交大附中同学侯绍裘之邀,赴松江景贤女中教书。后景贤女中为避战祸迁至上海,沈志远受侯绍裘力荐到上海大学附中任副主任。

　　一九二五年·二十三岁

　　参加五卅运动,并任国民通讯社记者。同年,经侯绍裘介绍,在上海加入中国共产党。

　　一九二六年·二十四岁

　　受上海党组织派遣,前往莫斯科中山大学深造,其间接受了系统的马列主义理论学习。

一九二九年·二十七岁

以优异成绩在中山大学毕业,后被选送至莫斯科中国问题研究所攻读研究生。读研期间,曾兼职共产国际东方部中文书刊编译处编译工作,编译过《共产国际》杂志中文版,并参与翻译出版《列宁选集》(六卷集)中文版。

一九三一年·二十九岁

回到上海,担任中共江苏省文化工作委员会委员和中共中央文委委员,其间曾参与上海党组织的地下工作,担任过左翼社会科学家联盟(社联)的委员、常委、党团书记,编辑过《新文化》《研究》杂志。

一九三三年·三十一岁

转至上海暨南大学任教,但因言论左倾,仅执教一年,便于翌年遭到解聘,于是开始闭门著书译文。其间发表《新经济学大纲》《新哲学辞典》《现代哲学的基本问题》《辩证唯物论与历史唯物论》(上册)等知名著译,并参与了针对托派分子的新哲学论战及关于中国社会性质的论战。

一九三六年·三十四岁

应李达邀请,前往北平大学法商学院任经济系教授。"七七事变"后,转赴西北大学法商学院任教,后时隔两年,因授课内容左倾,遭到解聘。

一九三八年·三十六岁

转至重庆,在邹韬奋主持的生活书店任总编辑,主编过大型理论刊物《理论与现实》和《大学月刊》,其间曾兼职郭沫若主持的政治部文化工作委员会委员。

一九四一年·三十九岁

1941年1月,皖南事变爆发后,生活书店遭到迫害,沈志远和大批国统区内进步人士被疏散至香港。在香港,担任复刊后的《大众生活》周刊的编辑工作。

1941年月12月,珍珠港事变后,日本进驻香港,沈志远同流亡在香港的大批进步文化人士经广东东江根据地转至桂林。同年底又迁往重庆,继续从事写作,直至1944年6月。

一九四四年·四十二岁

经马哲民、张澜介绍,沈志远以救国会成员身份加入了民盟。

一九四五年·四十三岁

1945年10月,当选民盟第一次全国代表会议中央委员。是年冬,当选中国人民救国会中委执行委员。

1945年11月,转赴上海主编复刊后的《理论与现实》,并在上海从事民盟工作。

1945年12月,民盟南方总支部在香港成立,当选为民盟南方总支部总支委员。

一九四六年·四十四岁

抵至香港,在陈其瑗任院长的达德学院任经济系主任兼教授。

一九四七年·四十五岁

在香港持恒函授学校兼职任课,并创办《新中(国)出版社》,出版"华侨青年丛书和国际知识丛书"。

一九四八年·四十六岁

1948年1月,在港积极协助筹办民盟一届三中全会,并执笔起草了民盟《三中全会宣言》,会后出任民盟中央宣传委员会代主任。

1948年10月,响应中共关于召开新政协会议的号召,离港前往东北解放区。

一九四九年·四十七岁

1949年初到1950年10月,任燕京大学教授。

1949年10月,任中央人民政府文化教育委员会委员、中央人民政府出版总署编译局局长。

1949年初,被聘为中国人民银行顾问。

一九五二年·五十岁

调往上海,任华东军政委员会委员兼参事室主任、华东文教委员会副主任。后当选为民盟上海市主任委员、上海市政协副主席。

一九五四年·五十二岁

当选为第一届全国人大代表、上海市人大代表。

一九五五年·五十三岁

中国科学院成立四个学部,当选为中国科学院哲学社会科学学部第一届委员会委员。

一九五六年·五十四岁

上海成立哲学社会科学学术委员会,任学术委员会主任委员。

一九五七年·五十五岁

被任命为中国科学院上海经济研究所筹备主任,负责该所的筹建工作。

一九五八年·五十六岁

受反右斗争扩大化波及,被错划为右派,下放到上海县颛桥参加为时三个半月的劳动改造,后被送到嘉定县外岗"社会主义学院"学习。

一九五九年·五十七岁

被摘去右派帽子,但仍是"摘帽右派",在上海经济研究所留任研究员,但仅保留"全国政协委员"一职。

一九六五年·六十三岁

1965 年 1 月 26 日,在上海因心肌梗塞,加之长期的抑郁苦闷,于午睡时溘然逝世,终年 63 岁。

1980 年夏,粉碎"四人帮"后,党中央发文为沈志远等人的错划右派问题宣布改正,恢复政治名誉。

1980 年 8 月 20 日,上海市委为沈志远举行了追悼会,他的骨灰被安放在上海龙华革命公墓。

著论年表①

《黑格尔与辩证法》,沈志远著,252 页,上海笔耕堂书店,1932 年;

《新哲学辞典》,沈志远编著,291 页,北平笔耕堂,1933 年;

《计划经济学大纲》,沈志远著,136 页,上海申报馆,1933 年;

《新经济学大纲》,沈志远著,618 页,北平经济学社,1934 年;

《苏联与资本主义各国之关系》,沈志远、许涤新、钱啸秋等合著,82 页,上海中华书局,1934 年;

《世界经济危机》,沈志远著,278 页,上海中华书局,1935 年;

《战后新兴国概况》,沈志远著,175 页,上海中华书局,1935 年;

《现代哲学的基本问题》,沈志远著,138 页,上海生活书店,1936 年;

《辩证唯物论与历史唯物论》上册(辩证唯物论),沈志远译,(苏)米丁原著,491 页,商务印书馆,1936 年;

《近代哲学批判》,沈志远著,作者论文汇编,273 页,上海读书生活出版社,1936 年;

《妇女社会科学常识读本》,沈志远著,174 页,上海生活书店,1936 年;

《苏联的政治》,沈志远著,67 页,大众文化社,1936 年;

《星光论文集》,沈志远等著,内收沈志远论文:《从意阿战争谈到国际关系底新开展》,242 页,星光日报社,1936 年;

《通俗哲学讲话》,沈志远、平心合著,213 页,上海一心书店,1937 年;

《近代经济学说史》,沈志远著,465 页,上海生活书店,1937 年;

《二十年的苏联》,沈志远、张仲实合著,216 页,上海生活书店,1937 年;

---

① 参见沈骥如:《沈志远传略》,转引自《晋阳学刊》编辑部编:《中国现代社会科学家传略》第 6 辑,山西人民出版社 1985 年版,第 209—218 页。

《辩证唯物论与历史唯物论》下册(历史唯物论),沈志远译,(苏)米丁原著,577页,商务印书馆,1938年;

《社会经济形态》,沈志远译,(苏)拉苏莫夫斯基原著,100页,上海生活书店,1938年;

《中苏互助论》,沈志远著,52页,上海杂志公司,1938年;

《研习〈资本论〉入门》,沈志远著,95页,生活书店,1939年;

《资本主义》,沈志远译,(苏)李昂吉也夫原著,50页,生活书店,1939年;

《形式逻辑》,沈志远译,(苏)勃鲁塞林斯基原著,56页,生活书店,1939年;

《雇佣劳动与资本》,沈志远译,卡尔·马克思原著,51页,生活书店,1939年;

《大众社会科学讲话》,沈志远著,117页,妇女生活社,1940年;

《哲学译文集》,沈志远、高烈等合译,227页,生活书店,1940年;

《忆马克思》,赵冬垠译,沈志远校订,[法]拉法格等原著,75页,学术出版社,1941年;

《中国经济的现状与对策》,沈志远著,92页,峨嵋出版社,1944年;

《民主与经济建设》,沈志远著,80页,大学印书局,1944年;

《太平洋现势手册》,沈志远、石啸冲合编,226页,读书出版社,1944年;

《今日之美国》,署名任重编译,306页,读书出版社工,1944年;

《新人生观讲话》,沈志远著,126页,生活书店,1946年;

《近代辩证法史》,沈志远著,180页,耕耘出版社,1946年;

《社会科学基础讲座》,沈志远著,259页,智源书局,1947年;

《中国土地问题与土地改革》,沈志远、许涤新、史枚、狄超白论文合集,内收沈志远论文:《土地改革与发展生产力》,80页,香港新中出版社,1948年;

《战后世界经济与政治》,沈志远译,[美]James S.Allen原著,270页,世界知识出版社,1948年;

《马克思主义百年纪念》,沈志远、胡绳、侯外庐等人论文集,内收沈志远论文:《论新民主主义经济诸问题》,80页,香港新中出版社,1948年;

《论新政协》,郭沫若、邓初民、马叙伦、沈志远等执笔,内收沈志远论文:《展开新政协运动》,51页,南风书屋,1948年;

《经济学研习提纲》,沈志远著,210页,三联书店,1948—1949年间;

《新社会学底基本问题》,沈志远著,72 页,三联书店,1949 年;

《社会科学底哲学基础》,沈志远著,75 页,三联书店,1949 年;

《新政治学底基本问题》,沈志远著,43 页,三联书店,1949 年;

《社会形态发展史》,沈志远著,69 页,三联书店,1949 年;

《社会问题》,沈志远著,90 页,三联书店,1949 年;

《资本主义经济之剖视》,沈志远著,112 页,三联书店,1949 年;

《新民主主义经济的特点、构成和政策》,沈志远著,16 页,展望周刊社,1950 年;

《社会发展史的一些问题》,沈志远、侯外庐合著,18 页,展望周刊社,1950 年;

《论政治经济学的性质对象和任务》,沈志远著,16 页,新华书店,1950 年;

《马卡洛娃讲演集》,沈志远、吴清友等合译,144 页,时代出版社,1950 年;

《包德列夫讲演集》,沈志远、张醒石等合译,137 页,新华书店,1950 年;

《革命人生观》,沈志远著,18 页,展望周刊社,1950 年;

《新民主主义经济概论》,原《新经济学大纲》第十一篇,沈志远著,日青木书店,147 页,三联书店,1950 年①;

《〈实践论〉解释》,沈志远著,22 页,展望周刊社,1951 年;

《〈实践论〉与经济学及经济工作》,沈志远著,14 页,展望周刊社,1951 年;

《政治经济学基本问题讲话》,沈志远著,214 页,展望周刊社,1951 年;

《论中国革命的历史特点》,沈志远、平心合著,19 页,展望周刊社,1951 年;

《苏联——人类的希望》,沈志远、赵一平合编,19 页,展望周刊社,1951 年;

《列昂节夫著〈政治经济学〉的主要内容》,沈志远、王惠德、陶大铺合著,106 页,学习杂志社,1951 年;

《〈矛盾论〉解说》,沈志远著,35 页,上海文汇报馆,1952 年;

《〈矛盾论〉与经济科学》,沈志远著,26 页,经济周报社,1952 年;

《论知识分子思想改造》,沈志远著,24 页,展望周刊社,1952 年;

---

① 同年见《新民主主义经济概论》(修订本),沈志远著,88 页,展望周刊社,1950 年。

《当作科学的历史唯物论》,沈志远译,[苏]康士坦丁诺夫原著,76页,北京人民出版社,1952年;

《学习〈毛泽东选集〉》,郑昌、沈志远、李达、艾思奇等论文合集,内收沈志远论文:《创造性的马克思列宁主义底杰出典范》,188页,新建设杂志社,1952年;

《资本主义总危机论》,沈志远著,94页,华东人民出版社,1953年;

《政治经济学大纲(上册)》,沈志远著,51页,三联书店,1953年;

《论我国过渡时期的生产力和生产关系》,沈志远、周元斌著,43页,华东人民出版社,1954年;

《马克思主义唯物论和资产阶级唯心论》,沈志远著,51页,上海新知识出版社,1955年;

《苏联工业建设现状》,署名志远撰,《东方杂志》,三十卷二号,1933年1月;

《苏俄第二届五年计划之鸟瞰》,署名志远撰,《东方杂志》,三十卷一号,1933年1月;

《黑智儿哲学之精髓》,沈志远撰,《新中华》,一卷四期,1933年2月;

《英俄关系恶化的新阶段》,沈志远撰,《新中华》,一卷三期,1933年2月;

《太平洋现势的分析》,沈志远撰,《东方杂志》,三十卷六号,1933年3月;

《美国农业危机的特点》,沈志远撰,《新中华》,一卷九期,1933年5月;

《古希腊哲学的两个时期》,沈志远撰,《学艺》,十二卷四期,1933年5月;

《哲学之社会性与苏俄哲学界》,沈志远撰,《学艺》,十三卷三期,1934年4月;

《论人与制度》,署名志远撰,《女声》,二卷十五期,1934年5月;

《苏联加入国际问题》,署名志远撰,《新中华》,二卷十一期,1934年6月;

《军缩会议的死亡》,沈志远撰,《新中华》,二卷十三期,1934年7月;

《希特勒的铁腕和德国政局的前途》,署名志远撰,《新中华》,二卷十四期,1934年7月;

《苏联农村经济改造的回顾与展望》,沈志远撰,《申报月刊》,三卷七期,1934年7月;

《动乱中的西班牙》,沈志远撰,《星华日报》,三周年纪念刊,1934 年7 月;

《苏俄哲学思潮之检讨》,沈志远撰,《中山文化教育馆季刊》创刊号,1934 年 8 月;

《现阶段欧洲政局之鸟瞰》,沈志远撰,《新中华》,二卷十七期,1934 年9 月;

《黑格尔与康德》,沈志远译,樊狄克、梯慕斯可合著,《时事类编》,二卷二十二期,1934 年 9 月;

《从法意矛盾说到法意携手》,沈志远撰,《世界知识》,一卷三号,1934 年 10 月;

《英国在近东之军事布置》,沈志远撰,《申报月刊》,三卷十期,1934 年10 月;

《西班牙的民族问题》,沈志远译,明罗斯原著,《时事类编》,二卷二十四期,1934 年 10 月;

《论“八一九”的德国总投票》,沈志远译,马扎亚尔原著,《时事类编》,二卷二十三期,1934 年 10 月;

《论广义的政治经济学》,沈志远译,巴什柯夫原著,《时事类编》,二卷二十三期,1934 年 10 月;

《从法意矛盾说到法意携手》,沈志远撰,《世界知识》,一卷三号,1934 年 10 月;

《近代哲学中的辩证法之史的发展》,沈志远撰,《中山文化教育馆季刊》,一卷二期,1934 年 11 月;

《各国财政的备战》,沈志远译,瓦因采尔原著,《时事类编》,二卷二十六期,1934 年 11 月;

《地理因素在历史发展中的作用》,沈志远撰,《法政半月刊》,一卷二期,1934 年 11 月;

《意法协调的观察》,沈志远撰,《时事类编》,二卷二十五期,1934 年11 月;

《十月革命十七年——苏联经济建设的成果与展望》,沈志远撰,《世界知识》,一卷五号,1934 年 11 月;

《日本倾销的检讨》,沈志远撰,《新中华》,二卷二十二期,1934 年11 月;

《国联调解欧洲两大难题》,沈志远撰,《新中华》,二卷二十四期,1934 年 12 月;

《旧哲学底危机》,沈志远撰,《时事类编》,二卷二十七期,1934 年 12 月;

《希特勒统治下的德国经济现状》,沈志远撰,《法政半月刊》,一卷四期,1934 年 12 月;

《德国经济现状的透视》,沈志远撰,《申报月刊》,三卷十二号,1934 年 12 月;

《中国两性社交问题》,沈志远撰,《女声》,三卷六期,1934 年 12 月;

《从康德到黑格尔》,沈志远撰,《新中华》,三卷二期,1935 年 1 月;

《德国到何处去》,沈志远撰,《新中华》,三卷一期,1935 年 1 月;

《日暮途穷的美国资本主义》,沈志远译,瓦尔加原著,《时事类编》,三卷二期,1935 年 1 月;

《萨尔投票归还德国的前因后果》,沈志远撰,《新中华》,三卷三期,1935 年 2 月;

《一年来磅圆通货政策的回顾》,沈志远撰,《通俗文化》,一卷四期,1935 年 2 月;

《黑格尔哲学之时代背景》,沈志远撰,《新社会》,八卷四期,1935 年 2 月;

《世界石油市场的竞争》,沈志远撰,《世界知识》,一卷十二号,1935 年 3 月;

《恐慌和变乱中的希腊》,沈志远撰,《世界知识》,二卷二号,1935 年 4 月;

《艾登的外交旅行和今后的欧局》,沈志远撰,《世界知识》,二卷三号,1935 年 4 月;

《论费尔巴赫之思想体系》,沈志远撰,《中山文化教育馆季刊》,二卷二期,1935 年 4 月;

《关于苏联儿童电影院的任务问题》,沈志远撰,《教育杂志》,二十五卷四期,1935 年 4 月;

《菲律宾问题和美英日的斗争》,沈志远撰,《世界知识》,二卷五号,1935 年 5 月;

《拉斯基的自由平等观》,署名志远撰,《行健月刊》,六卷五期,1935 年 5 月;

《哲学底两大阵营》,沈志远撰,《新生周刊》,二卷二十二期,1935 年 6 月;

《谈谈哲学底根本问题》,沈志远撰,《新生周刊》,二卷二十一期,1935

年 6 月；

《什么是哲学》，沈志远撰，《新生周刊》，二卷二十期，1935 年 6 月；

《黑格尔哲学导言》，沈志远撰，《行健月刊》，六卷六期，1935 年 6 月；

《现阶段中国经济之基本性质》，沈志远撰，《新中华》，三卷十三期，1935 年 7 月；

《太平洋上的航业交通》，沈志远撰，《世界知识》，二卷八号，1935 年 7 月；

《半年来的世界政治》，沈志远撰，《星华日报》，四周年纪念刊期，1935 年 7 月；

《十九世纪的哲学思潮》，沈志远撰，《中山文化教育馆季刊》，二卷三期，1935 年 7 月；

《第二次世界大战与中国之前途》，沈志远、张仲实、武育干、余宽、史庐合撰，《新中华》，三卷十五期，1935 年 8 月；

《阿比西尼亚问题在日内瓦》，沈志远撰，《世界知识》，二卷十一号，1935 年 8 月；

《世界经济特种萧条底现状》，沈志远撰，《新中华》，三卷十六期，1935 年 8 月；

《列强造舰计划底透视》，沈志远撰，《世界经济》，二卷十号，1935 年 8 月；

《社会科学之哲学的基础》，沈志远撰，《妇女生活》，一卷二期、三期、四期、五期，1935 年 8-11 月；

《现代哲学的历史渊源》，沈志远撰，《通俗文化》，二卷五期，1935 年 9 月；

《"和平运动"纵横谈》，沈志远撰，《文友》，三卷八期，1935 年 9 月；

《积极侵阿声中的意大利经济现状》，沈志远撰，《世界知识》，二卷十二号，1935 年 9 月；

《希腊复辟之过程与意义》，沈志远撰，《世界知识》，三卷四号，1935 年 11 月；

《意阿战争和欧洲底新形势》，沈志远撰，《新中华》，三卷二十一期，1935 年 11 月；

《各国对意阿战争的态度》，沈志远撰，《世界知识》，三卷五号，1935 年 11 月；

《西班牙论》，沈志远撰，《世界知识》，三卷六号，1935 年 12 月；

《从英国选举说到它的内政外交》，沈志远撰，《新中华》，三卷二十三

期,1935 年 12 月;

《意大利底财政困难》,沈志远译,阿克维拉原著,《时事类编》,三卷二十一期,1935 年 12 月;

《从英国总选举说到它的内政外交》,沈志远撰,《新中华》,三卷二十三期,1935 年 12 月;

《从世界经济危机说到殖民地再分割》,沈志远撰,《世界知识》,三卷一号,1935 年 12 月;

《从新社会学底几个基本问题(一)》,沈志远撰,《妇女生活》,一卷六期,1935 年 12 月;

《埃及反英运动高涨》,沈志远撰,《生活知识》,一卷五期,1935 年 12 月;

《现阶段的苏联和平外交》,署名王剑秋撰,《新中华》,四卷一期,1936 年 1 月;

《特种经济萧条的又一年》,署名剑秋撰,《世界知识》,三卷八号,1936 年 1 月;

《日本的大陆政策》,署名剑秋撰,《世界知识》,三卷十号,1936 年 2 月;

《从新社会学底几个基本问题(二)》,沈志远撰,《妇女生活》,二卷二期,1936 年 2 月;

《资本主义经济之透视》,沈志远撰,《妇女生活》,二卷三期、四期、五期,1936 年 3-5 月;

《德帝国主义底北进政策:"第三帝国"对斯干的那维亚的扩张计划》,沈志远撰,《时代论坛》,一卷二期,1936 年 4 月;

《评几派现时流行的哲学思潮》,沈志远撰,《中山文化教育馆季刊》,三卷二期,1936 年 4 月;

《战争与资本主义世界的经济》,沈志远撰,《新中华》,四卷九期,1936 年 5 月;

《叶青哲学往何处去?》,沈志远撰,《读书生活》,四卷四期,1936 年 6 月;

《从苏联新宪法谈到它底政制本质》,沈志远撰,《世界知识》,四卷八号,1936 年 7 月;

《苏联新宪之世界反向》,沈志远撰,《苏俄评论》,十卷七期,1936 年 7 月;

《苏联二届五年计划的第四年——斯泰汉诺夫之年的苏联国民经济》,

沈志远撰,《新中华》,四卷十三期,1936 年 7 月;

《大搏斗中的西班牙》,沈志远撰,《世界知识》,四卷十号,1936 年 8 月;

《法苏互助协定成立与欧局》,沈志远撰,《展望》,一卷九期,1936 年 8 月;

《苏联五年计划的本质和意义》,沈志远撰,《清华周刊》,四十五卷四期,1936 年 9 月;

《和平奋斗的苏联建设:述二届五年计划之预期的总结》,沈志远撰,《新世纪》,一卷三期,1936 年 11 月;

《中国农村中的封建残余问题》,沈志远撰,《经济新报》,一卷一期,1936 年 12 月;

《伊兰》,沈志远撰,《世界知识》,五卷十号,1937 年 2 月;

《研究中国经济之方法论的检讨》,沈志远撰,《中山文化教育馆季刊》,四卷一期,1937 年 3 月;

《论我国农村经济之特质》,沈志远撰,《法学专刊》,七期,1937 年 4 月;

《国际经济合作的呼声》,署名志远撰,《国际知识》,一卷一期,1937 年 5 月;

《德意轴心与中欧政局》,署名志远撰,《国际知识》,一卷二期,1937 年 6 月;

《英帝国会议》,署名志远撰,《国际知识》,一卷二期,1937 年 6 月;

《现代埃及的土地问题》,沈志远撰,《国际知识》,一卷一期、二期,1937 年 6 月;

《如何把握现代的中国经济结构》,沈志远撰,《认识月刊》,一卷二期,1937 年 7 月;

《思想上的正路和邪路》,沈志远撰,《中华公论》,一卷二期,1937 年 8 月;

《新闻抗战论》,沈志远撰,《立报》,1937 年 9 月 20 日;

《要求立即发动民众的政治总动员》,沈志远撰,《文化战线》,二期,1937 年 9 月;

《谈死亡线上工业界的自救之道》,沈志远撰,《人人周刊》,六期,1937 年 10 月;

《抗战中的思想问题》,沈志远撰,《文化战线》,六期,1937 年 10 月;

《从国际的同情说到我们的外交》,沈志远撰,《申报》,1937 年 10 月

8 日；

《为"扬弃"双十节而奋斗》，沈志远撰，《立报》，1937 年 10 月 10 日；

《迅速克服缺陷》，沈志远撰，《立报》，1937 年 10 月 11 日；

《社会教育》，沈志远撰，《陕西省教育厅教育月刊》，三卷七期，1937 年 11 月；

《动员民众与设立民意机关》，沈志远撰，《国民》，一卷十七期，1937 年 11 月；

《怎样应付这有利的国际形势》，沈志远撰，《救亡文辑》，二期，1937 年 12 月（同年发《抗战半月刊》，一卷四期，1937 年 12 月）；

《怎样回答义大利的退盟?》，沈志远撰，《全民周刊》，一卷二期，1937 年 12 月；

《剧变中的欧洲政局》，沈志远撰，《抗战大学》，一卷六期，1938 年 4 月；

《抗战期间之教育问题》，署名志远撰，《苦干》，八期，1938 年 8 月；

《辩证的矛盾和荒谬的矛盾》，沈志远撰，《国民公论》，一卷三期，1938 年 10 月；

《我们对于理论该取什么态度?》，沈志远撰，《全民抗战》，四十六期，1939 年 1 月；

《希望"和平殿堂"变为和平堡垒:对今日国联的批评与希望》，沈志远撰，《全民抗战》，五十号，1939 年 1 月；

《社会主义底新阶段:略论苏联第三届五年计划》，沈志远撰，《中苏文化杂志》，三卷七期，1939 年 2 月；

《从"现实"外交到现实外交》，沈志远撰，《时事类编》，特刊三十一期，1939 年 2 月；

《论苏联底外交政策》，沈志远撰，《中苏文化》，三卷八期、九期合刊，1939 年 3 月；

《兼论自然科学和社会科学的关系》，沈志远撰，《读书月报》，一卷二期，1939 年 3 月；

《现阶段美国对外政策之透视》，沈志远撰，《时事类编》，特刊三十三期、三十四期，1939 年 3 月；

《献给自然科学者》，沈志远撰，《读书月报》，一卷二期，1939 年 3 月；

《地理环境在社会发展中的作用》，沈志远译，Pichugin・S.原著，《理论与现实》，创刊号，1939 年 4 月；

《我写〈实践唯物论讲话〉的缘起》，沈志远撰，《理论与现实》，创刊号，

1939 年 4 月；

《论苏联的外交政策》，沈志远撰，《申报》，1939 年 4 月 23 日；

《国民精神总动员的理论基础》，沈志远撰，《国民精神总动员》，联合特刊，1939 年 4 月；

《怎样推动华侨战时的教育》，沈志远撰，《时代批评》，二十二期，1939 年 5 月；

《英法苏集体安全与德意军事同盟：论苏联的外交政策》，沈志远撰，《杂志》，四卷五期，1939 年 5 月；

《社会主义下的婚姻和家庭》，沈志远译，V.Svetlov 原著，《读书月报》，一卷四、五期连载，1939 年 5—6 月；

《敌人的炸弹和我们的力量》，沈志远撰，《全民抗战》，七十四号，1939 年 6 月；

《抗战建国过程中的经济建设》，沈志远撰，《综合》，新五号，1939 年 7 月；

《怎样研习〈资本论〉》，沈志远译，罗森贝原著，《理论与现实》，一卷二期，1939 年 8 月；

《意识抗战与争取胜利》，沈志远撰，《理论与现实》，一卷二期，1939 年 8 月；

《转形为共产主义的第三五年计划》，沈志远撰，《中苏文化杂志》，四卷二期，1939 年 9 月；

《从德政府取消反共宣传想起》，沈志远撰，《全民抗战》，九十五期，1939 年 11 月；

《现代政治学讲话》，沈志远撰，《妇女生活》，八卷三期、四期、五期，1939 年 11 月；

《论唯物辩证法底某些范畴》，沈志远译，西特科夫斯基原著，《理论与现实》，一卷三期，1939 年 11 月；

《意识形态论》，沈志远撰，《妇女生活》，八卷六期，1939 年 12 月；

《斯大林和辩证法唯物论》，沈志远撰，《中苏文化杂志》，斯大林六十寿辰庆祝专号，1939 年 12 月；

《意识形态》，沈志远撰，《妇女生活》，八卷七期，1940 年 1 月；

《民族问题》，沈志远撰，《妇女生活》，八卷八期、九期，1940 年 1 月；

《唯物辩证法家的斯大林》，沈志远撰，《理论与现实》，一卷四期，1940 年 2 月；

《过去一年的中国经济》，沈志远撰，《反攻》，八卷一期，1940 年 2 月；

《社会问题》,沈志远撰,《妇女生活》,八卷十一期,1940 年 3 月;

《法则·现象·因果·目的》,沈志远译,西特科夫斯基原著,《读书月报》,二卷二期,1940 年 4 月;

《怎样做一个新新疆的新青年》,沈志远撰,《反帝战线》,革命纪念号,1940 年 4 月;

《货币和信用在社会主义扩大再生产中的作用》,沈志远译,巴梯列夫原著,《理论与现实》,二卷一期,1940 年 5 月;

《论由量变到质变》,沈志远译,比列维契原著,《理论与现实》,二卷二期,1940 年 10 月;

《进步中的新疆》,沈志远撰,《建国月刊》,三期、四期,1940 年 10 月;

《致苏联人民书》,沈志远撰,《中苏文化》,七卷五期,1940 年 10 月;

《纪念辛亥革命》,署名王剑秋撰,《现代青年》,二卷六期,1940 年 10 月;

《苏联社会主义建设的成功与文化革命》,沈志远撰,《中苏文化杂志》,苏联十月革命 23 周年纪念特刊,1940 年 11 月;

《略论日苏关系》,沈志远撰,《精忠导刊》,四卷二期,1940 年 12 月;

《第二次世界大战之经济透视》,沈志远撰,《理论与现实》,二卷三期,1941 年 1 月;

《经济学理论底新发展》,沈志远撰,《文化杂志》,一卷四期,1941 年 1 月;

《一年来苏联外交的成就及其动向》,沈志远撰,《中苏文化》,八卷一期,1941 年 1 月;

《敌人惯用的战法和我们的对策》,署名王剑秋撰,《王曲》,五卷三期,1941 年 2 月;

《关于价值的"曲解"问题答刘达先生》,沈志远撰,《读书月报》,二卷十一期,1941 年 2 月;

《日美矛盾的新阶段》,沈志远译,尤希甲克原著,《世界知识》,十二卷五期,1941 年 5 月;

《我们对于国事的态度和主张》,沈志远、韬奋、茅盾、金仲华、挥逸群、长江、于毅夫、沈兹九、韩幽桐共署名,《大众生活》,新四号,1941 年 6 月;

《人权运动与民族解放》,沈志远撰,《时代批评》,四卷七十三期、七十四期,1941 年 6 月;

《论国际形势》,沈志远译,瓦尔加原著,《世界知识》,十二卷八期,1941 年 7 月;

《汽油输日与远东暗流》,沈志远撰,《精忠导报》,五卷三期,1941 年 7 月;

《泛论所谓人生哲学》,沈志远撰,《大众生活》,新十号,1941 年 7 月;

《战争途上的美国经济》,沈志远撰,《世界知识》,十二卷十期,1941 年 8 月;

《新人生观讲话》,沈志远撰,分十一次连载《青年知识》,创刊号至十一期,1941 年 8—10 月;

《收复失地与思想斗争》,沈志远撰,《时代批评》,四卷七十九期,1941 年 9 月;

《经济学理论的新发展》,沈志远撰,《文化杂志》,一卷五期,1942 年 1 月;

《谈文化动员的中心工作》,署名王剑秋撰,《新福建》,一卷三期、四期,1942 年 4 月;

《从苏联贸易政策说到我国贸易制度(上)》,沈志远撰,《贸易月刊》,一卷七期,1942 年 11 月;

《苏联和我国贸易政策之比较检讨》,沈志远撰,《中苏文化》,第一号,1943 年 1 月;

《勿忘为内政统一而奋斗》,署名王剑秋撰,《认识》,二卷十三期、十四期,1943 年 7 月;

《论中国工业化路线诸问题》,沈志远撰,《新工商》,一卷四期,1943 年 10 月;

《论工业建设的几个基本原则》,沈志远撰,《文化先锋》,二卷二十五期,1943 年 11 月;

《民主政治与经济建设》,沈志远撰,《国讯》,三五四期,1943 年 12 月;

《国际经济合作与利用外资》,沈志远撰,《贵州企业》,二卷一期,1944 年 3 月;

《经济学是研究什么的?》,沈志远撰,《现代妇女》,三卷二期、三期,1944 年 3 月;

《谈韩止叟》,沈志远撰,《杂志》,十月号,1944 年 3 月;

《战后我国利用外资论》,沈志远撰,《文化先锋》,三卷十一期,1944 年 3 月;

《研究经济学之实践意义》,沈志远撰,《现代妇女》,三卷四期,1944 年 4 月;

《现代国际战争之经济根源》,沈志远撰,《经济导报》,三百六十七期,

1944 年 5 月；

《战争对于经济的影响》，沈志远撰，《国讯》，三百六十八期，1944 年 5 月；

《论我国经济学界之风气改造》，沈志远撰，《文化先锋》，三卷十六期，1944 年 5 月；

《为什么要研究英美型的资本主义经济?》，沈志远撰，《现代妇女》，三卷五期，1944 年 5 月；

《经济作战与战时济经政策》，沈志远撰，《国讯》，三百七十期，1944 年 6 月；

《为什么要研究苏联型的社会主义计划经济》，沈志远撰，《现代妇女》，三卷六期，1944 年 6 月；

《战时经济底特殊法则》，沈志远撰，《国讯》，三百六十九期，1944 年 6 月；

《论质与质变诸问题》，沈志远撰，《大学月刊》，三卷五、六期合刊，七、八期合刊，1944 年 6—8 月；

《论畸形政治》，沈志远撰，《申报》，1944 年 7 月 2 日；

《检讨"罪己的精神"》，沈志远撰，《申报》，1944 年 7 月 30 日；

《论国民本位政治》，沈志远撰，《现代周报》，一卷三号，1944 年 8 月；

《我们的反省："罪己的精神"之再检讨》，沈志远撰，《现代周报》，一卷一期，1944 年 8 月；

《袁世凯与张謇》，沈志远撰，《古今》，五十二期，1944 年 8 月；

《我也来谈用人：陈市长："今后上海市政——人"读后感》，沈志远撰，《现代周刊》，一卷四期，1944 年 9 月；

《忍痛含泪祝国庆》，沈志远撰，《现代周刊》，一卷九期，1944 年 10 月；

《历史新阶段的政治民主与经济民主》，沈志远撰，《合作经济》，一卷六期，1944 年 10 月；

《为反对民意机关者进一解》，沈志远撰，《文友》，四卷一期，1944 年 11 月；

《革新地方政治》，沈志远撰，《现代周报》，二卷三号，1944 年 11 月；

《苏联战时经济之特点与成就》，沈志远撰，《国讯》，三百七十九期，1944 年 11 月；

《战后世界新民主体制之面面观》，沈志远撰，《大学月刊》，三卷九、十合刊，1944 年 11 月；

《人民群众底历史决定作用》，沈志远撰，《大学月刊》，三卷第十一、十

二期,1944 年 12 月;

《科学化的前提》,署名剑撰,《大学月刊》,三卷第十一、十二期,1944年 12 月;

《革命以来苏联哲学》,署名剑秋译,米丁原著,《大学月刊》,三卷第十一、十二期,1944 年 12 月;

《有关宪政诸问题的商榷》,沈志远撰,《国讯》,三百六十期,1944 年12 月;

《敌人还会进攻吗?》,沈志远撰,《大义》,创刊号,1945 年 2 月;

《1945 年展世界和平》,沈志远撰,《大学月刊》,四卷一、二期,1945 年3 月;

《论人民的新波兰》,署名任重撰,《大学月刊》,四卷一、二期,1945 年3 月;

《论国际和平安全之途》,沈志远撰,《大义》,三期、四期,1945 年 3 月;

《关于苏联社会主义的经济法则》,沈志远撰,《大义》,三期、四期,1945年 3 月;

《英国在经济战线上的成就》,沈志远撰,《天风》,六期、八期,1945 年4-5 月;

《欧战胜利结束以后》,沈志远撰,《天风》,二十期,1945 年 6 月;

《从经济制度展望世界和平》,沈志远撰,《大学月刊》,四卷三期,1945年 6 月;

《世界和平底经济保障》,沈志远撰,《民主周刊》,二卷二期,1945 年7 月;

《努力献身民主才是出路》,署名重撰,《大学月刊》,四卷四期,1945 年7 月;

《中国民主革命运动底——划时代阶段》,沈志远撰,《大学月刊》,四卷四期,1945 年 7 月;

《当前的土地改革问题》,沈志远撰,《民主周刊》,二卷六期,1945 年8 月;

《新中国所需的土地改革》,沈志远撰,《大学月刊》,四卷五、六期,1945年 9 月;

《从英国总选谈到民主的伟大》,署名重撰,《大学月刊》,四卷五、六期,1945 年 9 月;

《论政府对民营工业的态度》,沈志远撰,《周报》,八期,1945 年 10 月;

《谈死亡线上工业界的自救之道》,沈志远撰,《民主》,三期,1945 年

10 月；

《一九四五年展望世界和平》，沈志远撰，《大学月刊》，四卷一期、二期，1945 年 11 月；

《用扩大反内战运动来抚慰死者》，沈志远撰，《民主》，特别增刊，1945 年 12 月；

《论所谓东北特殊化》，沈志远撰，《文汇周报》，一百一十五期、一百一十六期，1946 年 3 月；

《新中国建设与土地改革》，沈志远撰，《中国建设》，二卷一期，1946 年 4 月；

《对于当前国际危机的看法》，沈志远、什之、郑森禹等 11 人联合署名，《世界知识》，十三卷七期，1946 年 4 月；

《东北问题的我见》，沈志远撰，《集纳》，四期，1946 年 4 月；

《新中国建设与土地革命》，沈志远撰，《中国建设》，二卷一期，1946 年 4 月；

《"五四"和人民世纪》，沈志远撰，《理论与现实》，三卷一期（复刊号），1946 年 5 月；

《论经济民主化》，沈志远撰，《中国建设》，二卷二期，1946 年 5 月；

《反对纳粹式的警区制》，沈志远撰，《民主》，三十二期，1946 年 5 月；

《苏联社会主义经济体系之特质》，沈志远撰，《中国建设》，六号，1946 年 6 月；

《战后世界新民主体制之瞻望》，沈志远撰，《昌言》，创刊号，1946 年 6 月；

《追念韬奋先生》，沈志远撰，《民主》，四十一期，1946 年 7 月；

《略谈研究社会科学的方法》，沈志远撰，《教师生活》，六期，1946 年 7 月；

《战后资本主义世界的经济动向》，沈志远撰，《理论与现实》，三卷二期，1946 年 7 月；

《保障安全乎？制造战争乎：抗议美国的世界挑战政策》，沈志远撰，《民主》，四十八期，1946 年 9 月；

《怎样把握当前的现实?》，沈志远撰，《青年生活》，复刊号，1946 年 9 月；

《释民盟对当前时局的主张》，沈志远撰，《光明报》，新一号，1946 年 9 月；

《观察事物的方法与原则》，沈志远撰，《青年知识》，新九号到新十二号

连载,1946 年 9—11 月;

　　《现实与真理》,沈志远撰,《理论与现实》,三卷三期,1946 年 10 月;

　　《对于经济学的两点基本认识》,沈志远撰,《读书通讯》,一百一十九期,1946 年 10 月;

　　《史大林谈话 VIS 美国反动路线》,沈志远撰,《光明报》,新三号,1946 年 10 月;

　　《现实与真理:当前世界现势的评析与展望》,沈志远撰,《风下》,四十六期,1946 年 10 月;

　　《从苏联贸易政策说到我国贸易制度(下)》,沈志远撰,《贸易月刊》,一卷八期,1946 年 12 月;

　　《英国的经济战略论》,沈志远译,M.Herne 原著,《理实丛刊》,第一辑,1947 年 8 月;

　　《苏维埃社会的政治和意识形态》,署名王剑秋译,苏·G.迦克著,《理实丛刊》,第一辑,1947 年 8 月;

　　《我对于民盟二中全会的观感》,沈志远撰,《光明报》,新十四号,1947 年 1 月;

　　《评〈反杜林论〉俄文最新修订版》,署名剑秋译,卡玛利原著,《理论与现实》,三卷四期,1947 年 3 月;

　　《迎接历史的大变革》,沈志远撰,《理论与现实》,三卷四期,1947 年 3 月;

　　《我对于民盟二中全会观感》,沈志远撰,《民主》,四期,1947 年 3 月;

　　《迎接历史转捩点的"五四"》,沈志远撰,《达德青年》,二期,1947 年 5 月;

　　《坚决争取人权的永久保障》,沈志远撰,《时代批评》,四卷八十五期,1947 年 6 月;

　　《论扩张主义的自由》,沈志远译,Allen,I.S.原著,《时代批评》,四卷八十六期、八十七期,1947 年 7 月;

　　《加倍为人民事业努力》,沈志远撰,《光明报》,新二十二号,1947 年 7 月;

　　《从不列颠衰落中看英美矛盾》,沈志远撰,《自由丛刊》,四期,1947 年 7 月;

　　《财阀日本的透视》,沈志远撰,(根据艾伦《世界独占资本与和平》一书第三章改写),《大学月刊》,六卷五期,1947 年 7 月;

　　《战后美国资本主义的动向》,沈志远撰,《中国建设》,四卷五期,1947

年 8 月；

《论当前世界主要矛盾》,沈志远撰,《时与文》,十八期,1947 年 8 月；

《现阶段世界政治主流与主要矛盾》,沈志远撰,《现代文摘》,一卷十一期,1947 年 9 月；

《挣扎中的英国独占资本》,沈志远撰,《中国建设》,五卷一期,1947 年 10 月；

《双十望祖国》,沈志远撰,《现代日报》,创刊十一周年纪念特期,1947 年 10 月；

《论苏联的国际政策》,沈志远译,Allen,I.S.原著,《时代杂志》,七卷四十期,1947 年 10 月；

《评蒋主席的停战令和时局声明》,沈志远撰,《光明报》,新七号,1947 年 11 月；

《马歇尔计划中的对德政策》,沈志远译,Allen,I.S.原著,《国讯》,新一卷五期,1947 年 12 月；

《新年展望美国经济动向》,沈志远撰,《经济导报》,五十一期,1948 年 1 月；

《非走革命的路不可》,沈志远撰,《自由丛刊》,十期,1948 年 1 月；

《土地改革与发展生产力》,沈志远撰,《理论与现实》,二期,1948 年 3 月；

《怎样研究社会科学?》,署名王剑秋撰,《文化通讯》,六期、七期合刊,1948 年 5 月；

《"五四"和今天的民主斗争》,沈志远撰,《光明报》,新一卷五期,1948 年 5 月；

《展开新政协运动》,沈志远撰,《光明报》,新一卷八期,1948 年 6 月；

《国际·新政协·民盟》,沈志远撰,《光明报》,新一卷七期,1948 年 6 月；

《坚定决心争取晋中保卫战的胜利》,署名志远撰,《民众奋斗》,六十八期,1948 年 7 月；

《论新民主主义经济诸问题》,沈志远撰,《理论与现实》,三期,1948 年 8 月；

《新政协问题笔谈》,沈志远、罗子为、马叙伦等 10 人联合署名,《光明报》,新二卷一期,1948 年 9 月；

《庆贺农工民主党的重大成就》,沈志远撰,《中华论坛丛刊》,二期,1948 年 11 月；

《人民可阻止战争》,沈志远撰,《进步日报》,1949 年 3 月 20 日;

《谈学习社会发展史的基本观点》,沈志远撰,《学习》,创刊号,1949 年
9 月;

《怎样把握资本主义剥削的实质》,沈志远撰,《学习》,二卷三期,1950
年 4 月;

《怎样认识当前工商业的困难和前途》,沈志远撰,《学习》,二卷七期,
1950 年 6 月;

《从马列的地租理论说到土地改革的意义》,沈志远撰,《学习》,二卷九
期,1950 年 7 月;

《社会主义经济中的价值律》,沈志远撰,《学习》,二卷十二期,1950 年
9 月;

《资本主义各国劳动人民的贫困化》,沈志远撰,《新建设》,三卷一期,
1950 年 10 月;

《论腐朽的垂死的美帝国主义》,沈志远撰,《新建设》,三卷三期,1950
年 12 月;

《苏联——人类的希望和平的堡垒》,沈志远撰,《展望》,七卷八期,
1951 年 1 月;

《为翻译工作的计划化和提高质量而奋斗》,沈志远撰,《翻译通报》,三
卷五期,1951 年 3 月;

《"实践论"与经济学及经济工作》,沈志远撰,《经济周报》,十二卷十
五期,1951 年 4 月;

《论基础与上层建筑的定义》,沈志远译,《新建设》,四卷二期,1951 年
5 月;

《〈实践论〉的意义及其基本观点》,沈志远撰,《新建设》,四卷三期,
1951 年 6 月;

《"实践论"解释》,沈志远撰,《展望》,七卷十三期、十四期、十五期、十
六期、十七期、十八期连载,1951 年 6-12 月;

《庆祝中国共产党诞生三十周年》,沈志远撰,《新中华》,十四卷十三
期,1951 年 7 月;

《论生产力与生产关系诸问题》,沈志远撰,《新建设》,四卷六期,1951
年 9 月;

《创造马列主义底杰出典范》,沈志远撰,为庆祝《毛泽东选集》第一卷
的出版而作,《新建设》,五卷二期,1951 年 11 月;

《希望和光明的诞生》,沈志远撰,《展望》,七卷二十四期,1951 年

12 月；

《粉碎资产阶级的猖狂进攻，巩固人民民主统一战线》，沈志远撰，《新建设》，1952 年 4 月；

《论资产阶级的两面性》，沈志远撰，《新建设》，七期，1952 年 7 月；

《〈矛盾论〉与经济科学》，沈志远撰，《新建设》，八期，1952 年 8 月；

《苏联—自由的灯塔、和平的堡垒》，沈志远撰，《展望》，四十三期，1952 年 11 月；

《关于苏联社会主义的经济法则——学习〈苏联社会主义经济问题〉笔记》，沈志远撰，《新建设》，一期，1953 年 1 月；

《总路线与生产关系一定要适合生产力性质的法则》，沈志远撰，《新建设》，四期，1953 年 4 月；

《宪法草案中关于经济制度的规定》，沈志远撰，《新建设》，八期，1953 年 8 月；

《过渡时期总路线的基本认识》，沈志远撰，《经济周报》，五十期，1953 年 12 月；

《关于国家资本主义经济的性质问题》，沈志远撰，《新建设》，十二期，1953 年 12 月；

《论建设社会主义社会的过渡时期宪法》，沈志远撰，《上海工商》，二十七期，1954 年 10 月；

《中国民主同盟第二届上海市委员会盟务报告》，沈志远撰，《上海盟讯》，1956 年 9 月 4 日；

《论"长期共存，互相监督"》，沈志远撰，《人民日报》，1956 年 11 月 20 日；

《我对于现阶段资产阶级两面性问题的看法》，沈志远撰，《新闻日报》，1956 年 12 月 26 日；

《我对于现阶段工人阶级和资产阶级的矛盾性质问题的看法》，沈志远撰，《学术月刊》，创刊号，1957 年 1 月；

《我们民主党派的成员，对共产党这次整风运动应有的态度和做法》，沈志远撰，在民盟上海市干部大会上的动员报告，1957 年 5 月 14 日；

《在市委宣传工作会议上的发言》，沈志远撰，《解放日报》，1957 年 5 月 17 日；

《关于按劳分配的几个问题》，沈志远撰，《文汇报》，1962 年 8 月 30 日；

《对于当前经济工作的几点意见》，沈志远、千家驹、关梦觉、吴半农、陈翰笙、彭迪先联合署名，1962 年 4 月 3 日在全国政协会议的联合发言，《全

国政协会议发言》,1962 年;

　　《为更好地开展社会科学研究工作而努力》,沈志远、汪旭庄、吴兆洪、李仁长、周柏棣、邹依仁、褚葆一、雍文远联合署名,1962 年 7 月 23 日在上海市政协会议上的联合发言,《上海市政协会议发言》,1962 年。

参 考 文 献

一、马克思主义经典著作

1.《马克思恩格斯选集》第1—4卷,人民出版社1995年版。

2.《马克思恩格斯选集》第20卷,人民出版社1995年版。

3.《马克思恩格斯文集》第2卷,人民出版社2009年版。

4.《马克思恩格斯全集》第1卷,人民出版社1995年版。

5.《列宁全集》第2卷,人民出版社1998年版。

6.《列宁全集》第18卷,人民出版社1998年版。

7.《列宁全集》第26卷,人民出版社1998年版。

8.《斯大林全集》第2卷,人民出版社1953年版。

9.《斯大林全集》第9卷,人民出版社1954年版。

10.《毛泽东选集》第1—4卷,人民出版社1991年版。

二、沈志远专著及其论文

1. 沈志远编:《新哲学辞典》,笔耕堂书店1933年版。

2. 沈志远编:《计划经济学大纲》,上海文库1933年版。

3. 沈志远:《新经济学大纲》,上海书店出版社1935年版。

4. 沈志远:《新经济学大纲》,上海书店出版社1940年版。

5. 沈志远:《新经济学大纲》,生活·读书·新知三联书店1949年版。

6. 沈志远:《近代哲学批判》,读书生活出版社1936年版。

7. [苏联]米丁:《辩证法唯物论》,沈志远译,商务印书馆1936年版。

8. [苏联]米丁:《辩证法唯物论》,沈志远译,生活·读书·新知三联书店1949年版。

9. [苏联]米丁:《辩证唯物论与历史唯物论》下册,沈志远译,生活书店1947年版。

10. [苏联]米丁:《历史唯物论》,沈志远译,生活·读书·新知三联书店1949年版。

11. 沈志远:《妇女社会科学常识读本》,生活书店1936年版。

12. 沈志远:《大众社会科学讲话》,妇女生活社1940年版。

13. 沈志远:《黑格尔与辩证法》,笔耕堂书店1943年版。

14. 沈志远编著:《中国经济的现状与对策》,峨眉出版社1944年版。

15. 沈志远:《近代辩证法史》,耕耘出版社1946年版。

16. 沈志远：《新人生观讲话》，生活书店 1946 年版。

17. 沈志远：《现代哲学的基本问题》，光华书店 1948 年版。

18. 沈志远：《新政治学底基本问题》，生活·读书·新知三联书店 1949 年版。

19. 沈志远：《社会问题》，生活·读书·新知三联书店 1949 年版。

20. 沈志远：《社会形态发展史》，生活·读书·新知三联书店 1949 年版。

21. 沈志远：《资本主义经济之剖视》，生活·读书·新知三联书店 1949 年版。

22. 沈志远：《经济学研习提纲》，生活·读书·新知三联书店 1949 年版。

23. 沈志远编：《研习〈资本论〉的准备》，生活·读书·新知三联书店 1949 年版。

24. 沈志远：《近代经济学说史纲》，生活·读书·新知三联书店 1950 年版。

25. 沈志远：《新民主主义经济概论》，生活·读书·新知三联书店 1950 年版。

26. 沈志远：《社会科学底哲学基础》，生活·读书·新知三联书店 1950 年版。

27. 沈志远：《革命人生观》，展望周刊社 1950 年版。

28. 沈志远等：《论中国革命的历史特点》，展望周刊社 1951 年版。

29. 沈志远：《〈实践论〉解释》，展望周刊社 1951 年版。

30. 沈志远：《〈实践论〉与经济学及经济工作》，展望周刊社 1951 年版。

31. 沈志远：《〈矛盾论〉解说》，上海文汇报馆 1952 年版。

32. 沈志远：《〈矛盾论〉与经济科学》，经济周报社 1952 年版。

33. 沈志远：《资本主义总危机论》，华东人民出版社 1953 年版。

34. 沈志远等：《学习毛泽东选集第一卷》，新建设杂志社 1952 年版。

35. 沈志远：《新社会学底基本问题》，生活·读书·新知三联书店 1959 年版。

36. 沈志远：《近代哲学中的辩证法之史的发展》，《中山文化教育馆季刊》1934 年第 1 卷第 2 期。

37. 沈志远：《现阶段中国经济之基本性质》，《新中华》1935 年第 3 卷第 13 期。

38. 沈志远：《叶青哲学往何处去？》，《读书生活》1936 年第 4 卷第 5 期。

39. 沈志远：《我写〈实践唯物论讲话〉的缘起》，《理论与现实》1939 年第 1 卷。

40. 沈志远：《怎样做一个新新疆的新青年》，《反帝战线》1940 年革命纪念号。

41. 沈志远：《泛论所谓人生哲学》，《大众生活》1941 年新十号。

42. 沈志远：《新中国建设与土地革命》，《中国建设》1946 年第 2 卷第 1 期。

43. 沈志远：《关于按劳分配的几个问题》，《文汇报》1962 年 8 月 30 日。

三、与沈志远相关专著及论文

1. 沈骥如：《沈志远传略》（上、下），《晋阳学刊》1983 年第 3 期。

2. 沈骥如：《马克思主义哲学的宣传家——沈志远》，《哲学研究》1985 年第 12 期。

3. 沈骥如：《沈志远三十年代对黑格尔的研究》，《复旦学报》（社会科学版）1985 年第 4 期。

4. 罗竹风：《回忆往事　悼念沈志远同志》，《社会科学杂志》1980 年第 5 期。

5. 胡绳：《纪念沈志远逝世二十周年》，《经济学动态》1986 年第 2 期。

6. 楚图南:《宣传马列主义四十年如一日　纪念沈志远同志》,《中国盟讯》1986 年第 1 期。

7. 谈家桢:《怀念沈志远先生》,《群言》2002 年第 12 期。

8. 胡为雄:《沈志远与中国首部马克思主义哲学辞典之编著考略》,《哲学动态》2014 年第 1 期。

9. 胡为雄:《沈志远与马克思主义哲学大众化》,《学习时报》2011 年 10 月 3 日。

10. 王海波:《沈志远的人生沉浮》,《世纪》2012 年第 4 期。

11. 王延华:《沈志远与中国第一部马列主义哲学辞典》,《佳木斯大学学报》(社会科学版)2012 年第 4 期。

12. 沈骥如:《卓越的马列主义传播者——沈志远传略》,转引自《经济日报》主编:《中国当代经济学家传略 1》,辽宁人民出版社 1986 年版。

13. 沈骥如:《壮志未酬的马列主义理论家沈志远》,转引自孙连成等主编:《中国当代著名经济学家》第 2 集,四川人民出版社 1987 年版。

14. 尚丁:《芳草斜阳忆行踪　伟人、师长、朋友的故事》,上海文艺出版社 1997 年版。

15. 徐铸成:《报人六十年》,学林出版社 1999 年版。

16. 方一冬:《沈志远》,转引自施正一主编:《当代中国著名经济学家百人小传》,中央民族大学出版社 2004 年版。

17. 张光武:《历史将证明他是一个强者——纪念沈志远诞辰九十五周年》,转引自中国人民政治协商会议上海市委员会文史资料委员会选编:《上海文史资料选辑　第 80 辑　文史集粹》,上海市政协文史资料编辑部 1996 年版。

四、其他相关著作和文章

1.《普列汉诺夫哲学著作选集》第 1 卷,生活·读书·新知三联书店 1959 年版。

2.《普列汉诺夫哲学著作选集》第 2 卷,生活·读书·新知三联书店 1962 年版。

3. [苏联]米丁:《新哲学大纲》,艾思奇等译,生活·读书·新知三联书店 1936 年版。

4. [苏联]西洛科夫等:《辩证法唯物论教程》,李达等译,笔耕堂书店 1939 年版。

5. [苏联]米定等:《辩证法唯物论辞典》,平生等合译,读书出版社 1949 年版。

6. [苏联]米丁:《论斯大林的辩证唯物主义与历史唯物主义》,杨献珍译,生活·读书·新知三联书店 1950 年版。

7.《艾思奇文集》第 1 卷,人民出版社 1981 年版。

8. 艾思奇:《哲学与生活》,读书生活出版社 1948 年版。

9. 艾思奇:《辩证唯物主义讲课提纲》,人民出版社 1957 年版。

10. 艾思奇:《辩证唯物主义历史唯物主义》,人民出版社 1978 年版。

11. 艾思奇:《毛泽东同志发展了真理论》,《人民日报》1951 年 3 月 2 日。

12. 艾思奇:《哲学论争的回顾》,转引自刘绍唐主编:《民国人物小传》第 17 册,上海三联书店 2016 年版。

13.《李达文集》第 4 卷,人民出版社 1988 年版。

14. 李达:《〈实践论〉解说》,生活·读书·新知三联书店 1952 年版。

15. 胡绳:《辩证法唯物论入门》,新知出版社 1938 年版。

16. 陈唯实:《通俗辩证法讲话》,上海新东方出版社 1936 年版。

17. 陈唯实:《通俗唯物论讲话》,上海大众文化出版社 1936 年版。

18. 陈唯实:《新人生观与新启蒙运动》,民族革命出版社 1939 年版。

19. 陈唯实:《革命人生观》,南方大学 1950 年版。

20. 叶青:《哲学到何处去》,上海辛垦书店 1934 年版。

21. 张东荪:《科学与哲学》,商务印刷馆 1999 年版。

22.《吴亮平文集》(上),中共中央党校出版社 2009 年版。

23. 陈立夫:《唯生论》(上),正中书局 1934 年版。

24. 陈立夫:《生之原理》,正中书局 1944 年版。

25. 陈立夫:《民族生存的原动力》,《北洋理工季刊》1933 年第 1 卷第 1 期。

26. 陈立夫:《唯生论的人生观和社会观》,《进展月刊》1933 年第 2 卷第 2 期。

27. 陈立夫:《唯生论的新伦理观》,《新中华》1933 年第 1 卷第 12 期。

28. 陈立夫:《唯生论的宇宙观》,《新人周刊》1936 年第 2 卷第 39 期。

29. 蒋介石:《中国之命运》,正中书局 1943 年版。

30. 蒋介石:《三民主义之体系及其实行程序》,转引自蔡尚思主编:《中国现代思想史资料简编》第 4 卷,浙江人民出版社 1983 年版。

31. 蒋介石:《革命哲学的重要》,转引自蔡尚思主编:《中国现代思想史资料简编》第 3 卷,浙江人民出版社 1983 年版。

32. 蒋介石:《行的道理》,转引自吕希晨等选编:《中国现代资产阶级哲学资料选辑》第 3 辑,吉林人民哲学系 1980 年版。

33. 蒋介石:《新生活运动纲要》,转引自张其昀主编:《蒋总统集》(上),台湾国防研究院、中华大典编印会 1968 年版。

34. 任建树主编:《陈独秀著作选编》第 4 卷,上海人民出版社 2009 年版。

35. 中共中央文献研究室编:《毛泽东哲学批注集》,中央文献出版社 1988 年版。

36. 贺麟等著:《民国丛书》第 3 编,上海书店 1990 年版。

37. 黄楠森等主编:《马克思主义哲学史》第 6 卷,北京出版社 1989 年版。

38. 刘益涛编著:《毛泽东在延安纪事》,陕西人民教育出版社 1994 年版。

39. 李甄馥:《瞿秋白哲学思想评析》,华东师范大学出版社 1998 年版。

40. 丁晓强等:《李达学术思想评传》,北京图书馆出版社 1999 年版。

41. 中国历史唯物主义研究会编:《历史唯物主义论丛》第 2 辑,清华大学出版社 1983 年版。

42. 黄见德等:《西方哲学东渐史　1840—1949》,武汉出版社 1991 年版。

43. 许全兴等:《中国现代哲学史》,北京大学出版社 1992 年版。

44. 张问敏:《中国政治经济学史大纲 1899—1992》,中共中央党校出版社 1994 年版。

45. 熊复主编:《中国抗日战争时期大后方出版史》,重庆出版社 1999 年版。

46. 张允熠:《中国文化与马克思主义》,山西教育出版社 1999 年版。

47. 袁方主编:《社会学百年》,北京出版社 1999 年版。

48. 齐卫平等:《抗战时期的上海文化》,上海人民出版社 2001 年版。

49. 刘凌等主编:《中国学术名著大词典　近现代卷》,汉语大词典出版社 2001 年版。

50. 徐素华:《马克思主义哲学在中国 传播 应用 形态 前景》,北京出版社 2002 年版。

51. 钟祥财:《20 世纪中国经济思想述论》,东方出版中心 2006 年版。

52. 吴汉全等:《中国马克思主义学术史 1919—1949 经济学卷》,吉林人民出版社 2008 年版。

53. 刘文英主编:《中国哲学史》(下),南开大学出版社 2012 年版。

54. 高奇等编著:《走进中国哲学殿堂》,山东大学出版社 2014 年版。

55. 中共中央文献研究室中央档案馆编:《建党以来重要文献选编　一九二一——一九四九》第 5 册,中央文献出版社 2011 年版。

56. 方松华等:《近现代中国马克思主义哲学研究》,上海古籍出版社 2015 年版。

57. 罗瑞卿:《关于军队中在职干部的教育问题》,《八路军军政杂志》1939 年第 2 期。

58. 嵇文甫:《漫谈学术中国化问题》,《理论与现实》1940 年第 1 卷。

59. 平心:《论生产力运动和生产关系的性质》,《新建设》1959 年第 7 期。

60. 《学习毛泽东同志的〈实践论〉》,《人民日报》1951 年 1 月 29 日。

61. 俞文伯:《革命队伍中改行"工资制"是倒退》,《安徽日报》1958 年 10 月 27 日。

62. 吴传启:《从人民公社看共产主义》,《人民日报》1958 年 10 月 1 日。

63. 张法:《哲学辞典与中国现代哲学语汇的定型——中国现代哲学语汇的缘起与定型研究之五》,《阅江学刊》2010 年第 4 期。

64. 彭继红:《李达马克思主义哲学中国化之路的当代价值》,《马克思主义哲学研究》2006 年第 3 期。

后　记

　　研究马克思主义发展史，不能割裂作为创造主体之个体的人。沈志远作为我国马克思主义早期的引入者、传播家、经济学家、社会活动家，其一生为马克思主义在中国的体系建构与本土化进程作出了突出贡献。据现有数据统计，沈志远一生的学术著译有六十余部，发表的论文、时评等有四百余篇，总字数高达六百万字以上。且其中诸多理论，都有着开创性的建树。然而，正如黑格尔所言，"熟知常常非真知"，当前学界针对沈志远其人其思想的研究并不多见，仅有相关研究论文二十余篇，且尚未见有沈志远相关传记、文集及学术著作问世，其个人档案也未开放。因此，适时地抢救史料，公允地评介那些曾为马克思主义的传播事业做过艰辛探索而又被历史所埋没的理论工作者们的历史贡献，既是完整书写马克思主义发展史的应有之义，也是客观还原历史的指向所需。本书稿仅对沈志远一生的学术历程及其学术思想做了一个粗略的考察，还是远远不够的，还期后来人做更为系统的研究。

　　这部书稿是在我博士论文基础上，历时六年修改、扩充而成的。从论文的选题、提纲设置，到论文的几易其稿，都得到了我博士导师胡为雄教授的悉心指导与无私帮助，在此向吾师胡为雄教授表示深深的感谢。感谢您多年来的谆谆教导、严格要求和精心栽培。胡老师严谨求实的治学态度与朴实无华的学风将是我一生学习的榜样。

　　感谢南开大学杨永志教授，杨永志教授是我博士后进修阶段的导师。导师杨老师逻辑严密，笔耕不辍，才华与勤奋并存，待学生率真可爱。在博士后进修阶段的学习中，杨老师对我呵护有加，正是在这种浓浓的情谊下，才促发了我对学术的热情和在书稿写作中克服各种困难的勇气，书稿的几易其稿也得到了杨老师耳提面命的指导。

　　感谢中共中央党史和文献研究院、中共中央编译局贾高建教授，中共中央党校阮青教授、毛卫平教授、侯才教授、何建华教授，是你们的授业与解惑，把我带上了更高的学术空间。要特别感谢清华大学的邹广文教授、北京师范大学的徐斌教授在博士论文的开题及答辩等重要环节给我提出的宝贵意见，我在此向各位老师表示由衷的感谢！

　　感谢四川师范大学哲学学院的所有领导和同事们，在工作、生活中给予我的鼓励与支持,我很庆幸能与你们一路同行!

感谢多年来在工作和生活中一直默默支持我的家人,尤其是我的爱人赵伟,你们一如既往的支持和无私的关怀和照顾,是我奋斗的力量之源!

本书出版还受国家社科基金后期资助项目经费资助,得益于人民出版社崔秀军编辑的辛苦编校与后期制作跟进,在此一并表示感谢!

王延华

2022 年 7 月 8 日于四川师范大学嘤鸣园

责任编辑:崔秀军
封面设计:毛　淳　徐　晖

图书在版编目(CIP)数据

沈志远学术思想研究/王延华 著. —北京:人民出版社,2022.7
ISBN 978－7－01－023958－3

I.①沈…　Ⅱ.①王…　Ⅲ.①马克思主义哲学-研究 ②沈志远-学术思想-
研究　Ⅳ.①B0-0

中国版本图书馆 CIP 数据核字(2021)第 235562 号

沈志远学术思想研究

SHEN ZHIYUAN XUESHU SIXIANG YANJIU

王延华　著

人 民 出 版 社　出版发行
(100706　北京市东城区隆福寺街 99 号)

中煤(北京)印务有限公司印刷　新华书店经销

2022 年 7 月第 1 版　2022 年 7 月北京第 1 次印刷
开本:710 毫米×1000 毫米 1/16　印张:16.25
字数:280 千字

ISBN 978－7－01－023958－3　定价:66.00 元

邮购地址 100706　北京市东城区隆福寺街 99 号
人民东方图书销售中心　电话 (010)65250042　65289539